DESIGNLEXIKON Deutschland

Formfabrik.
Das **BAUHAUS** wird
zur kreativen Zelle
der Moderne.

Schriftzug am Bauhaus
Dessau nach Schriftentwurf
Universal von **Herbert**
BAYER, 1925

Marion Godau, Bernd Polster

DESIGNLEXIKON
Deutschland

DUMONT

Beruf: Beleuchtungsphilosoph.
Ingo MAURER lehrt die
Leichtigkeit des Lichts.

Wandleuchte *Lucellino*, 1992

Zu diesem Lexikon

Das Bauhaus, die berühmteste Designschule des 20. Jahrhunderts, gilt als Wiege der modernen Produktgestaltung und ist doch nur ein Glied in einer historischen Kausalkette: vom Deutschen Werkbund über die »Neue Sachlichkeit« der 20er Jahre bis hin zur Funktionalismus-Renaissance in der Bundesrepublik reicht die ungebrochene Tradition der radikalen Vereinfachung, die das deutsche Design bis heute auszeichnet. Zahllose elementare Lösungen und zeitlose Klassiker sind daraus hervorgegangen. Seit der Designrebellion der 80er Jahre ist eine neue, geistreiche Dimension hinzugekommen. Alte und junge Avantgarde werden hier zwischen zwei Buchdeckeln vereinigt. Das Lexikon will dem Leser den Zugang zu einem der produktivsten Designländer erleichtern: durch den unkomplizierten lexikalischen Aufbau und zahlreiche Bildbeispiele, die den Kosmos der Formen auch visuell erschließen. Inhaltliche Schwerpunkte sind Produkt-, Möbel- und Automobildesign. Bereiche wie Mode und Grafik werden ebenfalls berücksichtigt. Zusätzlich werden Stile und Schulen erläutert und – erstmals in einem Handbuch wie diesem – auch designorientierte Firmen ausführlich dargestellt, ein Muß angesichts der so zahlreichen, starken deutschen Marken. Das Lexikon wird durch einen ausführlichen, kommentierten Index ergänzt. Fett gedruckte Namen und Begriffe in den Texten verweisen auf den Index.

Bernd Polster, HOWARD Buch Produktion

Die Autorinnen und Autoren

Paola Antonelli ist Kuratorin im Department of Architecture und Design am Museum of Modern Art. Zahlreiche Beitrage in Zeitschriften, darunter *Abitare*, *Domus* und *Nest*. Ausstellungen für das MOMA, u.a. *Mutant Materials in Contemporary Design*; lebt in New York.

Andrej Kupetz studierte in Berlin, London und Paris; arbeitete als freier Designer. War bei der Deutschen Bahn verantwortlich für Konzeption, Planung und Management aller Designprozesse, bis er Geschäftsführer des Rates für Formgebung wurde.

Marion Godau ist Diplomdesignerin und hat einen Lehrauftrag an der Hochschule der Künste in Berlin. Veröffentlichungen u.a. im *Design Report*; lebt in Berlin.

Bernd Polster veröffentlichte zahlreiche Bücher zu kultur- und industriegeschichtlichen Themen, zuletzt *Designlexikon Skandinavien* und *Das Designbuch*; Autor von Fernseh- und Rundfunkfeatures; seit 1996 Projektentwicklung für HOWARD Buch Produktion; lebt in Bonn.

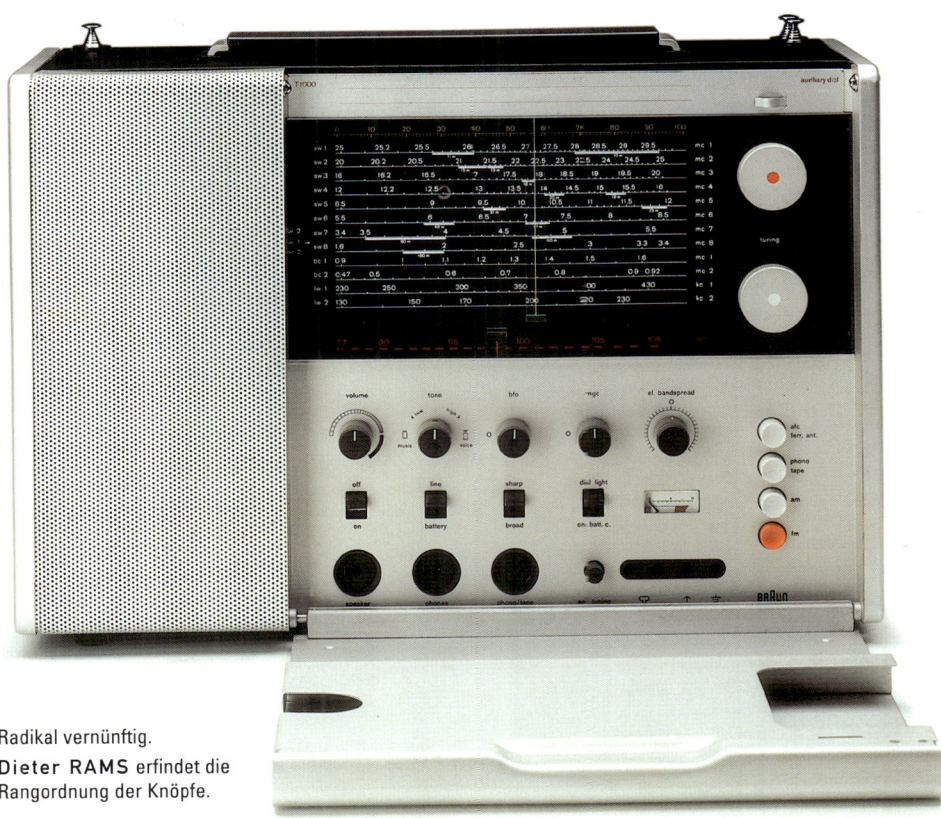

Radikal vernünftig.
Dieter RAMS erfindet die
Rangordnung der Knöpfe.

Weltempfänger *T 1000*
für **BRAUN**, 1962

Neue Maßstäbe.
Mit Stahlrohr konstruiert
Marcel BREUER die Ikone
des Funktionalismus.

Clubsessel, 1925; Reedition als *Wassily
Chair* von Knoll International

Stahl und Porzellan
Das Elementare und das Dialektische im deutschen Design

Deutsche Künstler und Denker haben durch die Jahrhunderte hindurch immer wieder Bahnbrechendes hervorgebracht. Bereits bei einem kurzen historischen Exkurs würde man auf eine lange Liste monumentaler Persönlichkeiten stoßen, die in ihrer jeweiligen Disziplin Grundlagen gelegt haben, ob in der Musik, der Philosophie, in den Naturwissenschaften oder der Architektur. Auch im Design nahm die deutsche Kultur zweifellos eine Vorreiterrolle ein. In Deutschland wurden Eckpfeiler der Moderne eingerammt. Ähnlich wie der schwarze Obelisk in Stanley Kubricks Film *2001: Odyssee im Weltraum* steht z. B. **Ludwig Mies van der Rohes** Werk geradezu als Symbol für die Kraft des Neuen und Unbekannten. Allerdings haben Designer und Architekten – auch dies Teil deutscher Dialektik – im späten 20. Jahrhundert einiges daran gesetzt, hinter dem großen Vorbild nach der verschollenen humanen Dimension zu fahnden und den Kontakt mit der Vergangenheit wiederherzustellen. Nach systematischer Nestbeschmutzung im **Neuen Deutschen Design** scheint nun jedoch die Distanz wieder genügend groß zu sein, um das Erbe der deutschen Moderne zu würdigen und zu feiern. Schon sehr früh hat die Welt von Deutschland gelernt, wie wichtig ein hoher Qualitätsanspruch im Produktdesign ist. 1851 verfaßte der liberale Architekt **Gottfried Semper** – angeregt durch die Weltausstellung in London – ein brillantes Essay über *Wissenschaft, Industrie und Kunst*. Diesem unfreiwilligen Manifest folgten weitere Schriften, in denen erstmals die ästhetischen Implikationen des Fabriksystems aufgezeigt wurden. Obwohl die Meinung verbreitet ist, die Wiege des Designerberufs habe im Amerika der 20er Jahre gestanden, ist es eine Tatsache, daß es **Peter Behrens** war, der – zwei Jahrzehnte vor Raymond Loewy – für die Corporate Identity der Firma **AEG** verantwortlich war, für die er nicht nur Plakate und eine Reihe von Firmengebäuden entwarf, sondern auch eine Vielzahl von Elektrogeräten. In den folgenden Jahrzehnten hat es in unterschiedlichsten Branchen immer wieder herausragende Beispiele für Corporate Design deutscher Herkunft gegeben, darunter **Braun**, **Bulthaup** und **VW**, um nur einige zu nennen. Vielleicht war Deutschland überhaupt das erste Land, in dem man verstand, welchen ökonomischen Wert gutes Design haben kann, und in dem dies auch dem Export zugute kam. Bis heute gilt »Made in Germany« vielleicht nicht gerade als Garantie für kreative Höhenflüge, aber bestimmt für Solidität und Vertrauenswürdigkeit, sowohl in technischer als auch in ästhetischer Hinsicht.

In den 30er Jahren führte der Exodus von Giganten wie **Marcel Breuer**, **Walter Gropius** und Mies van der Rohe zur weltweiten Verbreitung der Moderne. Das legendäre **Bauhaus** wird von vielen – und insbesondere vom Museum of Modern Art, an dem ich arbeite – als der Nullpunkt des modernen Designs angesehen, an dem alles begann. Diese merkwürdige Mixtur aus Kunst, Philosophie und der wissenschaftlichen Rationalisierung des Alltags, begleitet von einer umwerfenden visuellen Klarheit, war für die Neue Welt besonders attraktiv.

Der Idee von Le Corbusier, der aus der Wohnung eine Maschine machen wollte, setzten einige seiner deutschen Kollegen ihre eigene Variante dieser Vision entgegen, die sie »Wohnung für das Existenzminimum« nannten. Sie entwickelten ein einleuchtendes Programm für die Gestaltung des täglichen Lebens: mit standardisierten und bezahlbaren Behausungen sollte die Wohnungsnot der Arbeiterklasse bekämpft werden. Die **Frankfurter Küche**, ein Entwurf von Margarete Schütte-Lihotzky, ist eines der berühmtesten Beispiele dieses Projekts. Die Küche, ein minimalistischer, zweckmäßiger Raum, war nach den Prinzipien des Taylorismus angelegt. Die einzelnen Elemente wurden nach ihrem funktionalen Stellenwert angeordnet, alle wichtigen Tätigkeiten wie Kochen, Waschen und Bügeln berücksichtigt. Die Schubladen, versehen mit praktischen Griffschlaufen, waren alle deutlich beschriftet. Auch Lage und Form der Lichtquellen gehörten zu diesem ausgeklügelten System, das auch ein Diagramm der menschlichen Aktivitäten war. Mit derselben mathematischen Präzision planten damals deutsche Architekten ganze Wohnsiedlungen. Es war nicht verwunderlich, daß solch ein Pragmatismus der amerikanischen Mentalität entgegenkam, zumal in den USA gerade großer Bedarf an Wohnraum für die boomende Mittelklasse bestand. Der dazugehörige soziale Idealismus und das ästhetische Dogma fielen zudem bei Vertretern der Hochkultur auf fruchtbaren Boden.

Die Ausstellung *International Style*, die 1932 im Museum of Modern Art stattfand, zelebrierte Mies van der Rohes Weltentwurf und dessen grausam-konsequente Eleganz. Während nun die deutsch inspirierte Kultur in Amerika aufblühte, erlebte Deutschland selbst tiefgreifende Umbrüche seiner physischen, ökonomischen und psychologischen Existenz. Deren Ergebnis ist die Bundesrepublik von heute, die allerdings nicht weniger widersprüchlich und dialektisch ist. Dieses Land der Denker und der Gegenkultur ist zugleich eine industrielle Supermacht, die sich zu guter Letzt auch ihres kontroversen Erbes bewußt wurde. Strengster Modernismus lebt etwa in minimalistischen Arbeiten von Jungdesignern wie **Werner Aisslinger** oder **Konstantin Grcic** fort, einem Puristen, der aus seiner Begabung durchaus poetisches Kapital zu schlagen weiß. Deutschlands muskulöse Natur ist immer noch überall gegenwärtig ob in den Automobil-Imperien oder im pumpenden Techno-Sound des Kultfilms *Lola rennt*. Der Neuerschaffung der Kapitale Berlin steht das Aufrüsten traditioneller bayrischer Porzellanhersteller wie **Arzberg**, **Rosenthal** oder Nymphenburger gegenüber, die zu Synonymen für zeitgenössisches Design wurden. Wenn es ein materielles Klischee geben sollte, das ein Land charakterisiert, dann würde das schroffe Gegenüber von Porzellan und Stahl am besten zu einem Deutschland passen, das zugleich lyrisch und systematisch, kühl und aufklärerisch, gefürchtet und einflußreich ist.

Paola Antonelli
Museum of Modern Art, New York

Griffige Geometrie.
Walter GROPIUS öffnet der
Industrieästhetik die Tür.

Türklinke, 1922; Reedition von **FSB**

Strenge Tischsitten.
Hermann GRETSCH befreit
das Porzellan vom Dekor.

Service *Form 1382*
für **ARZBERG**, 1931

14

Design für Liebhaber.
Ein stilisierter Bär macht Weltkarriere.

Teddybär von
Richard STEIFF. 1905

Schwarzer Klassiker.

DELLS reduzierte Leuchten tun
Dienst auf deutschen Schreibtischen.

Tischleuchte von **Christian DELL**
für Kaiser, 1930

Die einfache Linie.
Willy FLECKHAUS macht eine
Buchreihe zum Gesamtkunstwerk.

Buchumschlag für Suhrkamp, 1963

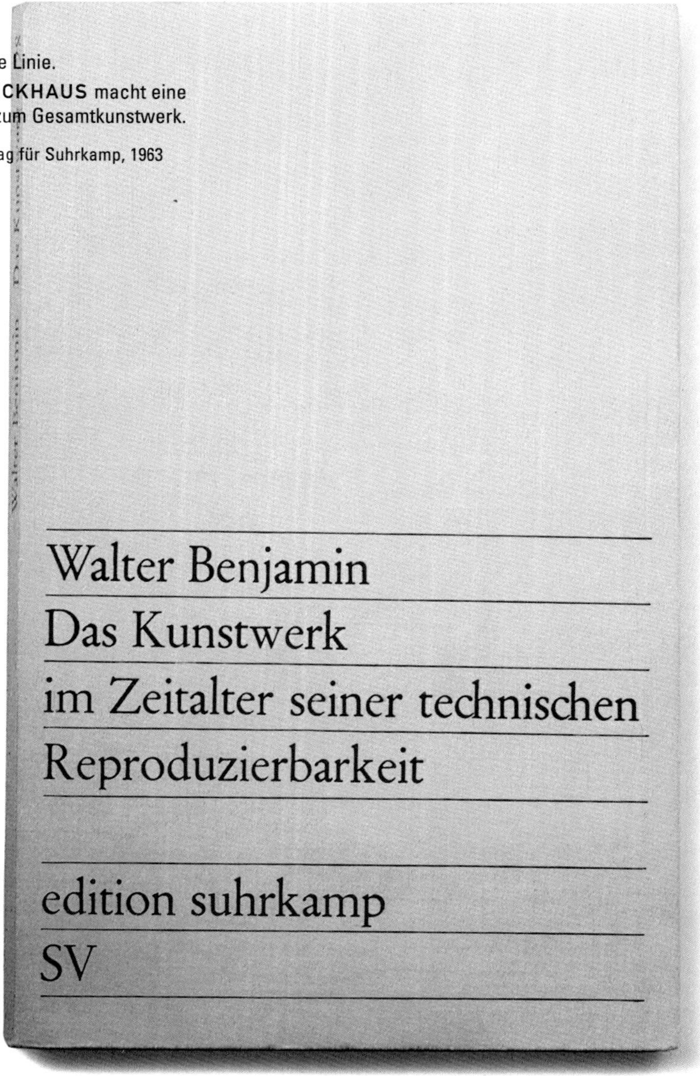

Walter Benjamin

Das Kunstwerk

im Zeitalter seiner technischen

Reproduzierbarkeit

edition suhrkamp

SV

Fertigdesign.
Ready-mades geben der
Designrevolte Schub.

Sessel *Consumer's Rest*
von **STILETTO**, 1983

Leuchttürme.
BEGA setzt Zeichen im
öffentlichen Raum.

Garten- und Wegleuchte
(Werksdesign), 1998

Musterkollektionen.
VORWERK verlegt große Entwürfe
der Kunst- und Designgeschichte.

Teppich mit Jugendstilmuster
von **Richard RIEMERSCHMID**, um 1900
(heute: *Classic Collection*)

Evolutionsmaschine.
Ferdinand PORSCHES Ursilhouette
hat bis heute überlebt.

PORSCHE *356 Coupé*, 1948

Konspirativ.

1985 gründen fünf Designer die Gruppe
PENTAGON und entwerfen Gegen-
modelle zur herrschenden Designnorm.

Regal *Mai 68* von
MEYER VOGGENREITER, 1986

Weberaufstand.

BAUHAUS-Künstler verwerfen das
Ornament und machen Textilmuster
maschinenfähig.

Bauhaus-Stoff von Anni Albers, 1926

Nackte Schönheit.
ERCOS Lichtmaschinen
entblößen Technik im Detail.

Scheinwerfer *Emanon* von
Roy Fleetwood, 1991

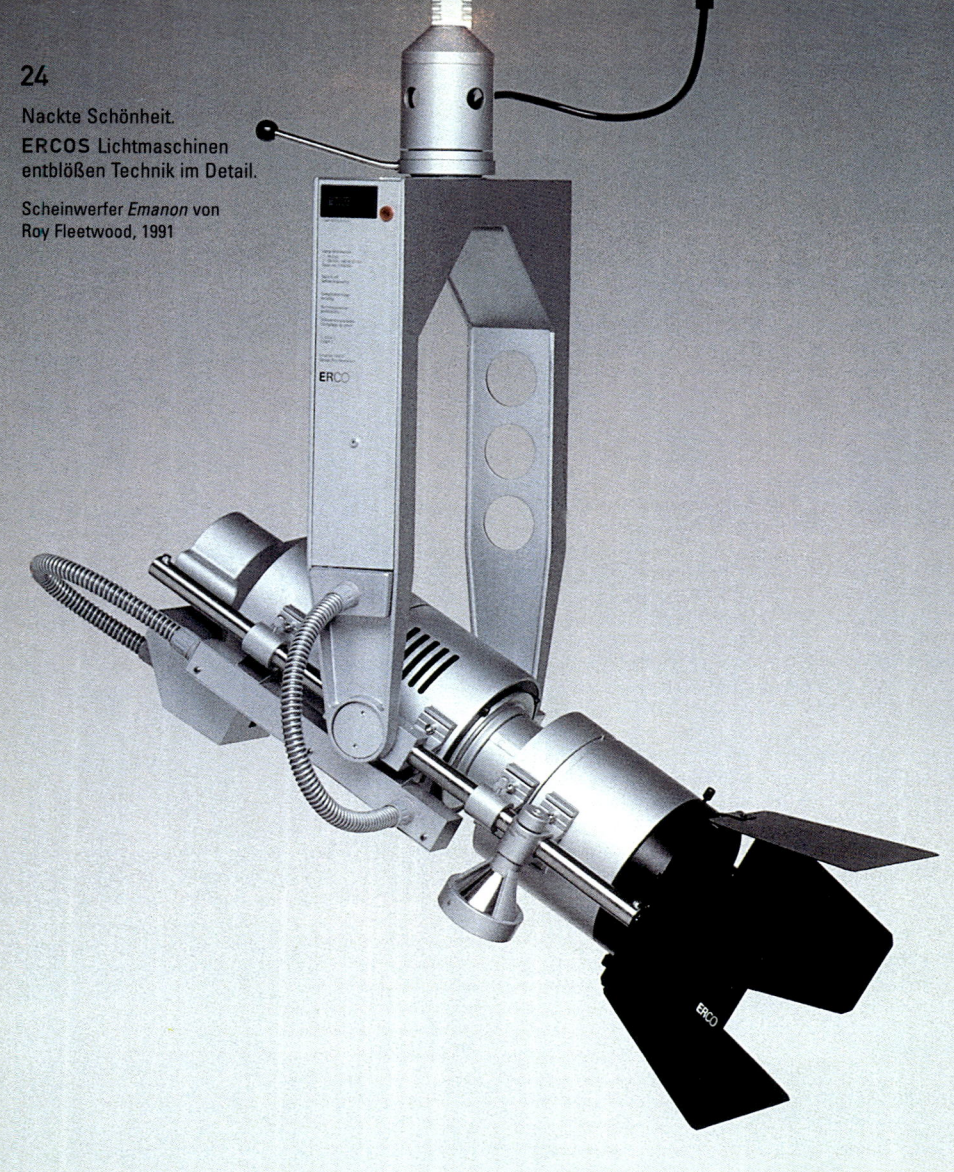

Leitfigur.
Otl AICHERS Piktogramme sind
wegweisend für die visuelle Kommunikation.

Piktogramm für die
Olympischen Spiele in München, 1972

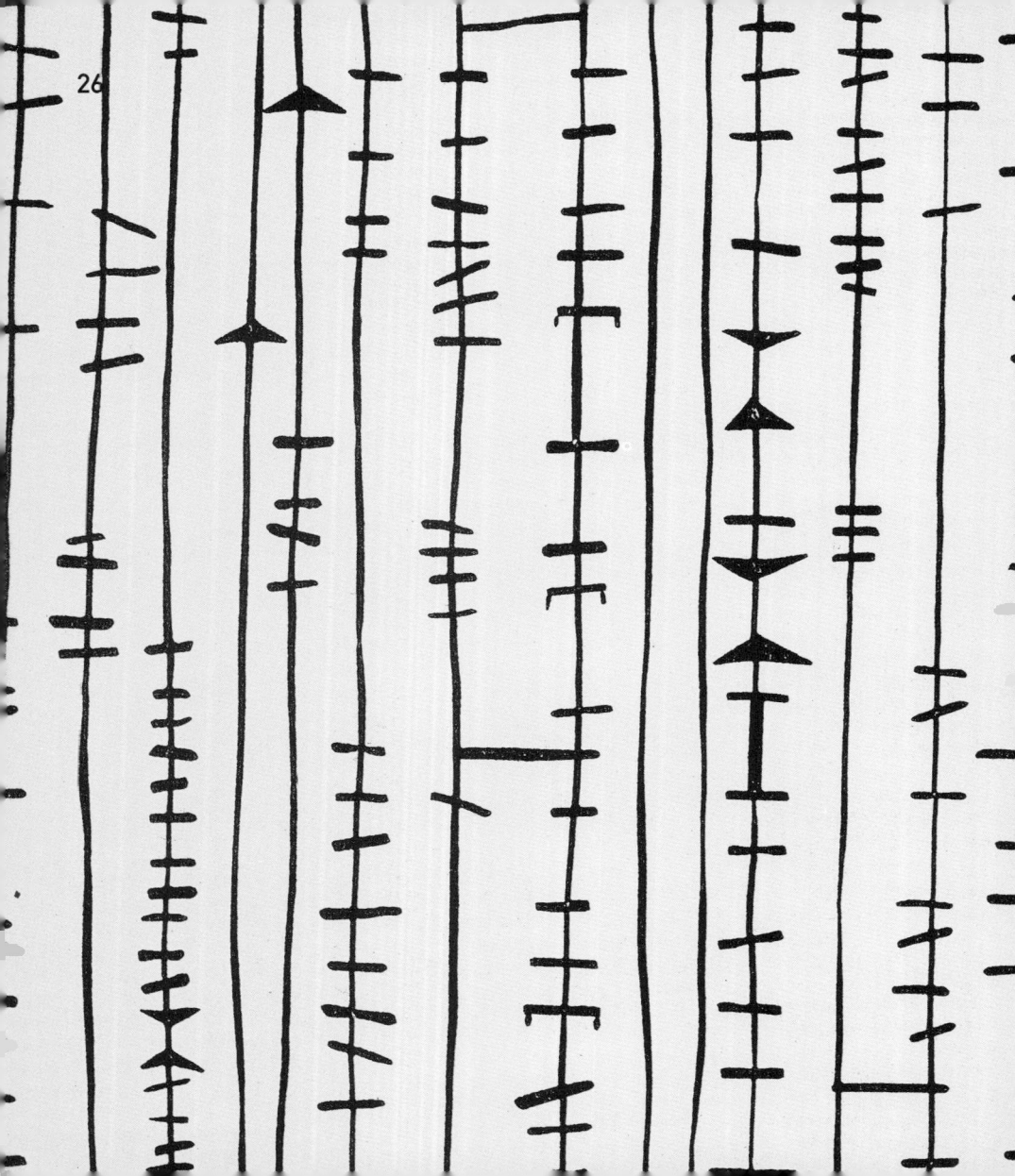

Kunst im Bau.
Tapetenhersteller **RASCH** druckt
den Zeitgeist auf Bahnen.

Tapete *City* von Lucienne Day, 1955

Gute Optik.
LEICAS Kleinbildkamera bringt das
Fotografieren auf ein neues Format.

Kamera *Leica M3*, 1954

Privatcontainer.

RIMOWA sichert das Reisegepäck
in einer Aluminiumschale.

Rollenkoffer *Topas* von
Richard Morszeck, 1950

Autovision.
Der *Ro 80* läßt die klaren Linien fließen.

Claus LUTHE für **NSU**, 1967

30

Streetstyle für Anfänger.

Der *Samba* macht den Sportschuh
straßenfähig.

Schiedsrichterschuh *Samba* von
Adi Dassler für **ADIDAS**, Modelle seit 1950

Krummer Klassiker.
Bei **HEWI** greift man zu
buntem Kunststoff.

Türklinke *111* von Rudolf Wilke, 1968

Mechanischer Biergarten.
GINBANDES Ausziehtischbank
läßt sich nach Anzahl der
Personen verlängern.

Tisch und Bank *Tabula Rasa*
für **VITRA**, 1985

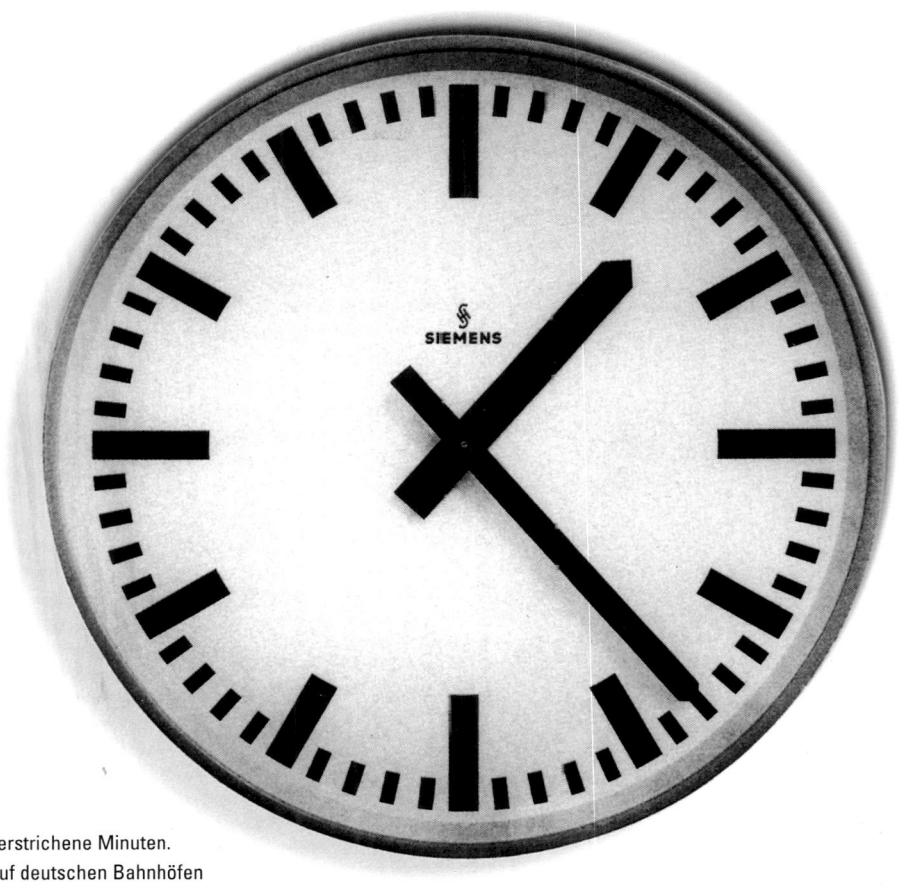

Verstrichene Minuten.
Auf deutschen Bahnhöfen
gilt die Abfahrtszeit auch
ohne Zahlen.

Wanduhr von **Norbert SCHLAGHECK**
für **SIEMENS**, 1955

Ergonomische Teestunde.
Bei **Luigi COLANI** fließt das
Getränk in Stromlinie.

Tee- und Milchkanne *Drop*
für **ROSENTHAL**, 1974

Schnelle Verschlußsache.
Ein Transportsack wird zur Grund-
ausstattung deutscher Fahrradkuriere.

Rucksack *Punch 3* von **BREE**, 1997

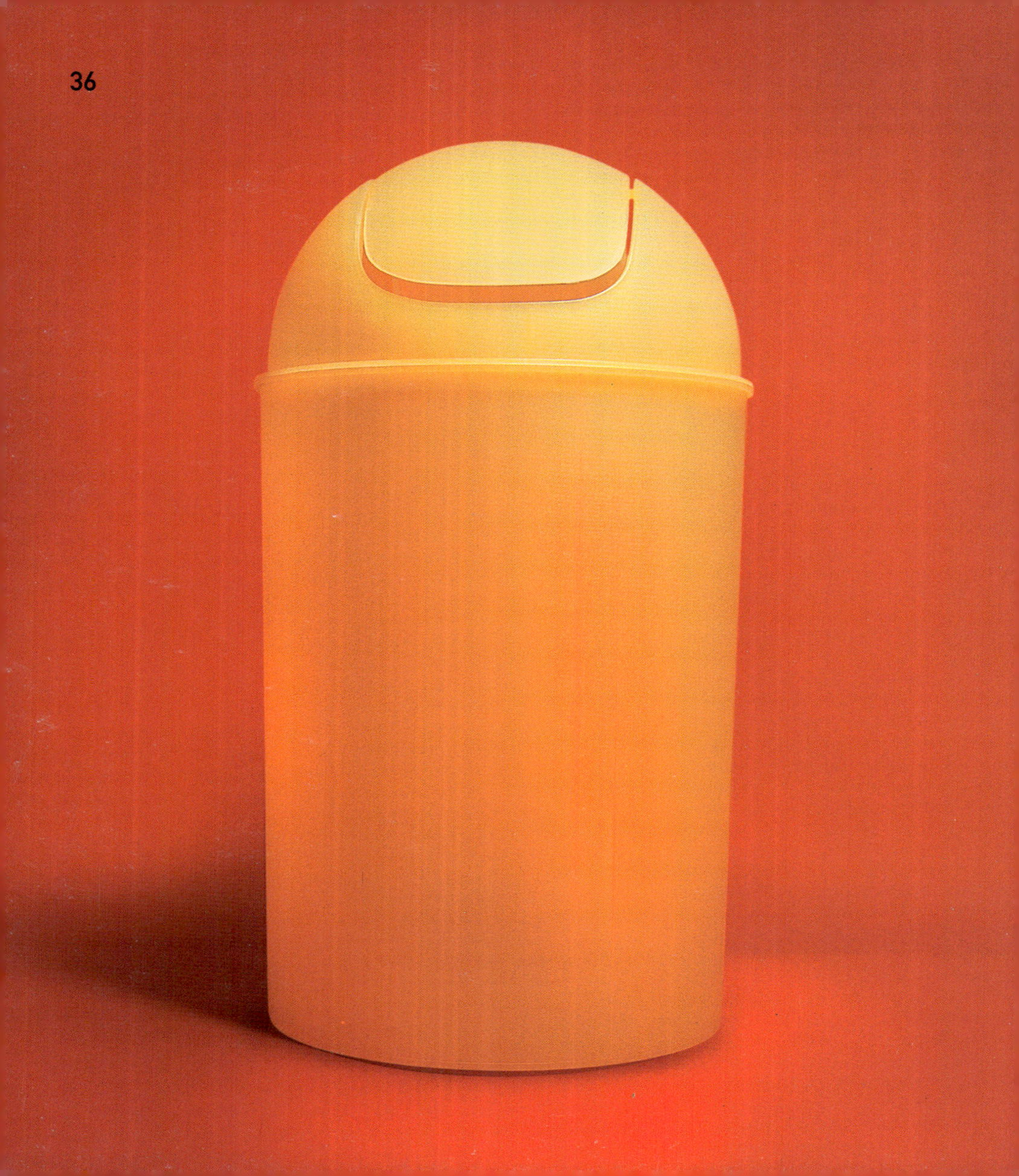

Materialvorteil.

Durchschimmernder Kunststoff
macht aus Alltagsdingen Kult.

Mülleimer *Can* von
Hansjerg MAIER-AICHEN
für **AUTHENTICS.** 1984

Elementarer Typus.

Wilhelm WAGENFELD kombiniert
Industrieteile zur Jahrhundertleuchte.

Tischlampe aus Metall von Wilhelm
Wagenfeld und Karl J. Jucker, 1924;
Reedition von **TECNOLUMEN**

Technische Zeichner.
Jeder *Rapidograph* hat seine
eigene Strichstärke.

Rapidograph von Bernhard Bruhm
für **ROTRING**, 1981

Wirtschaftswunder.
Mit der *SL*-Reihe präsentiert
MERCEDES die Vorzeigemodelle
der 50er Jahre.

MERCEDES-BENZ *SL*-Modelle, 1953–57

40

Mischmaschine.
HANSGROHE macht aus der
Badarmatur eine Technoskulptur.

Armatur *Allegroh* von
ESSLINGER Design, 1981

Glatter Schnitt.
BRAUN erfindet den
Rasierer schlechthin.

Elektrorasierer *Sixtant*
von **Hans GUGELOT**
und **Gerd A. MÜLLER**,
1962

Die Quadratur des Süßen.
RITTER bringt Schokolade in
eine unwiderstehliche Form.

Vollmilchtafel, 1974

Spannungsbogen.
Ludwig MIES VAN DER ROHES Entwurf
wird zum Modell eines neuen Prinzips.

Stuhl *MR 20*, 1927; Reedition von **THONET**

Optimales Minimum.
LAMY stanzt den Stift aus einem Stück.

Kugelschreiber und Minenbleistift *Spirit*
von **Wolfgang FABIAN**. 1994

Hohe Kunst der kleinen Dinge.
Marianne BRANDT verleiht dem
Beiläufigen Statur.

Aschenbecher, 1924; Reedition von Alessi

Neue Arbeitsplätze.
WILKHAHNS High-Tech-Möbel
machen Sachlichkeit zum Prinzip.

Bürodrehstuhl aus der *FS-Linie* von **Klaus
FRANCK** und Werner Sauer, 1980

Linienführung.
In den 90er Jahren sichert sich **AUDI**
einen Vorsprung durch Design.

Audi *A6* von **Peter** SCHREYER, 1998

48

Identitätsstifter.
Schon um 1900
gibt **Peter BEHRENS**
der **AEG** eine
»Corporate Identity«.

Tischventilator, 1908

Seite 49

Teeservice *TAC 1* von Walter Gropius für
Rosenthal, 1969

Dekaden

Deutsche Designgeschichte
von 1871 bis heute

1871–1918

Prinzip Sachlichkeit
Die Erfindung des Industriedesigns

Als der Tischler **Marcel Breuer** Mitte der 20er Jahre einen Sessel aus Stoff und geschweißtem Rohrgestell konstruierte, schuf er damit einen völlig neuartigen Möbeltyp. Das Sitzkonstrukt steht exemplarisch für jene rationale Fabrikästhetik, die das **Bauhaus** berühmt machte. In ihm manifestierte sich das Leitbild der »Industrieproduktion als modernstes Mittel der Gestaltung«, wie es **Walter Gropius** proklamiert hatte. Das provokant sachliche Sitzmöbel war nicht nur das glatte Gegenstück zum plüschigen Polstersessel und ein Affront gegen deutsche Gemütlichkeit, sondern auch ein Symbol für die Funktionalisierung des Alltags.

Eine **Leica**-Kamera, ein **Braun**-Radio, ein **Erco**-Strahler, ein Besteck von **Pott**, ein ICE-Zug, eine **Junghans**-Uhr, eine **Bulthaup**-Küche: wer Vorzeigeprodukte des deutschen Designs Revue passieren läßt, sieht sich wohlgestalteten, funktionstüchtigen Dinge gegenüber, deren Qualitätsanspruch mit dem porenklaren Erscheinungsbild ihrer Hersteller konform geht, eine Galerie der hohen Gebrauchswerte und der visuellen Tiefstapelei. Ein Produkt soll die Welt verbessern, meint **Dieter Rams**, der den aufgeräumten Ingenieurstil marktfähig machte und jenen Zug zur radikalen Vernunft verkörpert, der sich wie ein straffer Stahlfaden durch die deutsche Designgeschichte des 20. Jahrhunderts zieht. Selbst als es in den 80er Jahren zum Aufstand gegen die Diktatur des Funktionalen kam, bediente sich die neue Avantgarde häufig einer harten und knappen Formensprache und kultivierte, wenn auch verfremdet, das Industriezitat. Zu Ikonen ihrer subversiven Bewegung wurden ein umfunktionierter Einkaufswagen und ein Stahlregal. Die ungebrochene Prinzipientreue ist erklärungsbedürftig, da ein Blick in die jüngste deutsche Geschichte lehrt, daß sie eigentlich das Gegenteil von Kontinuität ist, nämlich eine Abfolge scharfer Einschnitte und kollektiver Traumata.

»Früher gab es keine Stile, sondern nur eine herrschende Kunstrichtung. Erst im 19. Jahrhundert wurde die Menschheit aus diesem künstlerischen Paradiese vertrieben.«
Hermann Muthesius

Seite 50
Turbinenfabrik von Peter Behrens für AEG, 1909

Deutschland, erst gegen Ende des 19. Jahrhunderts als »ver-
spätete Nation« vereinigt, hatte bis dahin keine nennenswerte Industrie. Um so dramatischer war der darauffolgende Umbruch, in
dem die erste und die zweite industrielle Revolution im Zeitraffer
abliefen. Aus Firmen wie Krupp, **AEG** und **Siemens** wurden rie-
sige Konglomerate. Die Hauptstadt Berlin entwickelte sich fast
über Nacht zur Metropole. Das Kaiserreich wollte Weltmacht
werden. Doch die neureiche Nation hatte noch Nachholbedarf,
besonders in Stilfragen. Der **Historismus** grassierte nun auch in
Deutschland. Zwar produzierte man inzwischen mit modernen
Maschinen, kopierte damit jedoch den Prunk vergangener Epo-
chen und schwelgte in nationalem Kitsch. Kaum eine Nähmaschine ohne Konterfei des Kaisers. Selbst **Thonet**-Möbel, wegen
ihrer modernen Herstellungstechnik eigentlich eine rühmliche
Ausnahme, waren nun verschnörkelt. Die Wohnung geriet zur
theatralisch inszenierten Kulisse. Der »Stilsalat« nahm derart
überhand, daß das Gewerbemuseum in Stuttgart eine »Abteilung
der Geschmacksverirrungen« einrichtete. Besonders peinlich
war, daß sich Deutschland, der industrielle Emporkömmling, auf
internationalen Gewerbeausstellungen regelmäßig blamierte.
1876 auf der Weltausstellung in Philadelphia mußte ein offizieller
Beobachter angesichts der aufmarschierten »Germanien, Borus-
sen, Kaiser, Kronprinzen und Bismarcke« Deutschlands »schwer-
ste Niederlage« auf dem Gebiet der Ästhetik feststellen.

Kurz vor der Jahrhundertwende schickte das preußische
Wirtschaftsministerium den Architekten **Hermann Muthesius** auf
Erkundungsmission nach England. Dort hatte eine Künstlergruppe, die sich Arts & Crafts nannte, eine Alternative zum Historismus entwickelt. Ihr Kopf, der Maschinenstürmer William
Morris, wollte die Tugenden des mittelalterlichen Handwerks wie-
derbeleben. Tatsächlich gelang es nicht nur, die Kritik am Kapita-

lismus in einer romantischen Bewegung zu bündeln sondern auch das Niveau der Angewandten Kunst deutlich zu haben. Designspion Muthesius sollte herausfinden, ob die Methode übertragbar war. Nach seiner Rückkehr schrieb er mehrere Bücher und initiierte eine Reform von oben. Preußens Kunstgewerbeschulen bekamen eigene Werkstätten und neue, fortschrittliche Direktoren.

Idee und Begriff des reformierten »Kunsthandwerks‹ setzten sich durch. Im deutschsprachigen Raum kam es zu einer wahren Gründungswelle ambitionierter Werkstätten: Angeregt vom britischen Vorbild produzierten sie Möbel, Textilien und Dinge des täglichen Bedarfs nach eigenen Entwürfen. Zu den wichtigsten Projekten zählten die **Wiener Werkstätte**, die **Vereinigten Werkstätten** in München und die **Dresdner Werkstätten**, aber auch die **Künstlerkolonie Worpswede**. Typisch für diese Bewegung war die enge Verzahnung mit den zeitgleich entstehenden neuen Kunstströmungen, die sich vom etablierten Kunstbetrieb lossagten, z.B. in München, wo **Peter Behrens** und **Hermann Obrist** zuerst zur Maler-»Sezession« und später zu den Gründern der Vereinigten Werkstätten gehörten, für die auch **Bruno Paul** und **Richard Riemerschmid** tätig waren, allesamt Pioniere des Designs. In Wien bildete die neue Boheme um Gustav Klimt und **Josef Maria Olbrich** mit der »Produktivgemeinschaft« der Werkstätten nahezu eine Personalunion. Die Verbindung des Handwerks mit der neuen Kunst brachte den schöpferischen Impuls in ein bis dahin weitgehend nachahmendes Gewerbe.

Um 1900 hatte sich in Europa eine Stilrichtung durchgesetzt, die in Deutschland nach der Zeitschrift *Jugend* benannt war und die dem Historismus endgültig den Garaus machte. Aus dem Anspruch totaler Gestaltung, einer Mitgift von Arts & Crafts, entstanden **Gesamtkunstwerke** wie die Künstlerkolonie Mathilden-

»Bei allen Gegenständen, die auf maschinellem Wege hergestellt werden, sollte man nicht eine Berührung von Kunst und Industrie, sondern deren innige Verbindung anstreben.«
Peter Behrens

höhe in Darmstadt, bei der Architektur und Innenausstattung mi-
nutiös aufeinander abgestimmt waren. Der Jugendstil brachte
fließende und häufig florale Formen hervor, die festlich und orna-
mental waren, aber durchaus über reine Dekoration hinausgehen
konnten. Kerzenständer, Lampen und Vasen bekamen skulpturale
Qualitäten. Strengere Entwürfe wie der *Musikzimmerstuhl* von
Richard Riemerschmid stießen bis zur Anatomie des Möbels vor.
Gestaltung wurde zum Formexperiment. Die neue Freiheit brachte
den Typ des Formerfinders hervor, wie ihn z. B. der Belgier **Henry
van de Velde** und der Österreicher **Josef Hoffmann** verkörpern. In
Hoffmanns geometrischem Formenrepertoire nahm bereits die
radikale Sachlichkeit der Moderne Gestalt an. Seine *Sitzma-
schine* aus Schichtholz ist ein direkter Vorfahre von Breuers
Stahlrohrsessel.

Es war die Zeit der Pioniere und der großen Erfindungen. Die
ersten Zeppeline hoben ab. Albert Einstein formulierte die Relati-
vitätstheorie. Aber dem technischen Fortschritt und den gewaltigen sozialen Umwälzungen stand eine starre Ordnung gegenüber, in der Adel und Militär weiterhin den preußisch-zackigen Ton
angaben. Das schwere, »altdeutsche« Mobiliar, das so typisch
war für den herrschenden, repräsentativen Einrichtungsstil, hatte
in seiner Unverrückbarkeit Symbolcharakter für die festgefahre-
nen Verhältnisse. Der Ruf nach Veränderungen wurde lauter, und
keineswegs nur in der Arbeiterbewegung. Es entwickelte sich
eine bürgerliche Subkultur, die es unter dem Schlagwort »Lebensreform« zu mehr Natürlichkeit drängte und die von Rohkost-
essern über Anhänger der Reformkleidung bis hin zu den Wan-
dervögeln reichte. Dresden, wo die Künstlergruppe *Die Brücke*
gerade das »unmittelbare und unverfälschte« Malen praktizierte,
war eines ihrer Zentren, nicht zuletzt durch das Projekt des Un-
ternehmers Karl Schmidt und dessen Vorstellungen von »ehr-

licher« Wohnkultur, die er in seinen Dresdner Werkstätten mit einem Team von Handwerkern, Malern, Bildhauern und Architekten verwirklichen wollte. Weil Schmidt wie sein Vorbild William Morris daran glaubte, daß nur in einer gut gestalteten Umgebung auch gute Leistungen zu erwarten sind, ließ er für seine Mitarbeiter und deren Familien im Vorort **Hellerau** nach englischem Muster eine Gartenstadt bauen, die auch zu einem Fluchtpunkt für »Lebensreformer« wurde.

1906 hatte Richard Riemerschmid mit außergewöhnlich einfachen Möbelentwürfen auf der Kunstgewerbeausstellung in Dresden großes Aufsehen erregt. In 17 Ausstellungsräumen stellte er seine *Maschinenmöbel* vor, komplette Wohnungseinrichtungen, darunter auch solche für den »minderbemittelten Stand«. Das Mobiliar aus Massivholz, das für seine »noble Einfachheit« gelobt wurde, war erstmals auf maschinelle Fertigung zugeschnitten. Karl Schmidt ließ Riemerschmids Schlichtmöbel in Serie gehen und machte aus einem Künstler und Formerfinder, der eben noch elitäres Jugendstil-Inventar entworfen hatte, einen der ersten Industriedesigner. Der respektable Verkaufserfolg bewies, daß es für die neue Enthaltsamkeit auch bereits eine Gemeinde gab. Dabei verklärte man den zwischen einfach-volkstümlich und sachlich-konstruktiv angesiedelten funktionalistischen Stil gerne zur nationalen Eigenart. Dies zeigte sich u.a., als die aus der Fusion der Dresdner und Münchner Werkstätten hervorgegangene Firma in **Deutsche Werkstätten** umgetauft wurde. Auf andere Quellen des frühen **Funktionalismus** verwies der Wiener Architekt **Adolf Loos**, ein kompromißloser Advokat sachlicher Gestaltung, der jegliches Dekor und somit auch den Jugendstil kriminell fand. Er war Verfechter des Prinzips »form follows function«, das von seinem amerikanischen Kollegen Louis Sullivan stammte, dessen Hochhäuser er bewunderte. Seine strengen Maßstäbe setzte Loos auch in eigenen Arbeiten um, z. B. in Leuchten, deren Ähnlichkeit mit späteren Bauhaus-Leuchten frappiert.

Wer auch immer das Copyright auf die neue Sachlichkeit besaß, ihre Institutionalisierung erlebte sie in Deutschland. 1907, das Jahr, in dem der **Deutsche Werkbund** gegründet wurde und der Elektrokonzern AEG den Künstler Peter Behrens als Hausdesigner einstellte, wurde zum Wendepunkt. Behrens war der erste, der für einen Großkonzern den Kehraus des Historismus besorgte, indem er der Rationalität des Maschinensaals zum Durchbruch verhalf. Es war gewiß kein Zufall, daß Behrens auch zu den ersten Männern des Deutschen Werkbunds gehörte, der Institution, die das, was er auf Unternehmensebene zuwege brachte, als nationale Aufgabe definierte. Er machte das Prinzip Sachlichkeit zu einer kulturellen Mission und einen exportfördernden Begriff wie »deutsche Wertarbeit« zum Mythos. Als Werkbund-Gestalter z. B. 1910 im Pariser Grand Palais ausstellten, bejubelten französische Kritiker den Geradeaus-Stil der »deutschen Schule«. Der Deutsche Werkbund, der ein Jahr nach seiner Gründung bereits 500 Mitglieder zählte, verstand sich als Scharnier zwischen Kunst, Politik und Wirtschaft, ein Modell, das international Beachtung fand, jedoch keineswegs ohne Zündstoff war. Dies zeigte sich in jenem viel publizierten Streit zwischen Hermann Muthesius und Henry van de Velde, bei dem es darum ging, ob Normierung oder freier Entwurf den Vorrang haben sollte.

Die Debatte am Vorabend des 1. Weltkriegs entschied sich bald auf pragmatische Weise. Der erste industrialisierte Krieg erforderte den rationellen Einsatz aller Mittel und führte schließlich zur Einführung der deutschen Industrienorm (DIN). Aus der Realität der Schlachten ging dann auch ein sachlich-funktionales Produkt hervor, das zu einem deutschen Markenzeichen werden sollte: der Stahlhelm.

»Das Ornament ist das Sinnlose.«
Georg Mendelssohn

1919-1948

Modelle der Moderne
Dada, Stahlrohr, Volksempfänger

Als **Ferdinand Kramer** 1919 in München das frischgedruckte **Bauhaus**-Programm las, hielt ihn nichts mehr zurück Der Architekturstudent machte sich sofort auf den Weg nach Weimar. Anderen ging es ähnlich, wie dem Ungarn **Marcel Breuer**, der in Wien von der neuen Schule erfuhr, oder **Wilhelm Wagenfeld**, der der **Künstlerkolonie Worpswede** umgehend den Rücken kehrte. Was die jungen Künstler damals faszinierte, war eine Vision. Das Bauhaus wollte Schluß machen mit der Trennung von Kunst und Handwerk. Bereits der Name, abgeleitet von der mittelalterlichen »Bauhütte«, war Programm. Erstmals sollte das Totalkonzept der Werkstättenbewegung in einen Lehrplan eingehen, Fächer wie Architektur, Malerei und Tischlerei unter dem Dach einer Akademie zusammengefaßt werden. Im 1. Weltkrieg waren auch die alten Werte verlorengegangen. Es roch nach Revolution. Die Zensur wurde abgeschafft. Die Dadaisten feierten den Tod der Kunst. Bauhaus-Gründer **Walter Gropius** nutzte die Gunst des Umbruchs und der moralischen Krise, um sein ehrgeiziges Projekt durchzusetzen. Die äußeren Bedingungen waren denkbar schlecht. Als das Bauhaus 1923 seine Arbeiten erstmals öffentlich präsentierte, galoppierte die Geldentwertung gerade ihrem Höhepunkt entgegen. Außerdem geriet man zwischen die politischen Fronten, war den Ressentiments konservativer Bürger und rechter Parteien ausgesetzt, die sich etwa an den »fremdstämmischen Elementen« störten. Hinzu kamen innere Konflikte mit einer expressionistisch gesinnten Opposition.

Der Expressionismus, nun die angesagte Kunstrichtung, griff von der Malerei auf andere Künste über. 1919, im Jahr der Bauhaus-Gründung, eröffnete in Berlin das Große Schauspielhaus des Architekten Hans Poelzig, dessen phantastischer, stalaktitenartiger Innenraum Unendlichkeit suggerierte. Mary Wigman erfand den ekstatischen, von den Fesseln des Balletts befreiten

»Das Bauhaus kämpft gegen Ersatz, minderwertige Arbeit und kunstgewerblichen Dilettantismus.«
Walter Gropius

Seite 58
Bauhaus Dessau von
Walter Gropius, 1925/26

Ausdruckstanz. Und der deutsche Film feierte mit Streifen wie *Das Cabinett des Dr. Caligari* schon wieder internationale Erfolge. In diesem Gruselfilm spielte die Kulisse erstmals die Hauptrolle. Der Maler Walter Reimann, ein Mitglied der Gruppe *Der Sturm*, hatte die Zickzack-Dächer und trapezartigen Fenster entworfen, eine grafische Metapher auf die Relativität der Wirklichkeit und die Abgrundtiefe der menschlichen Seele. In diesem Film gab es keinen einzigen rechten Winkel. Ein größerer Gegensatz zu dem, was das Bauhaus künftig darstellen sollte, war kaum denkbar. Ein Vertreter des Expressionismus unter den Bauhaus-Dozenten war der Maler Johannes Itten, für den Kunst Ausdrucksmittel der Seele war, eine Position, die zu heftigen Spannungen führte. In der Itten-Gropius-Kontroverse, in der sich die Normierungsdebatte des Deutschen Werkbundes in zugespitzter Form wiederholte, siegte, wie bekannt, schließlich die Fraktion des rechten Winkels und der Quadratur der radikalen Vernunft.

Das Bauhaus wurde zur Schule des **Funktionalismus** und definierte sich als Denkfabrik für die Industrie. Aus Gebrauchsgegenständen sollten durch »planmäßige Beseitigung alles Unnötigen«, so Gropius, »typische Modelle« destilliert werden. Diese Methode brachte eine beachtliche Anzahl von Innovationen hervor, von modularen Möbeln über abstrakte Teppichmuster bis zu klar geschnittenen Schriften. Nicht wenige dieser Entwürfe werden heute als Designklassiker angesehen, wie jene kleine Tischleuchte von Wilhelm Wagenfeld, die wie eine auf ihre nackte Funktion reduzierte Urform erscheint. Obwohl die Produkte in der Regel noch in Handarbeit hergestellt wurden, waren die Bauhaus-Werkstätten der Ort, an dem modernes Design erstmals systematisch betrieben wurde. Als das Bauhaus 1926 seinen erzwungenen Umzug geschickt zur Eigenwerbung nutzte, trugen auch Marcel Breuers auf ihr Skelett reduzierte Stahlrohrstühle

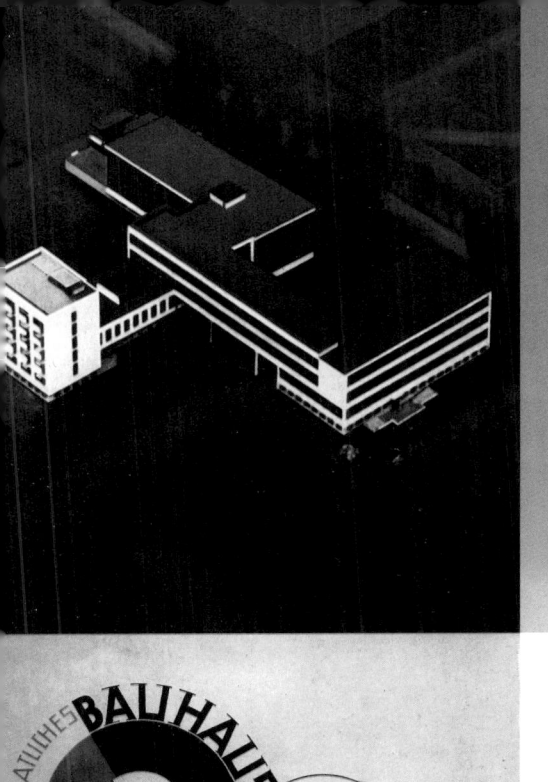

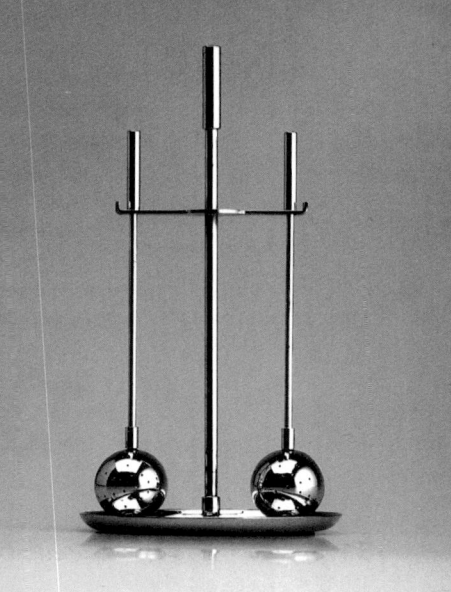

1925 Stahlrohrsessel von
Marcel Breuer; Kunstaus-
stellung *Neue Sachlichkeit*
in Mannheim; *Typenmöbel*
von **Ferdinand Kramer**;
*Exposition des Arts Déco-
ratifs* in Paris; *Elementare
Typographie* von
Jan Tschichold erscheint

1926 Das Bauhaus zieht
nach Dessau; **Mart Stam**
fertigt Urmodell des
Freischwingers; Zeitschrift
Das Neue Frankfurt
erscheint; Josephine
Baker in Berlin

1927 Ausstellung *Die Wohnung*
in Stuttgart (Weißenhof-
Siedlung); **Herbert Bayer**
vollendet *Universal*-Schrift;
Protos-Staubsauger von
Siemens; *Aufbaumöbel*
von **WK**; Marcel Breuer
richtet die Wohnung von
Erwin Piscator ein; Sportwagen **Mercedes-Benz** *S*

1928 **Paul Renner** entwirft die
Futura-Schrift; **Rotring**
gegr.; Nachttischlampe
702 von **Marianne Brandt**
und Hin Bredendieck;
Opel-Rennwagen *RAK I*

1929 *Barcelona-Sessel* von
Ludwig Mies van der Rohe;
erste Kölner Möbelmesse;

zur gelungenen Imagekampagne bei. Die Aula, die mit rund 150 der chromblitzenden Gestelle bestückt war, muß auf Besucher wie eine fremdartig-futuristische Szene aus *Metropolis* gewirkt haben, Fritz Langs Filmutopie aus demselben Jahr.

Das Bauhaus war das bekannteste funktionalistische Projekt, aber keineswegs das einzige. Als die **Weißenhofsiedlung** 1927 in Stuttgart eingeweiht wurde, rief dies Ereignis ein ähnliches Presseecho hervor wie die Bauhaus-Eröffnung. Mitteleuropas progressive Architektenelite, von Altmeister **Adolf Loos** über **Mart Stam** bis Le Corbusier, zeigte das **Neue Bauen** in seinen verschiedenen Varianten, die erste Manifestation jener strahlend weiß gestrichenen Flachdacharchitektur, die von ihren Gegnern als »Beduinenstil« verspottet wurde und die mit einer schockierend schlichten Wohnästhetik einherging. Das Musterhaus von Walter Gropius war dafür exemplarisch: die mit Linoleumböden, Schrankwänden und Stahlrohrmöbeln ausgestatteten Räume entbehrten jegliche Requisite der Gemütlichkeit.

Ähnlich radikal ging man in Frankfurt zu Werke, wo der Versuch, die Wohnungsnot der kleinen Leute zu beheben, das Konzept der »Wohnung für das Existenzminimum« hervorgebracht hatte. Seit der links eingestellte Architekt Ernst May dort Stadtbaumeister war, nahm der kommunale Wohnungsbau nie gekannte Ausmaße an. May machte mit Normierung und Rationalisierung ernst. Häuser wurden aus vorgefertigten Betonplatten zusammengesetzt, Wohnungen mit spartanischen, aber zweckmäßigen *Typenmöbeln* ausgerüstet, für die Ferdinand Kramer verantwortlich war. Der Pragmatiker Kramer erfand den gesamten Haurat neu, bis hin zu Kleinigkeiten wie Türgriffen, Feuerhaken und Klappgestellen für Handtücher. Der erfolgreichste Entwurf, die **Frankfurter Küche**, war jedoch das Werk seiner Wiener Kollegin Grete Lihotzky. Sie konstruierte eine bis ins kleinste durchdachte Arbeitszelle, das Grundmodell aller Einbauküchen. Die Wohnung wurde zur zeitsparenden Maschine.

Einige Ideen, die in Frankfurt umgesetzt wurden, stammten von **Otto Haesler**, Sozialist wie May und Pionier des funktionalen Wohnbaus. In Celle, einer norddeutschen Kleinstadt, hatte er erstmals Siedlungen in parallelen Zeilen angeordnet, ein Novum, das wegweisend war. Die Grundrisse wiesen bereits kombinierte Wohn-Eßzimmer und kleine Kochnischen auf, das Vorbild für Lihotzkys Funktionsküche. Daß Haesler die Wohnungen mit modernen Möbeln ausstattete, versteht sich von selbst. Der Neuerer hatte eine Serie von Tischen und Stühlen entworfen, die preisgünstig aus Sperrholzplatten und lackiertem Stahlrohr gefertigt waren und sich als *Celler Volksmöbel* passabel verkauften. Beim Vertrieb stützte sich Haesler auf die Hilfe seines Freundes **Kurt Schwitters**. Ähnliche Initiativen existierten nun in zahlreichen Städten. In Hamburg vertrieb der Architekt **Karl Schneider** ein Sortiment kombinierbarer *Typenmöbel*. Schneider gehörte zum Ring, einem Verein, mit dem sich die Modernisten ein Kommunikationsnetz schufen.

Mitte der 20er Jahre, die Wirtschaft der Weimarer Republik erlebte einen moderaten Aufschwung, hellte auch die Stimmung auf. 1926 wurde in Berlin der Funkturm eröffnet. Josephine Baker tanzte im Bananenkleid. In Deutschland tobte das Charleston-Fieber. Auch das Bauhaus unterhielt längst eine eigene Jazzband. In dieser Phase der 20er Jahre, die als die »wilde« ins Kollektivgedächtnis einging, besuchte ein junger Engländer die deutsche Hauptstadt. Der noch völlig unbekannte Francis Bacon hat diesen Aufenthalt später als prägend bezeichnet, nicht zuletzt wegen des libertär-frivolen Vergnügungsbetriebs, der es ihm erstmals erlaubte, seine Homosexualität auszuleben. Berlin war auch kulturell ein erregendes Pflaster. In der E-Musik verschafften sich

»Weniger ist mehr.«
Ludwig Mies
van der Rohe

1929 Lampe *I-Dell* von **Christian Dell**

1930 Ludwig Mies van der Rohe wird Bauhaus-Direktor; **Ferdinand Porsche** gründet eigenes Konstruktionsbüro **Rasch** produziert die *Bauhaustapeten;* Wilhelm Wagenfeld arbeitet für **Jenaer Glas**; **Lamy** gegr.

1931 **Hermann Gretsch** wird künstlerischer Berater bei **Arzberg** und entwirft das Geschirr *Form 1382;* **Ford**-Werk in Köln eröffnet; Shell-Haus in Berlin im Stil des **Neuen Bauens**

1932 Auto Union Deutschlands größter Autohersteller; *Sport-Schokolade* von **Ritter**

1933 Adolf Hitler wird Reichs-kanzler; Reichskultur-kammer eingerichtet; das Bauhaus wird aufgelöst; **BMW** entwickelt PKW

Seite 65

r.o. Titelseite des Thonet-Stahlrohrmöbel-Kataloges, 1930

l.o. Sessel aus der Serie *Barcelona* von Ludwig Mies van der Rohe, 1929

u. Liege *LS 22* von Hans Luckhart für Desta-Pavillon, 1931

die Neutöner Gehör. Das Theater blühte. Der Regisseur Erwin Piscator machte aus Aufführungen Multimediashows und stellte den Konstruktivisten **László Moholy-Nagy** als Bühnenbildner an. Der Maler Bacon besuchte die Kunstausstellung *Neue Sachlichkeit*, die einen hyperrealistischen Stil zeigte und die unterkühlte Attitüde jener Jahre auf den Begriff brachte. Schließlich kam Bacon auch mit dem Funktionalismus in Berührung. Zurück in London entwarf er Stühle aus Stahlrohr, wie er sie in Deutschland gesehen hatte, und fand damit ein gewisses Interesse in Londoner Intellektuellenkreisen. Das war kein Einzelfall. Auch der Italiener Guiseppe Terrangi, der Schwede Gunnar Asplund und der Amerikaner Warren McArthur, um nur wenige zu nennen, folgten dem Bauhaus-Beispiel und konstruierten eigene Stahlrohrmöbel. Aus dem in Deutschland entwickelten Idiom einer industrialisierten Wohnumwelt wurde *International Style.*

Das Filmmusical *Die drei von der Tankstelle* aus dem Jahre 1931 ist eine Arbeitslosenkomödie, die vor dem Hintergrund der Weltwirtschaftskrise spielt. Das moderne Märchen endet in der Hauptverwaltung eines Großkonzerns, die alle Attribute der Neuen Sachlichkeit aufweist und eine Chiffre für Modernität und Fortschrittsglaube war. Vorbild für den fiktiven Ort könnte das Shell-Haus gewesen sein, ein funktionalistischer Stahlskelett-bau, der 1931 am Berliner Landwehrkanal errichtet wurde. Noch sah man die Wirtschaftsflaute und die eskalierenden politischen Spannungen als Übergangserscheinung. Zu dieser Zeit ließ sich eine große deutsche Mineralölgesellschaft ein neues Erscheinungsbild nach funktionalistischen Maßstäben gestalten, inklusive Bauhaus-Typografie und modernen Tankstellen aus Stahl, Glas und Beton. Mittlerweile stellte die Firma **Thonet** Stahlrohrmöbel in Serie her, die erste Anbauküche von **Poggenpohl** kam auf den Markt und der Möbelhersteller **WK** entwickelte das kom-

binierbare »Aufbauheim«. Spätestens seit Reklame für die *Bau-haustapeten* in allen Zeitungen erschien, war die neue Richtung auch im letzten Winkel bekannt. Schließlich entdeckte auch die Arbeiterbewegung das »neuzeitliche Wohnen« als Bildungsauf-gabe. In einem Hamburger Arbeiterviertel richtete Karl Schneider eine vorbildliche Wohnung ein. Aufklärungsbücher erschienen, in denen Hausfrauen z.B. lernten, wie man »unmoderne Möbel-stücke von ihren Schnörkeln und Aufsätzen befreit«. Der Funktio-nalismus, entstanden als avantgardistisches Experiment, wurde nach nur wenigen Jahren als ein Ausdruck der Zeit empfunden. Daß sich die erste deutsche Republik 1929 auf der Weltausstel-lung in Barcelona mit dem Glas-Stahl-Pavillon von **Mies van der Rohe** präsentierte, unterstrich diesen Stimmungswandel.

Am 11. April 1933 wurde das bereits zweimal vertriebene und inzwischen nach Berlin ausgewichene Bauhaus von Polizei und SA umstellt. Nach einer Durchsuchung wurden die Räume ver-siegelt, einige Studenten wahllos festgenommen und auf Lastwa-gen abtransportiert. Erst drei Monate nach dieser spektakulären Aktion folgte die endgültige Selbstauflösung. Das Bauhaus gehörte zu den Feindbildern der Faschisten, wie Demokratie und moderne Kunst. Unter der Hetzparole »Kulturbolschewismus« hatten sie eine Kampagne gegen das kosmopolitische Projekt ge-führt. Trotzdem gab es Überlegungen, die erfolgreiche Arbeit als ein gewendetes »Deutsches Bauhaus« weiterzuführen. Teile des Kollegiums waren nicht abgeneigt, darunter auch Ludwig Mies van der Rohe, der letzte Bauhaus-Direktor, der sogar einen Wahl-aufruf für Hitler unterschrieb. Die Verfolgung ehemaliger Bauhäusler und anderer Vertreter der Moderne richtete sich ins-besondere gegen politische Gegner, d.h. Kommunisten wie Ferdi-nand Kramer, außerdem gegen Juden, Ausländer und soge-nannte »entartete« Künstler. Das Aussortieren besorgte nun die

Reichskulturkammer, die künstlerische Berufe erfaßte und Berufsverbote erteilte. Nicht wenige ehemalige Bauhäusler schafften es jedoch, sich zu arrangieren, darunter Prominente wie Ludwig Mies van der Rohe und Herbert Bayer. Bayer führte bis kurz vor Kriegsausbruch eine florierende Werbeagentur, die auch Aufträge für Propaganda-Ausstellungen wie *Deutsches Volk – Deutsche Arbeit* ausführte. Der NS-Staat, der so viel Wert auf seine Corporate Identity legte, wollte auf die Spezialisten gar nicht verzichten. Die Effizienz, die der Funktionalismus versprach, paßte ins Konzept. Dies war ein Grund, warum einige seiner Vertreter führende Positionen bekleideten, wie **Hermann Gretsch**, **Walter Maria Kersting**, Georg Muche und Wilhelm Wagenfeld, damals der wichtigste Industriedesigner in Deutschland. Er bezog ein Spitzengehalt und stieg ins Management auf, etwas, das erst wieder ein Vierteljahrhundert später **Dieter Rams** gelingen sollte. Sachliche Entwürfe, wie das Radio *Volksempfänger* von Kersting, das wichtigste Massenmedium des Regimes, wurden in Millionenauflage produziert.

Der Versuch, einen »deutschen Stil« zu kreiren, mußte dagegen scheitern, allein am Kompetenzgestrüpp des Führerstaates, in dem Biedersinn und Willkür regierten. Die Förderung des Kunsthandwerks, die Albert Speers »Amt für Schönheit der Arbeit« halbherzig betrieb, änderte nichts am Kurs einer modernen Industriepolitik, für die nicht zuletzt die USA das Vorbild abgaben. Den *Volkswagen* hätte es ohne Hitlers Bewunderung für Henry Ford nicht gegeben. So kam es, daß mit dem später in »Kraft-durch-Freude-Wagen« umgetauften Automobil reinrassiger amerikanischer Stromlinienstil als Ikone der NS-Propaganda diente. Die schizophrene Situation wurde mit dem Begriff »deutsche Wertarbeit« verbrämt, der aus dem Vokabular des **Deutschen Werkbunds** stammte und bis heute in deutschen Köpfen spukt.

»Ich sehe meine Kunst streng den nationalsozialistischen Grundsätzen entsprechend, nämlich heroisch, stählern-romantisch, unsentimental, hart, scharf, klar und typenschaffend.«
Oskar Schlemmer

1949 – 1980

Ulm und die Folgen
Der Triumph der »Guten Form«

Die Ausstellung *Künstlerisches Schaffen, Industrielles Gestalten*, die am 1. Juli 1956 im Städtischen Museum Osnabrück eröffnet wurde und zu der auch Bundespräsident Theodor Heuss anreiste, fand ein lebhaftes Echo in der bundesdeutschen Presse. 28 Künstler zeigten Werke, die vom Spätimpressionismus bis zu informeller Malerei reichten. Als Hintergründe dienten mit Tapeten beklebte Stellwände, deren Muster den Gemälden an Expressivität kaum nachstanden. Mit dem Versuch, eine unmittelbare Verbindung zwischen Kunst und »Industrieform« herzustellen, zeigte die für ihre *Bauhaustapeten* bekannt gewordene Firma **Rasch** abermals Avantgarde-Ambitionen und Einfallsreichtum in Marketingfragen. Die Idee, das Museum als Instrument der Geschmacksbildung einzusetzen, stammt aus dem 19. Jahrhundert und wurde in der Nachkriegszeit von den Besatzungsmächten aufgegriffen, als Erziehungsmethode für die von der Diktatur verdorbenen Deutschen.

Auch die wichtigste Designinstitution nach dem 2. Weltkrieg, die **Hochschule für Gestaltung Ulm**, war ursprünglich ein Versuch kultureller Umerziehung und funktionierte nur mittels jener Million, die der amerikanische Hochkommissar, John McCloy, in neuer deutscher Währung dafür zur Verfügung stellte. Max Bill, ihr Architekt und erster Direktor, hatte es 1949 fertiggebracht, eine Ausstellung zum Thema »Gute Form« auf die Beine zu stellen. Zu einer Zeit, als deutsche Städte noch in Trümmern lagen und die Gedanken sich darum drehten, ob man am nächsten Tag etwas zu essen hat, ein erstaunlicher Grad an Idealismus. Diesen Idealismus teilten damals jedoch viele deutsche Intellektuelle, die sich nach einem Neuanfang sehnten und, wie der Physiker Werner Heisenberg und der Schriftsteller Carl Zuckmayer, das Projekt unterstützten. 1953, im selben Jahr als die Hochschule in Ulm eröffnet wurde, beschloß der Deutsche Bundestag, einen

Ich möchte Dinge machen, die im Hintergrund bleiben.
Dieter Rams

Seite 68
Innenraum der Hochschule
für Gestaltung Ulm, 1947

Rat für Formgebung einzurichten, eine staatliche Agentur, die für die optimale Gestaltung deutscher Produkte sorgen sollte, eine Zielsetzung, die nicht zufällig an den **Deutschen Werkbund** erinnert, der sich aktiv für die neue Institution einsetzte.

Die Doppelgründung verschaffte Deutschland auch ein doppeltes Déjà-vu-Erlebnis, verstand sich die neue Hochschule doch explizit als **Bauhaus**-Reinkarnation. Wie beim berühmten Vorbild – und zuvor bereits bei den Dresdner Werkstätten – ging man von der Vorstellung aus, daß die gestaltete Umwelt ein integraler Bestandteil des Lehrplans sei. Das Hochschulgebäude mit seinen großflächigen Fenstern und kargen Betonwänden verströmte genau jenen taufrischen, kompromißlosen Purismus, wie er später auch in den Produkten zum Ausdruck kam, etwa im *Ulmer Hocker*, einem minimalistischen Würfel, den die Studenten mit sich herumtragen konnten. Wie vormals **Walter Gropius** verstand es auch Bill, ein hochkarätiges, international zusammengesetztes Lehrpersonal zu gewinnen und Konflikte in einer offenen Streitkultur auszutragen. Eine der zahlreichen leidenschaftlich geführten Debatten drehte sich um die Frage, ob der Beruf, für den man ausbildete, nun Entwerfer, Formgestalter oder – damals noch völlig ungebräuchlich – Designer heißen sollte. Die Parallelität der Ereignisse mit den 20er Jahren sollte bis zum frühen Ende der Ulmer Hochschule reichen, das mit finanziellen Engpässen und Pressionen der konservativen Landesregierung einherging, die das Experiment schließlich liquidierte und deren Ministerpräsident Hans Filbinger pikanterweise später wegen seiner NS-Vergangenheit zurücktreten mußte. Die Geschichte wiederholte sich trotzdem nicht: Ulm basierte zwar auf Bauhaus-Prinzipien, ging aber weit darüber hinaus, etwa durch die Entwicklung ganzer »Produkt-Systeme«. Die Öffentlichkeit nahm von den neo-funktionalistischen Aktivitäten erstmals Notiz, als eine Ausstellung Mitte der 50er Jahre Radio- und Phonogeräte präsentierte, die die Firma **Braun** unter Mithilfe Ulmer Dozenten entwickelt hatte. Dies war die erste Manifestation jener radikalen Zurückhaltung, die eine neue visuelle Ordnung ins Produktdesign einführte und zum Synonym für deutsches Design wurde.

Gegen Ende der 50er Jahre war Deutschland wieder ruinenfrei. Es herrschte Vollbeschäftigung und das Wort »Lebensstandard« machte auch für Normalverbraucher erstmals Sinn. Im »motorisierten **Biedermeier**«, wie der Schriftsteller Erich Kästner das Wiederaufbaujahrzehnt nannte, hatte sich die Restauration wie Mehltau über die Kultur gesenkt und schwere »Stilmöbel« in Gestalt des **Gelsenkirchener Barocks** feierten fröhliche Urständ. Zugleich empfanden sich die Wirtschaftswunderdeutschen nun als Teil der Westens und wurden zu Musterknaben Amerikas. Von dort kamen chromverzierte Straßenkreuzer, aber auch Jeans, Rock'n'Roll und moderne Kunst. Die neue Ausdrucksfreiheit, der man sich erfreute, wurde in Form von Nierentischen, schräg stehenden Stuhlbeinen und abstrakten Tapetenmustern auch in den eigenen vier Wänden praktiziert. Zahlreiche Projekte der Moderne fallen in die Pubertät die Republik. 1957 fand im Berliner Tiergarten die *Interbau* statt, eine Demonstration westlicher Lebensweise, die sich in einer Reihe von Wohnhochhäusern manifestierte, in deren Wohnungen der neue, aus Skandinavien importierte Einrichtungsstil dominierte. Ein Jahr später wurde die internationale Kunstausstellung *Documenta 2* veranstaltet und auf der Brüsseler Weltausstellung glänzte der deutsche Pavillon mit einer Musterschau der »Guten Form«, in der Firmen wie **Pott** und **Rosenthal** den Ton angaben.

Die Designentwicklung im zweiten nach dem 2. Weltkrieg entstandenen deutschen Staat wird hier weitgehend ausgeklammert. In der Frühphase der DDR gingen zahlreiche Linksintellek-

»Ich bin äußerst skeptisch gegenüber der Idee des genialen Designers, der heute eine Blumenvase und morgen ein Flugzeug entwirft.«

Alexander Neumeister

1955 ziffernlose Uhr von **Norbert Schlagheck** für **Siemens**; Kleinwagen *Isetta* von **BMW**; erste Kunstausstellung *Documenta* in Kassel

1956 Radio-Plattenspieler *Phonosuper SK4* von **Hans Gugelot** und Dieter Rams; **Richard Sapper** arbeitet für **Mercedes-Benz**; Studio **Slany** Design gegr.; **Tecta** gegr.; VW-Transporter; **Otto Zapf** entwickelt Möbel mit Rolf Schmidt, Dieter Rams und Günther Kieser

1957 Sessel *486* von **Herbert Hirche** für **Wilkhahn**; *Interbau* in Berlin (Hansa-Viertel) zeigt moderne Architektur und Design; Sputnik umrundet Globus

1958 Waschautomat *Lavamat* von **AEG**; **Hans Erich Slany** wird Hausdesigner von **Bosch**

Seite 73

o. Volkswagen *Karman-Ghia 1200* Coupé, 1956

l.u. Buchholzstuhl *SE 42* von Egon Eiermann, 1948

r.u. Vase von Tapio Wirkkala für Rosenthal, 1956

tuelle in jenen Teil Deutschlands, in dem vermeintlich die richtigen Konsequenzen aus der Nazi-Katastrophe gezogen wurden. Darunter waren **Mart Stam** und **Otto Haesler**, die anfangs eine Kontinuität der Bauhaus-Moderne erwarten ließen. Bis in die 60er Jahre hinein war eine gewisse Parallelität der Designentwicklung beider deutscher Staaten feststellbar, wobei die Bundesrepublik zumeist Vorbildfunktion hatte. Der sogenannte »real existierende Sozialismus« litt an chronischer Unfähigkeit, einen eigenständigen ästhetischen Ausdruck zu entwickeln, ein Versagen, das historisch seinesgleichen sucht und wohl das Ergebnis einer Kombination aus Kommando- und Mangelwirtschaft ist. Bekannte Beispiele für die damit verbundenen Inkonsequenzen und Widersprüche sind die »Plattenbauten«, Wohnsilos, die zur Karikatur des **Neuen Bauens** wurden, sowie der *Trabant*, Ostdeutschlands einziges, nach der Wendezeit mit einer gewissen Nostalgie betrachtetes Massenauto, dessen bonbonfarbene Kunststoffkarosserie zu einem ostdeutschen Signet wurde. Da man den Privatverkehr eigentlich ideologisch ablehnte, wurde Entwicklungsaufwand gescheut. So kam es, daß ein Anachronismus auf vier Rädern bis zum letzten Tag der untergegangenen DDR zum Objekt der Begierde ihrer Bürger werden konnte.

Als im Sommer 1972 die Olympischen Spiele in München erstmals mit einer Party der Nationen eröffnet wurden, begann das Projekt Sympathiewerbung, mit dem sich Deutschland als ziviles Mitglied in der Völkergemeinschaft zurückmeldete. Man hatte sich akribisch darauf vorbereitet. Bereits fünf Jahre vor der Eröffnung wurde ein Spezialteam unter der Leitung des Grafikers **Otl Aicher** gebildet, das sich ausschließlich mit dem Erscheinungsbild der Spiele befaßte. Zur modernen Stadionarchitektur und perfekten Inszenierung der Veranstaltung, die durch die tödlich endende Geiselnahme israelischer Sportler allerdings empfind-

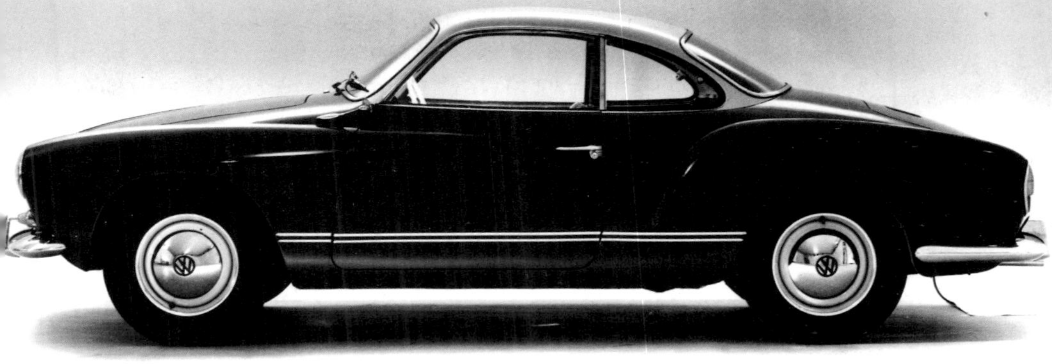

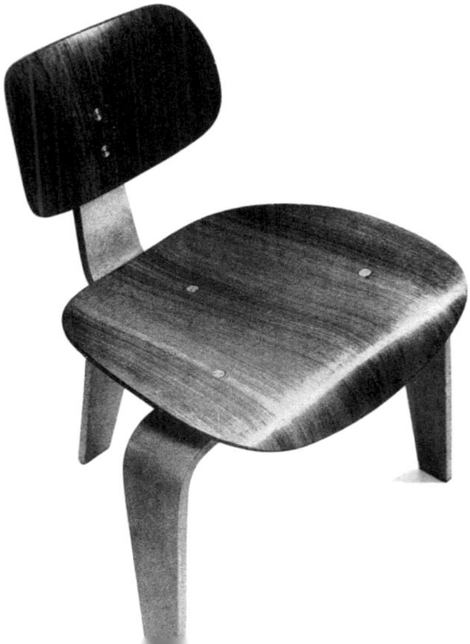

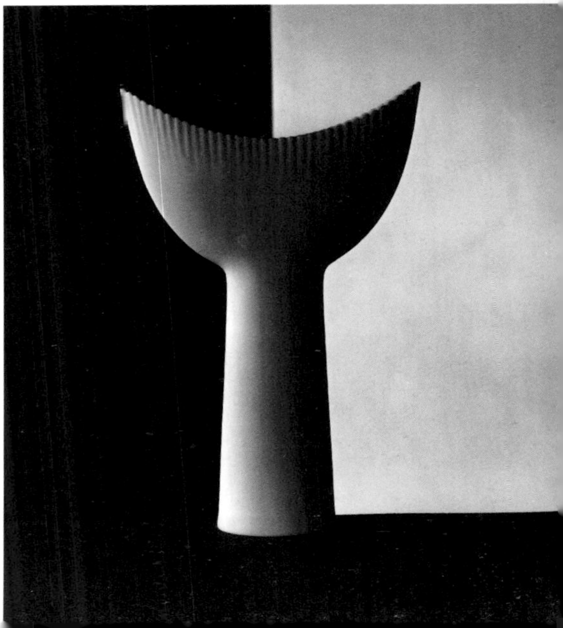

lich gestört wurde, kam nun erstmals auch ein durchgestaltetes Corporate Design. Dazu gehörten das Logo – eine abstrakte, aus Rechtecken zusammengesetzte Spirale –, Piktogramme für die einzelnen Sportarten, Leitsysteme und eine einheitliche Uniform im dezenten Stewardessen-Look für das Personal. Viele dieser Elemente wurden später bei vergleichbaren Ereignissen ebenso selbstverständlich wie die Idee der Totalgestaltung und des strikten visuellen Gleichklangs, Pionierleistungen, die das auf den neuesten Stand brachten, was **Peter Behrens** zu Beginn des Jahrhunderts und **Herbert Bayer** für das Bauhaus geleistet hatten. Tatsächlich wurde Otl Aicher, Mitbegründer der Ulmer Hochschule und eine der Schlüsselfiguren im deutschen Nachkriegsdesign, vor allem dadurch bekannt, daß er das Äußere von Nobelfirmen wie **Lufthansa** gründlich entstaubte, aber darüber hinaus auch deren Selbstverständnis gleich mit rationalisierte. Unter den Unternehmen, die nach Aichers Vorgabe und im Sinne der reinen Ulmer Lehre nach einer klaren Linie suchten, steht der Leuchtenhersteller **Erco** ganz vorne, nicht nur als eines der frühesten Beispiele, sondern auch als eines der konsequentesten. Ulm-Absolventen wirkten als Multiplikatoren für die nun folgende funktionalistische Renaissance, wie **Rido Busse**, der deutsche Haushalte über Jahrzehnte hinweg mit ergonomisch einwandfreien, garantiert unverzierten Utensilien bestückte, **Hans Roericht**, der mit seinem ultrafunktionalen Geschirr *TC 100* auf dem Kaffeetisch aufräumte, und der junge **Alexander Neumeister**.

    Unternehmen wie **FSB**, **Helit** und **Wilkhahn** holten sich die Ulmer Schule ins Haus und mutierten zu deutschen Mustermarken. Aber auch für viele Hersteller, die dies nicht taten, galt die Konzentration auf das Wesentliche nun als der Königsweg. Es war die Zeit, als der Stuck bedenkenlos abgeschlagen wurde und Omas Kaffeekanne in den Mülleimer flog. Gekocht wurde jetzt in kunststoffbeschichteten »Anbauküchen«. In den Wohnzimmern tauchten die ersten Schrankwände auf. Damals türmten sich auf der grünen Wiese die ersten wabenartigen Trabantensiedlungen und der Ulmer Dozent **Herbert Lindinger** begann, in den Innenstädten autofreie Reservate einzurichten, sogenannte »Fußgängerzonen«. Die lückenlose Funktionalisierung des Alltags, von der man am Bauhaus nur geträumt hatte, schien nahe.

»Es gibt nichts, was ich hinzuzufügen hätte.«
Richard Sapper

1962 wurden der BMW *1500* und der Opel *Kadett* vorgestellt, ein Jahr später der Mercedes *230 SL*. So verschieden diese Modelle waren, so sehr glichen sie sich in einer Hinsicht. Es waren rollende Verzichtserklärungen auf überflüssige Schnörkel. Die neue Sachlichkeit begann sich auch in der Schlüsselbranche Autoindustrie durchzusetzen und sollte in Modellen wie dem NSU *Ro 80* stilistische Höhepunkte erleben. Als 1965 die Ausstellung *Gute Form* in London den deutschen Export ankurbeln half, stahl ein Sportwagen – der neue Porsche *911* – dort den anderen Exponaten die Show. Verantwortlich für das Kultauto war – auch er hatte in Ulm studiert – **Ferdinand »Butzi« Porsche**. Manchem Besucher wird der merkwürdige Kontrast aufgefallen sein zwischen der kultivierten Aufgeräumtheit der Ausstellung und der Welt drumherum, deren Maßstäbe gerade aus allen Fugen gerieten. London schickte sich an, Hauptstadt des Pop zu werden. Mary Quant erfand den Minirock. Junge Männer ließen ihre Haare sprießen. Der Stil kam aus der Carneby Street oder aus Kalifornien und war das Gegenteil von dem, was die Elterngeneration der Ärmelaufkrempler bisher für gut und richtig hielt.

Das Leben der neuen Boheme zwischen Vietnamdemonstration und sexueller Revolution zeigte der Ende der 60er Jahre gedrehte Spielfilm *Rote Sonne* von Rudolf Thome, eine Milieustudie, deren Protagonisten sich auf Matratzen räkeln und Wein aus Wassergläsern trinken, ihre Small-Faces-Platten aber auf einer im coolen Braun-Design gestalteten Stereoanlage abspielen. Sie waren nicht nur Kinder von Karl Marx und Coca-Cola, sondern brachten auch die Flokati- und Plastikkultur problemlos unter einen Schlapphut. In Thomes Film ist die Wohnung einer Hauptdarstellerin mit einem ultramodernen Möbelstück ausgestattet. Es ist der *Bofinger-Stuhl* des Architekten Helmut Bätzner, der erste Plastikstuhl aus einem Stück. Mit seinen plakativen Farben und über 100.000 verkauften Exemplaren war er der 60er-Jahre-Stuhl schlechthin (bis weiße Billigversionen in den 80er Jahren die Terrassen und Gartenlokale dieser Welt überfluteten).

Bätzners Innovation war 1966 auf der Kölner Möbelmesse vorgestellt worden, die nun als Bühne für Designexperimente fungierte. Legendär waren die Totalinterieurs des dänischen Designers Verner Panton, psychedelische Wohnenvironments aus Farbe, Klang und Schaumstoff, die er *Visiona* nannte und mit Unterstützung eines Chemieunternehmens im Bauch eines Rheindampfers realisierte. Später stattete der Farb- und Formexperimentator auch das Verlagshaus des *Spiegels*, Westdeutschlands größtes Nachrichtenmagazin, mit Wand- und Lichtelementen aus. Panton war nicht der einzige Visionär. In Zusammenarbeit mit Poggenpohl stellte **Luigi Colani** den Prototyp einer kugelförmigen, automatisierten, vollständig aus Plastik bestehenden Küchenkapsel vor. Die UFO-Variante der *Frankfurter Küche* ging zwar nie in Produktion, aber die Zeit war reif für extreme Ideen und Materialien. Das zeigten auch die Möbelprogramme, die der Künstler Peter Raacke aus Papier und Pappe konstruierte und die eine Welle von Nachahmern auslösten. Bisherige Lebens- und Wohnformen wurden in Frage gestellt. Frühe Grenzgänger zwischen Kunst und Design spielten dabei eine wichtige Rolle, wie der Aktionskünstler **Stefan Wewerka**, der mit seinen absurden Objektcollagen aus Stuhlfragmenten eingefahrene Sehgewohn-

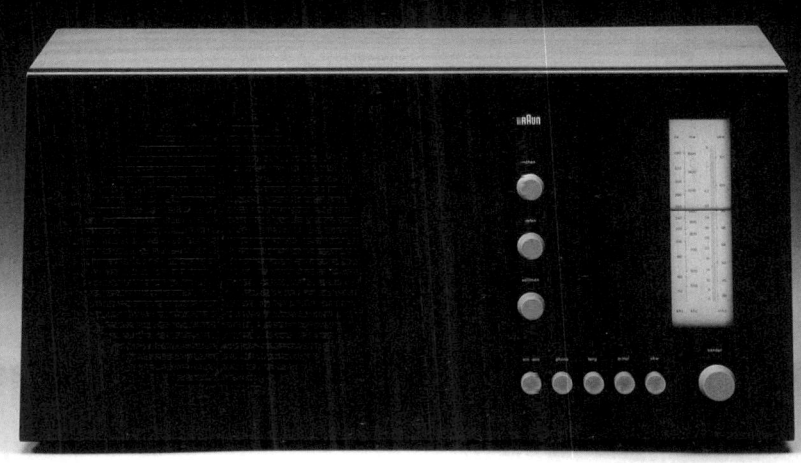

heiten attackierte. In München entwarf der junge Grafiker **Ingo Maurer** von der Pop-art inspirierte Produkte für den Hausgebrauch und vermarktete sie selbst. Auch der Möbeldesigner **Otto Zapf**, der mit seinem *Pillorama* Sofa und Sessel vereinigte und das Wohnzimmer in eine »Sitzlandschaft« umwandelte, war ein Einzelgänger. Auf den variablen Polsterelementen, in denen alternative Matratzenkultur und funktionalistisches Denken in Modulen eine Bequemlichkeitssymbiose eingingen, war es nahezu unmöglich, in steifer Haltung zu sitzen. Daß Mut zu neuen Materialien und plakativer Buntheit kein Gegensatz zu Zweck und Formstrenge zu sein braucht, zeigte die Firma **HEWI** die ihre Kunststoffgriffe zu einem wahren Farbuniversum ausbaute. Zeitschriften wie *Schöner Wohnen* sorgten inzwischen dafür, daß solche Ideen auch unter die Leute kamen. Der Innenarchitekt **Peter Maly** und später auch **Rolf Heide** machten das viel gelesene Blatt mit ihren Rauminszenierungen zum Schaufenster für die etwas anderen Lebensstile.

Auf den Freiheitsrausch folgte der Kater. Nach den Ölkrisen 1973 und 1979 rutschte das Stimmungsbarometer in den No-future-Bereich. Symptom der Zeit wurde die Aussteigermentalität, die eine apokalyptische Anti-Ästhetik hervorbrachte, den Punk. Die Industrie mottete ihre Visionen ein. Plastik, eben noch der Stoff der Zukunft, wurde zum Symbol der Verschwendung. Der allgemeine Sparzwang schien auch das Design endgültig auf den Rationalisierungsaspekt zu reduzieren. Der von der Krise diktierte Slogan hieß »Small is beautiful«. In der direkt vom Ölschock betroffenen Autobranche reagierte man besonders schnell. Anfang der 70er Jahre entwarf Giorgetto Giugiaro, Italiens Karosseriestilist Nummer eins, das erfolgreichste Modell aller Zeiten, den Kompaktwagen VW *Golf*. Das spritsparende Vehikel für jedermann war ein Meisterstück der visuellen Untertreibung.

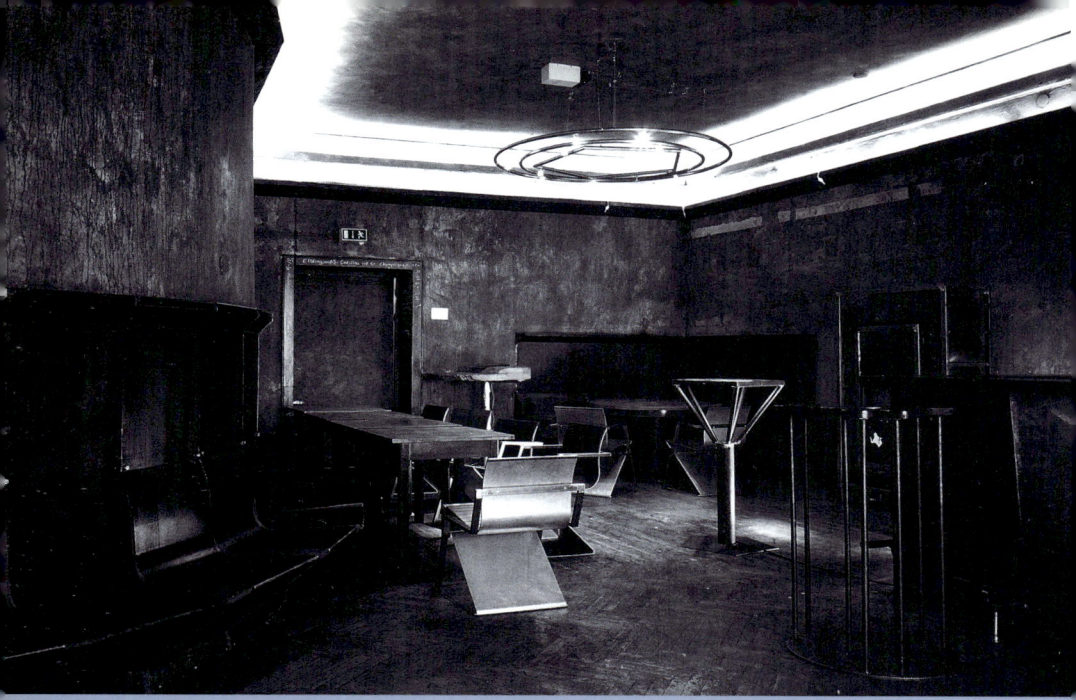

1981-2000

Parodie und Strenge
Die neudeutsche Designwelle

Ein Spiegel, der nicht spiegelt. Ein Regal mit schrägen Schubladen, das sich an der Wand entlangschlängelt. Eine Stableuchte, rot-weiß-gestreift wie eine Bahnschranke. Die gewöhnungsbedürftigen Objekte, die das Hamburger Museum für Kunst und Gewerbe im Herbst 1982 einem verdutzten und noch handverlesenen Publikum zumutete, stammten von 39 Designern aus fünf verschiedenen Ländern und gaben erstmals einen Überblick über die Experimentierfreudigkeit, die sich damals in Europas Designuntergrund zu einer Bewegung ausdehnte. Ein Jahr zuvor hatte in Italien die Gruppe Memphis dazu den knallenden Startschuß gegeben. Die Hamburger Ausstellung hieß *Möbel perdu – Schöneres Wohnen*, ein Seitenhieb auf Deutschlands größte Einrichtungszeitschrift *Schöner Wohnen*, das Zentralorgan des guten Geschmacks. In Deutschland, wo die Illusion, das Paradies sei funktional eingerichtet, noch geltende Lehrmeinung war, hatte das Unbehagen an der scheinbar naturgegebenen Vorherrschaft der **Bauhaus**-Epigonen bis dahin kein Ventil gefunden. Nun war den jungen Wilden nichts mehr heilig. Sie bauten Kitsch und Camp, Sperrmüll und Pop, Bauhaus und 50er Jahre, Subkultur und Kunstgeschichte in ihre Möbelparodien ein. Der Sessel *Solid* von Heinz Landes, bestehend aus gebogenen Monier-Eisenstangen, die im Betonsockel stecken, ist dafür ein krasses Beispiel: ein Freischwinger, wie ihn sich **Marcel Breuer** nicht hätte träumen lassen. Der Mord an den Designvätern war überfällig.

Der gute alte Vorsatz, Design sei für die Ewigkeit da, wurde ad acta gelegt. Statt dessen stieß man ins Zwischenreich von Möbel und Kunstobjekt vor. Im Gegensatz zu Memphis zeigten die neuen deutschen Stilbrecher eine deutliche Vorliebe für rohe Materialien wie Stein, Stahl oder unbehandeltes Holz, verwendeten aber auch Halbzeuge wie Wellpappe oder Zellophan sowie »Readymades« direkt aus dem Alltag. **Stiletto**, der das Realitätszitat zum

Wo ein Loch drin ist, muß man keins mehr reinbohren.
Stiletto

Seite 80
Café Casino von Pentagon auf der *Documenta 8* in Kassel, 1987

Prinzip machte, fand sein berühmtestes Objekt unter Berliner Hausbesetzern, für die es normal war, die rollenden Einkaufskörbe aus dem Supermarkt für sich zweckzuentfremden. Vor diesem Hintergrund muß man sich den Namen *Consumer's Rest* auf der Zunge zergehen lassen. Es dauerte einige Jahre, ehe dieser subversive Sitzklassiker in Produktion gehen konnte. Ein weiterer Unterschied zu Memphis, einem kommerziell erfolgreichen Unternehmen, bestand nämlich darin, daß die deutschen Jungavantgardisten sich in einer subkulturellen Nische bescheiden mußten und ihre programmatischen Objekte per Hand und in Miniauflagen fertigten. Die auf Normalverbraucher fixierte Möbelindustrie ignorierte vorerst den Designfrühling. Hersteller wie **Bulthaup** oder **Vitra**, die sich neuen Ideen öffneten, waren die Ausnahmen von der Regel. Die Szene mußte sich weitgehend auf sich selbst verlassen. Galerien, wie **Möbel Perdu** in Hamburg und **Herbert Jakob Weinand** in Berlin, wurden zu Schaltstellen und übernahmen Vermarktungsfunktionen. Hier erinnert manches an eine andere Independentszene, die damals fast zeitgleich entstand. Die Musiker der »Neuen Deutsche Welle«, bekannt durch Gruppen wie *Deutsch-Amerikanische Freundschaft* und *Einstürzende Neubauten*, hatten nicht nur die Vorliebe für ironische Wortschöpfungen und kulturellen Kannibalismus mit den Designrebellen gemein. Daß sie ihr schließlich auch den Namen gaben (nach einer Ausstellung von **Kunstflug**), ist ein weiterer Hinweis auf pophistorische Wurzeln. Beide Bewegungen sind ohne den Punk nicht denkbar und hatten zudem dieselben Hochburgen. Auch **Neues Deutsches Design** blühte in Berlin, Hamburg, Köln und Düsseldorf besonders kräftig. Während die Hüter des Klaren und Wahren zumeist verächtlich auf die vermeintlichen Designdilettanten herabblickten, wurden die zu einem Medienereignis. Eine wahre Ausstellungslawine verlieh ihnen kulturelle Weihen.

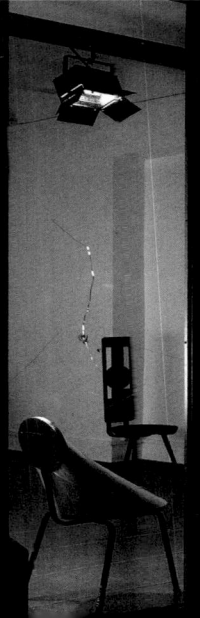

DESIGN GALERIE
HERBERT JAKOB WEINAND
324 89 84

1986 Ausstellung *Gefühlscolla-
gen – Möbel von Sinnen*;
Klinkenworkshop von FSB;
Andreas Brandolini eröffn.
Studio in Berlin; **Winfried
Scheuer** eröffn. Studio in
London; **Richard Sapper**
lehrt an der Kunstakade-
mie in Stuttgart

1987 *Café Casino* von **Pentagon**
auf der *Documenta 8*;
Tisch-Bank-Kombination
Tabula Rasa von Ginbande;
Kurt Weidemann Berater
bei Daimler-Benz; Projekt
Vitra-Edition; Europäischer
Designpreis eingeführt;
Mercedes-Benz gründet
Abt. Advanced Design

1988 **Formfürsorge** gegr.; **Dieter
Sieger** zieht auf Schloß
Harkotten

1989 Vitra Design Museum
eröffn.; **Authentics** führt
transparenten Kunststoff
ein; Fall der Berliner Mauer

1990 **VW** übernimmt Autohersteller Skoda; **Vorwerk**
führt historische
Teppichmuster ein

1991 Schriftenfamilie *Meta* von
Erik Spiekermann;
Konstantin Grcic eröffn.
Studio

Als Ende der 80er Jahre die *Documenta*, Deutschlands international bedeutendste Kunstschau, dem Design in seiner neudeut-
schen Variante erstmals die Pforten öffnete, nahm auch eine
größere Öffentlichkeit davon Notiz.

In der Bundesrepublik wurde Helmut Kohl Kanzler. Er übernahm zwar nicht Amerikas Reagonomics. Aber Westdeutschland
wuchs, zumindest ökonomisch, in eine europäische Führungs-
rolle hinein und entwickelte ein lange nicht gekanntes Selbstbe-
wußtsein. Dies ging einher mit einem wiederentdeckten Spaß an
Luxus und Genuß. Mit **Joop** und **Jil Sander** entstanden deutsche
Modemarken, die sich international durchsetzten, und **Mercedes**
entwickelte seine *S-Klasse* in Übergröße. Die Bundesdeutschen
wurden zu Urlaubsweltmeistern und lernten neue Modeworte,
wie Gourmettempel und Designerjeans. Hatte es in den 70er Jahren zeitweise den Anschein gehabt, mit dem Kapitalismus sei
auch das Design am Ende, sollte ein an Popkultur und Lifestyle
gekoppelter Konsum nun gänzlich neue Dimensionen eröffnen.
Designer wurde Traumberuf der MTV-Generation und Design
zum Synonym für Lifestyle. Der Persönlichkeitskult, wie ihn **Luigi
Colani** schon in den 70er Jahren im Alleingang praktiziert hatte,
geriet zum Marketingtrick, mit dem selbst altgediente Funktionalisten wie **Wilhelm Wagenfeld** oder **Dieter Rams** rückwirkend zu
Popstars stilisiert wurden. Konzeptorientierte Firmen wie Erco,
FSB oder **Authentics** machten daraus eine Strategie, die als »Au-
torendesign« in die Lehrbücher einging. Yuppies, wie man die
Young Urban Professionals nun auch in Deutschland nannte,
waren eine der Zielgruppen, für die alte Designklassiker wieder-
aufgelegt und neue erdacht wurden. Spätestens seit sich in Doris
Dörries erfolgreichem Filmlustspiel *Männer* von 1985 die Hand-
lung teilweise auch um **Peter Malys** Sessel *Zyklus* drehte, reichte
die potentielle Käuferschicht bis tief in Studentenkreise. Das alte

Jahrzehnt endete mit der unerwarteten deutschen Vereinigung und dem Ende des Kalten Krieges. Zu der Wohltaten, die der Westen für die »Neuen Bundesländer« bereithielt, gehörte neben der Möbel- und Baumarktkultur auch das föderale Konzept der Designcenter. Inzwischen ist ein nahezu lückenloses Netz dieser mit der jeweilgen Region befaßten Agenturen entstanden, deren Doppelfunktion als Einrichtungen der Kultur- und Wirtschaftsförderung immer noch auf die Grundidee des Deutschen Werkbunds zurückgeht. In die Geschichte werden die 80er Jahre aber wohl vor allem deshalb eingehen, weil sie das digitale Zeitalter einleiteten, ein Megatrend, zu dem deutsche Designer durchaus etwas beizutragen hatten. **Hartmut Esslingers** Macintosh-Computer, den er für Apple entwarf, gilt als erster PC, bei dem nicht mehr pure Technik, sondern die Belange des Benutzers im Vordergrund standen, Voraussetzung für die Demokratisierung der Wundermaschine. Einen Paradigmenwechsel auf Designbasis kann auch **Ingo Maurer** für sich verbuchen. Er schuf mit YaYaHo eine maximal modularisierte, im Raum schwebende Beleuchtungsgeometrie.

Nachdem die in Ulmer Wolle gewaschene Nachkriegsgeneration in den 90er Jahren nach und nach abdankte (auch Dieter Rams verließ vor der Jahrhundertwende die Kommandobrücke), ging ein Kapitel im deutschen Design zu Ende. Als dann der **Rat für Formgebung** Anfang der 90er Jahre den »Bundespreis Gute Form« in »Bundespreis Produktdesign« umbenannte, hatte die Postmoderne auch offiziell begonnen. Überdeutich ist der Wandel in der deutschen Automobilbranche. Bei Renommierfrmen wie **Audi** hat der Generationswechsel nicht nur den Stellenwert von Design, sondern auch die Risikofreudigkeit signifikant erhöht. Das Automobildesign deutscher Marken setzt Trends, selbst wenn, wie beim *Smart* von Mercedes oder beim *New Beetle* von

»Im Design muß von Zeit zu Zeit eine Rebellion stattfinden.«
Peter Schreyer

Seite 87

l.o. Sessel *Soft Cell* von
Werner Aisslinger, 1999

r.o. Pendel-Hängeleuchte *Take Five*
von Ginbande, 1996

l.u. Papierkorb *Maxi Square* von
Konstantin Grcic für Authentics, 1994

r.u. Möbelserie *Monk* von
Casino Container, 1999

VW, der Erfolg sich nicht immer automatisch einstellt. In der veränderten Modellpolitik spiegeln sich globalisierte Strategien
ebenso wie im kosmopolitischen Zuschnitt des Designpersonals.
Der De-Provinzialisierung der Designentwicklung, nicht zuletzt
forciert durch transnationale Fusionen wie die von **BMW** und
Rover oder Daimler und Chrysler, entspricht die Entstehung einer
frei flottierenden Designerelite sowie neuer Formen des Design-
managements. So erlaubt z. B. die betriebliche Auslagerung der
Designaktivitäten als autonome Dienstleistungs- und Profitcenter
– so geschehen bei **Siemens** und **Wilkhahn** – flexiblere Koopera-
tionsmodelle.

Im Wohndesign, jener Königsdisziplin, in der es Deutschland
an der letzten Jahrhundertschwelle geschafft hatte, sich international an die Spitze der Entwicklung zu setzen, könnten altbe-
währte Tugenden erneut zum Tragen kommen. Der Möbelhersteller **Moormann** vertritt vielleicht am prägnantesten jene neue
Schule raffinierter Nüchternheit, mit der Namen wie **Konstantin
Grcic**, **Axel Kufus** und **Andreas Brandolini** assoziiert sind. Nun
kommen Protagonisten des »Neuen Deutschen Designs«, von
denen nicht wenige zwischenzeitlich einen professoralen Wach-
posten an deutschen Designhochschulen übernommen hatten,
als postmoderne Puristen doch noch in die gute, designbestückte
Stube. Ein Beispiel für viele: Das Mobiliar *Monk* von **Casino Container**, eine Serie asketischer Stühle, Tische und Bänke in Stahl
und massivem Eichenholz, in der sich solides Handwerk und hoch-
entwickeltes Computerdesign ergänzen und über der sich der
ganze Bedeutungshorizont des Homo teutonicus zwischen Bier-
tisch und Werkbank aufzuspannen scheint. Es mag sogar möglich
sein, mit dem neu entdeckten Prinzip Strenge einen echten Mythos wie **Leica**, deren Hersteller durch Neue Einfachheit zu alter
Stärke zurückfinden will, wieder auferstehen zu lassen.

High-Tech, Low-Emotion
Deutsches Design der zweiten Moderne

Auch das aktuelle deutsche Design ist nicht denkbar ohne sein in der ersten Hälfte des Jahrhunderts entwickeltes gedankliches Fundament, das – vereinfacht dargestellt – Gestaltung zu allererst als Problemlösung definierte. Design sollte Lösungen schaffen für die Interaktion zwischen Mensch und Produkt und – in einer übergeordneten Dimension – Lösungen für die soziale und kulturelle Entwicklung der Industriegesellschaft. Die starke Orientierung am industriellen Produktionsprozeß verneinte fast zwangsläufig jede kunsthandwerkliche Tradition. Eine Übersetzung der in Deutschland eher regional als national gewachsenen Formensprachen fand im Gegensatz zur skandinavischen Moderne, die tief im Kunsthandwerk verwurzelt ist, nicht statt. Deutsches Design ließ sich damit von Anfang an perfekt internationalisieren. Auch heute noch ist der wirtschaftliche Erfolg vieler Produktmarken der Gebrauchs- und Investitionsgüterindustrie darauf zurückzuführen, daß sie fest in die Alltagskultur aller westlichen Industriegesellschaften integriert sind.

Seine nüchterne Erscheinung, seine Integrationsfähigkeit sind auch dafür verantwortlich, daß deutsches Design kaum als solches objektiviert werden und zu ausgesprochener Popularität gelangen konnte. Unaufdringlichkeit gehört auch heute noch zu den auffälligsten Merkmalen des deutschen Designs. Das erklärt sicherlich auch den Umstand, daß bestimmte Phasen der Postmoderne, wie der Historismus oder die stark formalistischen Bewegungen im italienischen Design wie Memphis und Alchimia, in Deutschland so nicht stattfinden konnten, zumindest nicht in bedeutsamen Ausprägungen.

Natürlich ist die Infragestellung der Werte der Moderne an Deutschland nicht vorübergegangen. Die Notwendigkeit, neue Wege zu beschreiten, ergab sich auch hier wie selbstverständlich. Denn spätestens in der Mitte der 70er Jahre gerieten die sozialen und wirtschaftlichen Eckpfeiler, die die Formensprache der Moderne begründeten, ins Wanken. Der Massenmarkt, das allgemeine Bedürfnis nach bezahlbaren Produkten, der Optimismus einer ständig wachsenden Produktivität: hier wurden Grenzen sichtbar, und diese Grenzen wurden, zunächst nur am Rande, von einer Avantgarde junger Designer thematisiert. Interessanterweise berief sich ein Großteil dieser Avantgarde in ihrer Arbeit genau auf die gleichen Vokabeln wie die Designer der Moderne: Einfachheit, formale Reduzierung, aber auch technische Funktionalität und letztendlich Lösungen! Da ist beispielsweise der *Kistenstuhl*, den **Andreas Brandolini** 1986 entwarf. Der Entwurf ist einerseits ein Zitat der Moderne, andererseits verweigert er sich völlig den Erfordernissen einer industriellen Reproduzierbarkeit. Der Heimwerkermarkt kann als Ideenquelle einer Ready-made-Entwurfskultur gelten, die in den 80er Jahren in der Funktionsumwidmung von Alltagsgegenständen das Design aus seinem industriellen Kontext löste. Mit einem erfrischenden Dilettantismus und wie zufällig kombinierten Materialien schufen die Protagonisten dieser Bewegung Lösungen für individuel e Lebenssituationen.

Ein anderes Extrem formulierten **Ginbande (Uwe Fischer** und **Achim Heine)** mit ihrem 1987 entwickelten Ausziehtisch *Tabula Rasa*, e ne faszinierende technische Konstruktion. Die ziehharmonikaartige Funktionsweise ist völlig freigelegt, sichtbar und mutet extrem einfach an. Zugleich überhöht der Entwurf den Begriff der Einfachheit in seiner unglaublichen technischen Komplexität und konterkariert ihn damit. Ganze 20 Stück produzierte der Hersteller **Vitra**.

So ist es nicht verwunderlich, wenn das **Neue Deutsche Design** der 80er Jahre in seiner kritischen Distanz zur industriellen Fertigung – wirtschaftlich gesehen – kaum relevant ist. Viel entscheidender ist die Diversifizierung des Designbegriffs in Deutschland, den es ermöglichte. Neben dem »hochtechnologischen Qualitätsprodukt mit funktionsorientiertem Design«, das beispielsweise **Dieter Rams** nach wie vor als die größte Chance für die deutsche Wirtschaft betrachtet, kann sich das deutsche Design seit den 80er Jahren in so niederkomplexen Objekten wie Möbeln international kommunizieren. Neben der konsequenten Weiterführung der Moderne, dem von **Braun**, **Siemens** und anderen geprägten High-Tech-Design, entstehen vor allem im Interieurdesign puristische Low-Tech-Welten, die sich durch eine gewisse spröde Poesie auszeichnen.

Diese parallelen Entwicklungen fügen sich somit auch problemlos in die für die 90er Jahre weltweit konstatierte zweite Moderne, die die plakative Phase der Postmoderne überwindet. Es wäre jedoch falsch anzunehmen, daß diese zweite Moderne eine einheitliche, homogene Formensprache produziert, die sich schnell überlebt hat. Sie zitiert wie in Zeitraffer die unterschiedlichsten Stile der Moderne, mixt sie nach Belieben und kommt selbstverständlich mit neuartigen Materialien oder technischen Raffinessen zu bisher unbekannten Ergebnissen. Sie ist, wie die erste, eine international kommunizierte Sprache und transportiert damit auch das deutsche Design. So wenig dieses sich mit der plakativen Emotionalität der Postmoderne anfreunden konnte, so erfolgreich managt es jetzt selbst in Bereichen, die bisher nicht zu seinen Kerndisziplinen gehörten, die ge-fragte Low-Emotion dieser zweiten Moderne. **Jil Sander** gelingt mit ihrem strengen, puri-stischen Stil, den sie seit 1973 verfolgt, in den 90er Jahren ihr internationaler Durchbruch. In der **Typografie** erlebt nicht nur die Helvetica eine Renaissance, sondern das derzeit wohl bedeutendste britische Lifestylemagazin *Wallpaper* wird in der von **Erik Spieker-mann** entworfenen *Meta* gesetzt. Dem wachsenden Bedürfnis nach sinnlicher Qualität von Produkten kann sich die zweite Moderne viel differenzierter widmen als ihre Vorgän-gerin, wie der Erfolg der Produkte von **Authentics** demonstriert. Das samtene, transluzent gefärbte Material zeigt bisher unbekannte Anmutungsqualitäten.

Die zweite Moderne muß nicht zwingend Neues produzieren. Sie besitzt den Vorteil, ganz einfach nur zurückblicken und den Charme einfacher, anonymer Industrieprodukte, langlebiger Materialien oder tradierter Herstellungstechniken entdecken zu können. Sie versprechen Authentizität, ein in unserer medial geprägten, manipulierbar erscheinenden Welt nicht zu unterschätzendes Gut. »Es gibt sie noch, die guten Dinge.« Mit diesem nostalgischen Seufzer wirbt das Versandhaus Manufaktum für seine Geschäftsidee. Es trägt in seinem Katalog unzählige Produkte zusammen, die in Herstellung, Material und Gestalt die letzten Jahrzehnte unverändert überdauert haben. Da finden sich **Wagenfeld**-Leuchten neben dem markanten Gutenberg Gummierstift, das **Gretsch**-Service *1382* neben der Handkurbel-Waschmaschine aus Tschechien.

Produkte und Materialien, aber auch Testimonials der ersten Moderne haben Be-stand, zeigen Verläßlichkeit und Kontinuität. Daß diese Authentizität gleichsam konstru-ierbar ist, versteht sich von selbst. Da beruft sich das Berliner Designteam **Vogt & Weizen-egger** mit seiner Glaskollektion *Pure Glass* auf den Formpionier Wagenfeld, und authentisch wird die Kollektion im feuerfesten Borosilikatglas in Jena, der Wirkungsstätte Wagenfelds, gefertigt. Da konstruieren Gerkan, Marg und Partner für den *Metropolitan*, ein neuartiges Zug-Konzept der Deutschen Bahn, das sich explizit an Geschäftsreisende richtet, einen ledergepolsterten Holzschalensitz, der ganz bewußt Eames' *Lounge Chair* zitiert und im holzgetäfelten Interieur die neue Qualität der Bahnreise erfahrbar werden läßt. Doch der wachsende internationale Wettbewerb, die Austauschbarkeit von techni-schen Leistungen, aber auch internationale Fusionen machen es für viele deutsche Un-

l.o. Kleinwagen *Smart*, 1998; r.o. Karaffen aus der Serie *Pure Glass* von Vogt & Weizenegger für Authentics, 1997; u. Website für Audi von Metadesign, 1997

ternehmen notwendig, stärker und umfassend den Kern ihrer Marke zu kommunizieren bzw. Botschaften zu vermitteln, die emotional verstanden werden. So steht die Deutsche Bahn nach ihrer Privatisierung beispielsweise vor dem Problem, mit dem *ICE* ein faszinierendes, technisches Premiumprodukt zu besitzen, aber gleichzeitig gegen ein Image zu kämpfen, das durch eine vernachlässigte Infrastruktur und mangelnden Service gekennzeichnet ist. Und die jahrzehntelange – typisch deutsche – Technikfixiertheit erschwert es dem Unternehmen jetzt, eine Gesamtqualität ihrer Marke zu definieren, die den Wandel zum serviceorientierten Verkehrsdienstleister für die Kunden erlebbar machen würde.

Audi hingegen gelingt es in den letzten Jahren, seine etwas angestaubte, biedere Marke neu zu positionieren. Das konsequente Verfolgen einer ganzheitlichen Markenstrategie, die sich im Automobildesign, in der Kommunikation, in den Showrooms auf dem gleichen hohen Niveau bewegt, ermöglichte einen bemerkenswerten Imagewandel. Ein weiteres Beispiel aus dem Automobilbereich, zugleich eine Ausnahmeerscheinung, besteht im Kleinwagen *Smart*, der als Kooperation von **Daimler-Benz** und dem Swatch-Uhrenhersteller SMH gestartet wurde. Von Beginn an als Gesamtkonzept gestaltet, ist das Produkt in eine homogene Lifestylewelt eingebettet, die vom Mobilitätskonzept und kongruenten Environmental Products über die identitätsstiftende Beschallung der eigens entwickelten Smarttower bis in den kleinsten Markenwinkel ausgefüllt ist.

Die Notwendigkeit, eine Marke ganzheitlich zu planen, verändert zunehmend auch die Struktur des Dienstleistungsmarkts Design. Die Einzelkämpfer und kleinen Designbüros, die über Jahrzehnte die Marktstruktur in Deutschland prägten und sich die Aufgaben Produkt- und Grafikdesign teilten, sind kaum in der Lage, derartig umfassende Projekte zu bewältigen. Mit **Frogdesign** und **Metadesign** entstanden in den letzten Jahren außerhalb der Designabteilungen der Industriegiganten die ersten großen, international operierenden Designunternehmen, die ihren Kunden die geforderten komplexen Leistungsketten bieten. Auch die weltweite Fusions- und Kooperationswelle erfaßt mittlerweile verstärkt die deutschen Designbüros. Damit setzt sich auf einer weiteren Ebene fort, was ich anfangs als Hang des deutschen Designs zur Internationalisierung beschrieben habe – in der Internationalisierung der Designprozesse. In der Entwicklung zeitgemäßer Lösungen zeigt sich das deutsche Design zwangsläufig beständig.

Andrej Kupetz
Rat für Formgebung, Frankfurt a. M.

Seite 93: l. Stuhl *B 55* von Marcel Breuer, 1930; r. Stuhl *MR 20* von Ludwig Mies van der Rohe, 1927

Lexikon

von Adidas bis Zeischegg

ADIDAS

Sportartikelhersteller

Die New Yorker Hip-Hopper Beastie Boys trugen sie, und die Rapper Run DMC auch: Sportschuhe von Adidas. Aber es gab Unterschiede: Die Beastie Boys steckten ihre ungebundenen Schnürsenkel in die Schuhe, Run DMC ließen sie raushängen. Nicht nur die »Sneakers« besorgte sich die Rap-Gruppe bei Adidas, sondern auch ihre Sweatshirts und ihre Jacken. Die Firma mit dem scharf klingenden Kürzel (hinter dem der Gründer Adolf Dassler steckt), ist eine der ganz wenigen deutschen Marken, die es vom Allerweltsprodukt zum Lifestyle-Label einer Jugendkultur gebracht hat. Hatte der Familienbetrieb noch in den 80er Jahren tief in den roten Zahlen gesteckt (woraufhin mehrmals der Besitzer wechselte), schaffte er es schließlich, sozusagen Coca-Cola nach Amerika zu verkaufen. Das genial einfache Logo, das sich via Fußball-TV-Übertragung global verbreitete, ist daran maßgeblich beteiligt: Die drei parallelen Streifen, heute als Pyramide, haben einen hohen Wiedererkennungswert, und jedes Kind kennt sie. Als der sportbegeisterte Dassler in den 20er Jahren seinen

ersten Sportschuh entwarf, wollte der Schuhfunktionalist jedem Sportler optimales Schuhwerk auf den Fuß schneiden – vom Fußballer, Fechter und Ringer bis zum Bobfahrer. Die Adidas-Klassiker wie der Fußballschuh mit Schraubnoppen oder der weiße Basketballschuh mit blauen Streifen – allesamt anonymes Firmendesign – zeichneten sich denn auch durch ihre schlichte Nutzform aus. Dies gilt ebenso für den legendären schwarzen Schiedsrichterschuh *Samba* (Abb. S. 30), der sich eines Tages selbständig machte, ohne daß es das Management gemerkt hätte. Zwar galten die Streifen als Mercedesstern unter den Sportschuhen, und doch kaufte sie irgendwann nicht einmal mehr ein Viertel, um wirklich Sport zu treiben. Die meisten ziehen heute das Spezialschuhwerk an, um damit auf die Straße zu gehen. Adidas ist Streetstyle. Inzwischen trägt man dem veränderten Verhalten Rechnung und versucht den Spagat zwischen verschiedenen Zielgruppen hinzubekommen, mit High-Tech-Produkten auf der einen und Reeditionen auf der anderen Seite.

Produkte
1950 Trainingsschuh *Samba*
1954 Fußballschuh mit Schraubstollen
     Laufschuh *Tokio 64*
1967 erste Sportkleidung Marke *Fritz Walter*
1968 Laufschuh *Achill*
1976 Fußball *Tango*
1980 Laufschuh *Training* und *Adistar 200*

v.l.n.r.
Spezialschuh *Samba* (erstes Modell), 1950
Fußball *Tango*, Werksdesign, 1976
Adilette, Werksdesign, 1972

AEG

Elektrogerätehersteller

Der AEG-Zigarettenanzünder, den Kaiser Wilhelm II. sich um 1900 zulegte, ähnelte stark den Denkmälern jener Zeit, in der die Geschichte der Berliner Allgemeinen Elektricitäts-Gesellschaft mit dem Ingenieur **Emil Rathenau** begann. Dieser war ein weitblickender Unternehmer, der sich die deutschen Patentrechte auf Edisons Glühbirne gesichert hatte. Die AEG wurde, neben ihrem Konkurrenten **Siemens**, zu einem wichtigen Motor der deutschen Industrialisierung. Der Katalog von 1896 umfaßt bereits 80 Geräte, darunter Brennscheren, Eierkocher, Kaffeemaschinen und Kochplatten. Diese frühen Apparate, neue Produkte, die ihre Form suchten, waren entweder historisierend verkleidet oder wirkten wie umgelenkte Maschinenmonster. Ein Glücksfall war das Zusammentreffen dieser technischen Innovationen mit der Entstehung des **Deutschen Werkbunds**, dessen Mitglied **Peter Behrens** bei AEG »künstlerischer Beirat« wurde, eine Position, die es in der Großindustrie bis dahin nicht gegeben hatte. Der Architekt Behrens sollte für den Konzern ein geschlossenes Erscheinungsbild entwerfen, auch dies ein Novum. Der Pionier der Industriekultur kümmerte sich um jedes Detail, von der (typo-)grafischen Entwicklung des Markenzeichens über Werbung und Kataloge bis hin zu den Produkten. AEG hatte nun einen typischen Firmenstil, in dem sich meist nur noch angedeutete Elemente des Jugendstils mit geometrischen Formen verbanden – wie etwa bei den Tischventilatoren – und der Konkurrenzmodelle altmodisch aussehen ließ. In den 20er Jahren hatte AEG bereits die gesamte Palette elektrischer Haushaltshilfen im Angebot, vom Haartrockner über Bügeleisen bis zum Kühlschrank, deren sachliche Form wie beim Handstaubsauger *Vampyr* mit verchromtem Stahlrohr nun dem herrschenden Zeitgeist entsprach, die aber nur für wenige erschwinglich waren. Das änderte sich erst in den 50er Jahren. AEG steuerte technische Neuerungen zum Wirtschaftswun-

der bei wie den legendären *Lavamat*, den ersten Waschvollauto-
maten. Ästhetisch schwankte man in jener Zeit zwischen der
Nachempfindung der amerikanischen Stromlinie und einer
Schlichtheit im Sinne der **Ulmer Schule**, die sich schließlich
durchsetzte. In den 60er Jahren grenzte die zurückhaltende Ek-
kigkeit der »weißen Ware« fast an Designaskese. Trotz des guten
Namens (und des in die deutsche Sprachfolklore eingegangenen
Slogans »Aus Erfahrung gut«) und Erfolgsprodukten wie dem
Handstaubsauger *Vampyrette* geriet das Unternehmen Anfang
der 80er Jahre in eine schwere Krise und wurde – nach einem Intermezzo bei Daimler-Benz – schließlich vom schwedischen
Multi Electrolux aufgekauft. Der weltweit größte Hersteller von
elektrischen Hausgeräten hat der deutschen Traditionsfirma in
seiner globalen Strategie eine besondere Rolle als Ökomarke auf
hohem Qualitätsniveau zugedacht, eine Konzeption, zu der die so
typisch deutsche Formzurückhaltung, für die Chefdesigner **Hans
Strohmeier** verantwortlich zeichnet, ideal zu passen scheint.

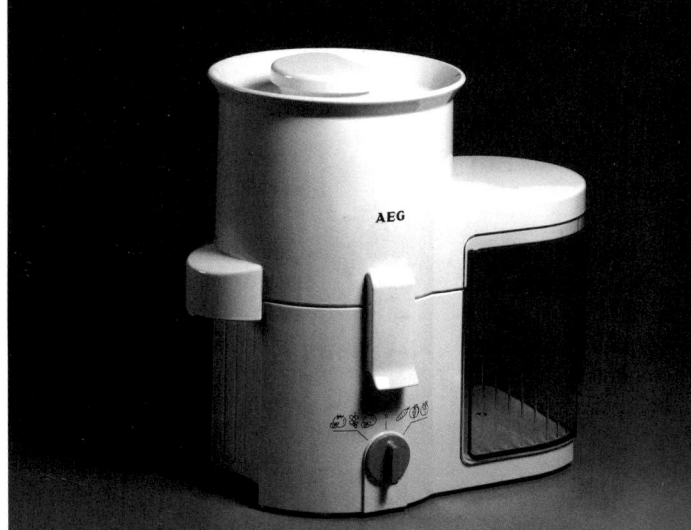

Entsafter *ESF103 electronic*, 1989

Otl AICHER

Grafiker

Er fuhr öfter nach Grönland und in die Sahara, denn dort sei das Licht »klar und scharf« und es gebe »keine Ablenkungen«. Die Vorliebe für extreme, ruhige Landschaften kam nicht von ungefähr. Auch Aichers Denken galt als elementar, kompromißlos, klar und genauso geradeaus wie seine Arbeiten. Als Mitbegründer und Inspirator der **Hochschule für Gestaltung Ulm**, eines der ambitioniertesten und folgenreichsten Designprojekte der Nachkriegszeit, dessen Einfluß in Deutschland bis heute nachwirkt, hat er die Formaskese für Generationen verbindlich gemacht. Nach dem Pathos der NS-Zeit konnte Wahrheit nur in reduzierter, exakter Verständigung liegen, ein Prinzip, das – aus anderen Gründen – schon für das **Bauhaus** galt und das in Ulm u. a. auch von **Max Bill** vertreten wurde. Immer wieder wandte er sich gegen oberflächliche Mode und Dekoration, die durch nichts gerechtfertigt war. Er war ein Entweder-Oder-Typ, bei dem es um richtig oder falsch, gut oder schlecht ging. Aicher war mit Inge Scholl verheiratet, deren Geschwister als Widerstandskämpfer

1922 geboren in Ulm

1946 Kunststudium in München (bis 1947)

1948 Designbüro in Ulm

1949 Mitbegründer der **Hochschule für Gestaltung Ulm** (HfG)

1952 heiratet Inge Scholl

1954 Dozent für visuelle Kommunikation an der HfG Ulm; *Prix d´Honneur* auf der *Triennale* in Mailand

1955 Preis für das beste deutsche Plakat

Logo für Olympische Spiele, 1972

Seite 101
l.o. Logo für Lufthansa, 1969
r.o. Logo für Erco, 1976
u. Piktogramme für
Olympische Spiele, 1972

Schrift Rotis (Sans Serif), 1988

von den Nazis ermordet wurden und auf deren Idee das Ulmer Projekt zurückging. Er unterrichtete dort ab 1954 »Visuelle Kommunikation«, wie man die rationalisierte Grafik nunmehr nannte. Der Durchbruch waren die Olympischen Spiele 1972 in München: Das von ihm geleitete Designteam entwickelte nicht nur die komplette Grafik, angefangen vom Logo über Leitsysteme bis zu Piktogrammen, sondern auch das übrige optische Erscheinungsbild, wie die Kleidung des Personals und die Innenausstattung der Gebäude. Die Totalgestaltung war ein Novum bei solch einem Großereignis und machte Aichers radikalen Ansatz weithin bekannt. Besonders seine schwarzweißen Piktogramme, die die verschiedenen Sportarten als Strichmännchen prägnant darstellten und deshalb international kompatibel waren, erregten Aufsehen. Ein Folgeauftrag kam von **Erco**, für die er wiederum Piktogramme und schließlich die gesamte Firmengrafik neu konzipierte. Otl Aicher haßte halbe Sachen. Das mußten auch namhafte Kunden wie **FSB**, **Bulthaup**, **Lufthansa** oder der Fernsehsender ZDF erfahren, deren Optik er auf den kommunikativen Punkt brachte. Aicher entwickelte für sie nicht nur die **Typografie**, sondern auch Werbematerial und Verpackungen, kurz alles, was den Marktauftritt eines Unternehmens ausmacht. Es ist sicher kein Zufall, daß es sich in der Regel um stark designorientierte Unternehmen han-

Lufthansa

ERCO

| Univers 65 | Univers 55 | Univers 45 | gezeichnet |

delte, die für das typisch deutsche technoide Produkt stehen und sich mit Otl Aichers Hilfe das dafür passende rationale Erscheinungsbild zulegten. Aicher verwandte keine Diagonalen. Fotos liegen immer auf Rasterachsen und sind selten versetzt angeordnet. Sein Farbspektrum umfaßt Schwarz, Weiß und Grau. Seine Zeichnungen sind nicht naturalistisch, ohne Schattierung und verschiedene Strichstärken. Diese unbedingte Ordnung machte ihn zu einer Gallionsfigur des **Funktionalismus**. Um sich auf Wesentliches konzentrieren und ungestört leben und arbeiten zu können, zog er Anfang der 70er Jahre ins ländliche Allgäu. Rotis, so der Name des Dorfes, in dem er seither lebte, nannte er eine Schriftenfamilie, die er Anfang der 90er Jahre für Erco entwickelte und die sich schnell durchsetzte. Der Modernist Aicher – der seit seiner Jugend klein schrieb – wollte eine Schrift schaffen, die nicht ermüdet. Deshalb wurde *Rotis* nicht mit Zirkel und Lineal konstruiert, sondern dem kalligrafischen Duktus einer Handschrift nachempfunden.

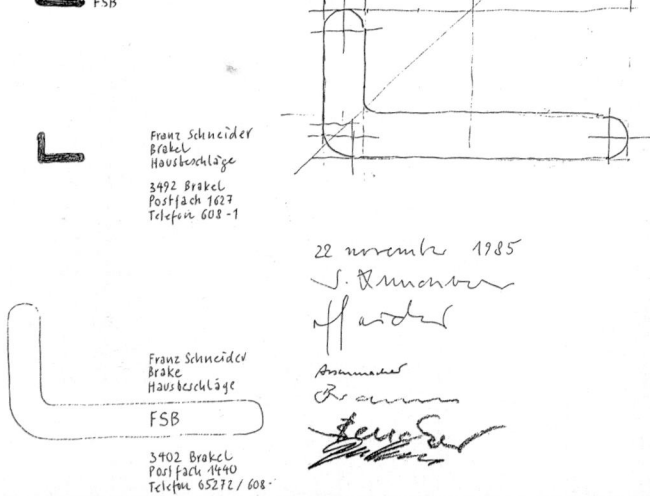

Erscheinungsbild für FSB
(Entwürfe), 1985

Produktdesigner

»Wir freuen uns, Ihnen mitteilen zu können«, begann der Brief aus New York, »daß der *Juli*-Stuhl in die ständige Sammlung des Museum of Modern Art aufgenommen wurde.« Die Mitteilung, die der junge Werner Aisslinger im Herbst 1997 erhielt, war eine kleine Sensation. Denn mehr als drei Jahrzehnte waren vergangen, seit ein deutscher Stuhl in die wichtigste Designsammlung der Welt aufgenommen wurde. Der Stuhl *Juli* knüpft an die große Zeit des organischen Designs an. Mit seiner Tulpenform sieht der dreh- und höhenverstellbare Sessel aus wie ein später Nachfahre von Arne Jacobsens *Schwan* von 1958. Auch *Juli* ist aus zeitgemäßem Material: Polyurethanschaum, wie er hauptsächlich in der Autoindustrie eingesetzt wird, um z.B. Lenkräder griffsicher zu machen. Aisslinger, der in den Studios von Ron Arad, Jasper Morrison und Michele De Lucchi gearbeitet hat, experimentiert gerne mit ungewöhnlichen Werkstoffen. Seine Möbelkollektion *Soft Cell* hat der Neuerer auf der Basis eines Gels entwickelt, das sonst im Operationssaal verwendet wird. Aisslingers

1964 geboren in Nördlingen

1989 Mitarbeiter von Ron Arad und Jasper Morrison in London

1991 Mitarbeiter von Michele De Lucchi in Mailand (bis 1992)

1993 Designstudium an der HdK Berlin abgeschlossen; Designbüro in Berlin

1995 Lehrauftrag an der HdK Berlin

Tisch aus der Möbelserie *Juli* für Cappellini, 1997

1996 *Bundespreis Produkt-design* für Regalsystem *Endless Shelf*

1997 Stuhl *Juli* in der ständigen Sammlung des Museum of Modern Art, New York

1998 Professor an der Hochschule für Gestaltung, Karlsruhe

Produkte

1994 Regal *Endless Shelf* für Porro

1996 Stuhl *Juli* für Cappellini; Ladeneinrichtungssystem für E-Plus

1999 Möbelkollektion *Soft Cell*

Seite 105

Regal *Endless Shelf* für Porro, 1994

Stuhl *Juli* für Cappellini, 1996

Kommode *Global Board System*, 1996

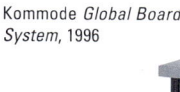

zweite Spezialität sind serielle Module. Gleich sein erstes Produkt, das modulare Bücherregal *Endless Shelf* wurde zum Verkaufsschlager. Der Pragmatiker wollte ein Regal kreieren, das aus möglichst wenig verschiedenen Bauteilen besteht. Zwei Jahre hat es gedauert, bis er die Zahl auf drei reduziert hatte. Zentrales Element ist ein Kreuzknoten, der in Holzplatten eingelassen ist und soviel Standfestigkeit gibt, daß selbst große Einheiten nicht zusätzlich stabilisiert werden müssen.

Seit er die Ladenkette der Mobilfunk-Firma E-plus gestaltet hat, ist Aisslingers rationaler Stil auch in vielen Fußgängerzonen zu besichtigen. Für das komplette Einrichtungskonzept, das für alle Raumsituationen zwischen Köln und Chemnitz anwendbar sein sollte, hatte er nicht einmal einen Monat Zeit. Auf aufwendige Renovierungen wollte der Auftraggeber dabei aus Kostengründen verzichten. Die Lösung: ein Baukasten aus Decken-, Tresen- und Paneelmodulen, der die ursprüngliche Bausubstanz überdeckt, selbst winzige Läden noch einigermaßen großzügig wirken läßt und dessen Aufbauzeit maximal fünf Tage beträgt. Es gibt nur ein einziges freistehendes Möbel: den Tresen, bei dem sich Werner Aisslinger ein nostalgisches Wellendesign erlaubt hat.

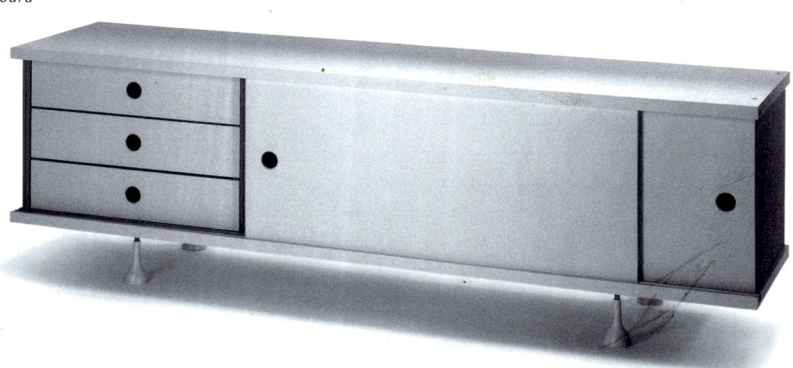

ARZBERG

Porzellanhersteller

Nachdem es die Firma fast schon ein halbes Jahrhundert gab, machte sie von sich reden, und zwar durch etwas gänzlich Unauffälliges: das weiße Geschirr *1382*, das nichts Aufregendes an sich hatte und doch ein Wendepunkt in der Firmengeschichte war (Abb. S. 13). Dieses Geschirr, das Tee-, Kaffee- und Tafelservice in einem war, wird seither ohne Unterbrechung produziert und ist zumindest in dieser Hinsicht so etwas wie ein zeitloser Entwurf. Der stammte von **Hermann Gretsch**, einem Architekten, der u. a. als Möbelgestalter arbeitete. Er hatte gerade eine Ausstellung organisiert, in der er Beispiele »guter« und »schlechter« Gestaltung gegenüberstellte. Die »gute« Form zeichnete sich dabei vor allem durch Verzierungsverzicht aus, ein Gebot, das von der Moderne propagiert wurde und das sich in den 20er Jahren langsam durchsetzte. Schon der schlichte Name seines Modells *1382* (man nahm einfach die Produktionsnummer) war dabei programmatisch. In den Regalen der Kaufhäuser mögen die undekorierten Tassen, Teller und Terrinen neben all dem opulenten Blümchenporzellan wie ein Fremdkörper gewirkt haben. Gretsch schaffte jedoch die Synthese zwischen Modernität und Massengeschmack und war gerade deshalb so erfolgreich. Durch seine rundlich-moderaten Formen wirkte *1382* nicht so kalt wie z. B. die technoiden Bauhausservice von **Marianne Brandt**. *1382* war Avantgarde als Hausmannskost. Besonders gelungen ist die Teekanne: Aufstrebende Schnabeltülle und Ohrenhenkel ergeben zusammen mit dem Kugelkörper ein harmonisches, in sich geschlossenes und im Gegensatz zu vielen – auch Gretschs – anderen Servicen der 30er Jahre keineswegs betuliches Gesamtbild. Einrichtungszeitschriften und Illustrierten benutzten *1382* immer wieder als Hintergrunddekoration (vergleichbar mit **Richard Sappers** Leuchte *Tizio* in den 80er Jahren). Dieses Geschirr brachte wahrscheinlich mehr modernen Lebensstil in die

Produkte

1931 Geschirr *Form 1382* von Hermann Gretsch

1938 Geschirr *Form 1840* und Tee- und Kaffeeservice *Form 1495* von Hermann Gretsch

1954 Geschirr *Form 2000* von Heinrich Löffelhardt (1957 Kaffeeservice *Form 2025*, 1959 Geschirr *Form 2050*)

1979 Geschirr *Delta* von Hans Theo Baumann

1980 Geschirr *Corso* von Werner Bünck

1984 Geschirr *Kristina* von Marianne Westmann

1995 Geschirr *Cult*

1997 Geschirr *Tric*

beide von **Sieger Design**

Seite 109

l.o. Vasen aus der Serie *Form 2075* von Heinrich Löffelhardt, 1963

r.o. Karaffe und Trinkglas aus dem Service *Tric* von Sieger Design, 1997

u. Service *Cult* von Sieger Design, 1995

Wohnung der Normalbürger als jedes andere Objekt vorher. Gretsch hat für Arzberg noch sechs weitere Service entworfen, erreichte aber niemals wieder dieselbe Perfektion. Nach seinem Tod übernahm der Künstler **Heinrich Löffelhardt**, ein Freund **Wilhelm Wagenfelds**, in den 50er und 60er Jahren bei Arzberg die Position des Hausdesigners (und beerbte diesen auch als Direktor des Landesgewerbeamts Stuttgart). Löffelhardts zugleich schlankes und bauchiges Kaffeeservice *2025* war das Pendant zum organischen Möbeldesign der Zeit und festigte Arzbergs Stellung als **Volkswagen** unter den Porzellanherstellern. So erfolgreich seine Service auch waren (*2050* wurde auf der *Triennale* prämiert, *2075* erreichte hohe Auflagen), Löffelhardts Entwürfe überdauerten seine Epoche nicht. Anfang der 70er Jahre geriet auch Arzberg in die Krise, die die deutsche Porzellanindustrie erfaßt hatte, und rettete sich schließlich unter das Dach des **Hutschenreuther**-Konzerns. Die Politik der »guten Form« wurde fortgesetzt, geradlinig, wie mit dem Schweizer Architekten und Produktdesigner **Hans Theo Baumann**, oder mit postmodern verschobenen Akzenten, wie z. B. mit Matteo Thun. Aber erst Mitte der 90er Jahre konnte man wieder an den alten Ruhm anknüpfen. **Dieter Siegers** Service mit dem vielsagenden Namen *Cult* setzt wie einst Gretschs Modell *1382* auf Farblosigkeit und formales Understatement und lehnt sich damit bewußt an das historische Vorbild an. Mit Erfolg. Wie einst in bauhausbeseelten Tagen wurde hier ein Trend, nämlich der zur neuen Einfachheit, wie er im Möbeldesign z. B. von Jasper Morrison oder **Konstantin Grcic** vertreten wird, in eine gefällige Produktsprache übersetzt. Auch Sieger verwendet Basisformen wie Zylinder und Halbkugel. Die geometrischen Elemente werden aber teilweise auch dekorativ eingesetzt. Wenn z. B. der halbkugelförmige Eierbecher auf einem Fingerhut ruht und der wiederum auf einer Scheibe, wirkt das geradezu pyramidal.

AUDI

Automobilhersteller

Seite 111
r.o. NSU *Ro 80*
von Claus Luthe, 1967
r.u. NSU *Sport Prinz*
von Bertone, 1958

Heimlich, ohne Wissen des Mutterkonzerns **Volkswagen**, ließ Entwicklungschef Ludwig Kraus Ende der 60er Jahre ein Auto entwickeln, das deutlich größer als die bisherigen Audis und leichter als alle Konkurrenzmodelle sein sollte. Mit einem kräftigen, aber sparsamen Motor und einer im Windkanal optimierten Karosserie ausgestattet, sollte der Wagen vor allem schnell beschleunigen. Die Geheimnistuerei hatte ihren Grund: über Neuentwicklungen für die kränkelnde Tochterfirma wurde eigentlich in Wolfsburg entschieden. Nun aber hatte Kraus ein Auto geschaffen, das dem VW-Vorstand gefiel: den Audi *100*. Mit diesem Wagen stieg die Marke Audi wie ein Phönix aus der Asche. Denn obwohl sie auf eine bis dahin über 50jährige Geschichte zurückblicken konnte, war sie als Teil der Auto Union, einem Konglomerat der sächsischen Autohersteller Audi, **DKW**, Horch und Wanderer, kaum in Erscheinung getreten. Das Markenzeichen, die vier sich überlagernden Ringe, war einst das Symbol für die Viererunion. Nach dem 2. Weltkrieg startete man mit Zweitaktmoto-

Horch *930 S*, 1939

ren und der Marke DKW. Als der Absatz einbrach, war das das
Ende der Auto Union. Es folgte ein Intermezzo unter den Fittichen
von **Mercedes**, bis der VW-Konzern den vermeintlichen Laden-
hüter übernahm. VW schluckte Ende der 60er Jahre auch den
Motorrad- und Autohersteller **NSU**. Zum NSU-Kapital gehörten
die kleinen *Prinz*-Modelle, die der hauseigene Designer **Claus
Luthe**, einer der Pioniere des deutschen Autodesigns, gestaltet
hatte. 1967 sorgte Luthe für die Sensation auf der Internationalen
Automobilausstellung in Frankfurt: Der von ihm gestaltete *Ro 80*
(Abb. S. 29) – die erste Limousine mit Wankelmotor – war technisch
und ästhetisch bahnbrechend und markierte den Beginn einer
neuen Ära. Mit seiner flachen Motorhaube, der ansteigenden
Gürtellinie und dem kurzen Heck leitete der *Ro 80*, von dem ins-
gesamt nicht einmal 40.000 Wagen vom Band liefen, ein neues
Designdogma ein: die Keilform, die bis in die 90er Jahre hinein
Bestand hatte.

Der innovative Hersteller NSU verschwand. Wahrscheinlich
hätte Audi das gleiche Schicksal ereilt, wenn die VW-Tochter
nicht durch das Eigengewächs Audi *100* so großen Erfolg gehabt
hätte. Er war eine Limousine für die obere Mittelklasse. Bald
schon folgte ein kleinerer Bruder, der Audi *80*. Anfang der 80er
Jahre entwickelte Audi einen PKW mit permanentem Allradan-
trieb: der Audi *Quattro*, der Start einer neuen Modellreihe. Die gesamte Audi-Palette wirkte noch recht konventionell, so als wolle
man das Bild technischer Vertrauenswürdigkeit durch nichts in
Frage stellen. Einen leichten Kontrast bildeten nur die *Quattro*-
Modelle, die einen vom Rennwagen entliehenen Spoiler hatten,
dazu sportliche Attribute wie Lüftungsschlitze und Coupéheck.
Die in den Spoiler integrierte Stoßstange war zwar zukunftswei-
send, aber nur ein Detail, das ein markentypisches Profil nicht er-
setzte. Erst in den 80er Jahren entwickelte Audi erste Ansätze

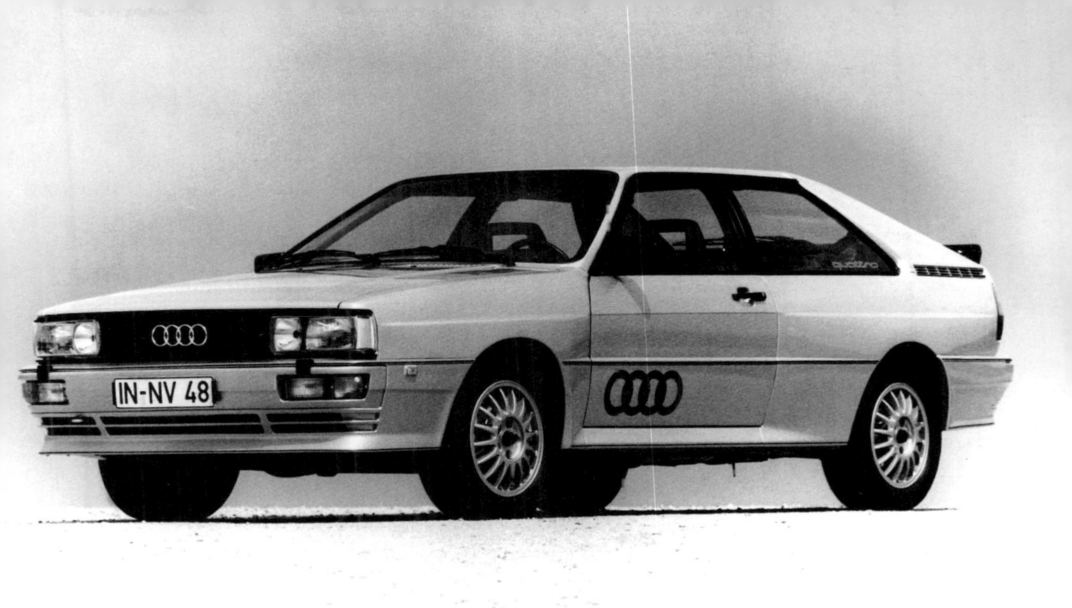
IN-NV 48

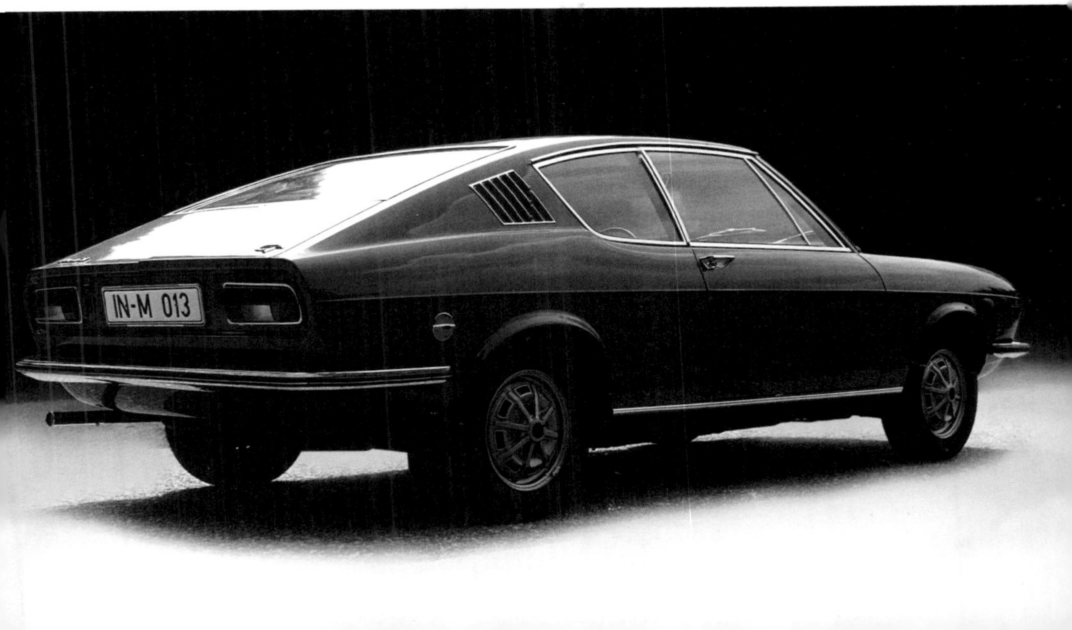
IN-M 013

Audi *A3* von Peter Schreyer, 1996

ästhetischer Emanzipation. Ein Beispiel ist der Audi *80* von 1986:
mit außenbündigen Scheiben über der hochgezogenen Motorhaube (die die Scheibenwischerachsen verdeckt), versenkten
Türaußengriffen, einer relativ kleinen Dachpartie und einer insgesamt sehr kompakten, glattgeschliffenen Silhouette. Die
Schleifarbeit hatte sich gelohnt. Mit einem cw-Wert von 0,29 erreichte der Wagen einen Spitzenwert. »Den Vorwurf, alle Autos
sähen gleich aus, gibt es seit Ewigkeiten. Ich denke, es gibt eine
starke Tendenz, ihn zu entkräften.« Der das sagte, hatte gerade
entscheidend dazu beigetragen, die Ära der Langeweile zu been-
den. **Peter Schreyer**, seit Mitte der 90er Jahre Chef von Audi Design, gilt als einer der führenden zeitgenössischen Automobildesigner und hat dafür gesorgt, daß Gestaltungsfragen auf Audis
Prioritätenliste inzwischen ganz oben stehen. Dies hat das Image
der Marke verbessert und die Verkaufszahlen nach oben schnel-
len lassen. *A4* und *A6* (Nachfolger des Audi *80* und *100*) sind die
neuen Flaggschiffe. Als Ende der 90er Jahre der komplett überar-

beitete *A6* (Abb. S. 47) präsentiert wurde, konnte, wer hinschaute, die Typverwandtschaft zwar noch erkennen, aber der Gesamteindruck des Wagens hatte sich völlig verändert: der Radstand wurde vergrößert, verkürzt wurden dagegen die Überhänge vorn und hinten. Auch die hoch angesetzten Leuchten und Rundungen am Heck trugen zur neuen Optik bei, die sofort Schule machte. Die ganze Karosserie gibt sich weich und fließend. Mit seinem kuppelartigen Dach, der bogenförmigen Hecksilhouette und der runden Schnauze läutet der repräsentative Wagen nach Ponton- und Keilform eine neue Karosserieepoche ein. Daß die Kombiversion des *A4* schließlich den renommierten *Bundespreis Produktdesign* gewann, war nur folgerichtig. Mit dem *TT Coupé*, einem Kraftpaket, das als Designstudie gestartet war, schockte Audi abermals die Konkurrenz. Auch in dieser Kategorie schuf man auf Anhieb eine neue Ikone, die mit zeitgemäßer Maschinenästhetik überzeugt. Frei nach Schreyer, der eben meint: »Im Design muß von Zeit zu Zeit eine Rebellion stattfinden.«

1982 Sportlimousine
Audi *Quattro*

1986 neue Generation Audi *80*

1994 Modellreihen *A4* und *A6*

1996 Modellreihe *A3*

1997 *TT Coupé* in Japan vorgestellt (1998 in Deutschland)

2000 Kleinwagen *A2* vorgestellt

Audi *TT Coupé*
von Peter Schreyer, 1998

AUTHENTICS

Hauratsartikelhersteller

Authentics Artipresent
GmbH, Holzgerlingen

1980 gegründet von Hansjerg
Maier-Aichen

1989 Einführung des
transparenten Kunststoffs

1997 *Europäischer Designpreis*;
Glasprodukte im Sortiment

1999 Möbel im Sortiment

v.l.n.r.

Kehrgarnitur von
Konstantin Grcic, 1998

Taschenrechner *C* von
Sebastian Bergne, 1997

Stuhl *Wait* von
Matthew Hilton, 1997

Eimer *H2O* von
Konstantin Grcic, 1996

Südlich von Stuttgart, hat die Firma von **Hansjerg Maier-Aichen** ihren Sitz. Unter dem Markennamen Authentics wird dort seit 1980 zeitgemäßer Hausrat hergestellt: vom Papierkorb bis zum Kleiderbügel, von der Obstschüssel bis zum Seifenspender, insgesamt über 500 Produkte, und zwar ausnahmslos aus Kunststoff. Der Clou: die Dinge sind zwar billig, aber sie sehen nicht so aus. Der Innenarchitekt und Künstler Maier-Aichen hat es fertiggebracht, das angekratzte Image von Plastik ins Gegenteil zu verkehren. Er machte einen Trend daraus. Die meisten Produkte sind aus recycelbarem Polypropylen, belasten also auch nicht das Gewissen. Designer aus aller Welt, darunter der Wahl-Londoner **Winfried Scheuer**, der Schwede Mats Theselius und nicht zuletzt der Chef persönlich warten jedes Jahr mit der stolzen Zahl von etwa 100 neuen Produkten auf. Herausgekommen sind stets funktionstüchtige und »einfache Sachen«, wie z. B. der Mitte der 80er Jahre eingeführte Mülleimer *Can* (mit freischwingendem Deckel) (Abb. S. 36) und dessen kleiner Bruder *Mini-Can*, beide Authentics-

Bestseller. Durch Zufall stieß Allroundtalent Maier-Aichen Ende der 80er Jahre auf das heutige Markenzeichen seiner Firma, den transluziden Kunststoff. Die betriebliche Ökobilanz sollte verbessert und überhaupt wirtschaftlicher produziert werden. Deshalb wurden weniger Pigmente und dünnere Wandstärken verwendet. Das brachte schließlich den durchscheinenden Effekt. Der Firma bescherte der neue Look weltweiten Erfolg und machte sie zum schwäbischen Alessi. Die fröhliche Kunststoffinvasion brachte einen neuen Industriezweig hervor, nicht zuletzt durch die Flut der Nachahmer. Authentics wappnet sich dagegen mit jährlich siebenstelligen Entwicklungsinvestionen. Ende der 90er Jahre wagte man sich auf Neuland: Die Gefäßserie *Pure Glass* von **Vogt & Weizenegger** ist aus besonders haltbarem Industrieglas (das schon **Wilhelm Wagenfeld** verwendete) und ebenfalls von klassischer Schlichtheit. Inzwischen hat Authentics sein Sortiment weiter komplettiert, z. B. durch Möbel, wie den Stuhl *Wait* von Mathew Hilton und den Rollwagen *Go* von **Konstantin Grcic**.

Produkte

1984 Abfalleimer *Can*

1989 Zeitschriftenständer *Wave* beide von Hansjerg Maier-Aichen

1995 Doppelwandhaken *Hock* von **Winfried Scheuer**

1996 Tablett *Techno* von **Konstantin Grcic**

1997 Gefäßserie *Pure Glass* von **Vogt & Weizenegger**; Stuhl *Wait* von Matthew Hilton

1998 Rollwagen *Go* von Konstantin Grcic

BAUHAUS

Schule für Kunst, Architektur und Produktgestaltung

Sie wollten »eine neue Zunft der Handwerker ohne die klassentrennende Anmaßung, die eine hochmütige Mauer zwischen Handwerkern und Künstlern errichtet«. Dies hatte der Architekt **Walter Gropius**, der erste Bauhaus-Direktor, in das Manifest von 1919 geschrieben, ein Dokument, aus dem noch deutlich der Geist von Arts & Crafts herauszuhören ist, ebenso wie das revolutionäre Pathos der Nachkriegszeit. Mit dem Abbau der Mauern tat man sich jedoch anfangs schwer. Künstler wie Johannes Itten stiegen aus dem Projekt aus, als Gropius sich um Auftraggeber kümmerte (ein Stadttheater bestellte eine Bestuhlung), was nach Meinung der Abtrünnigen die künstlerische Freiheit einschränkte. Theorie und Praxis am frühen Bauhaus waren vom Expressionismus durchtränkt und tendierten teils ins Esoterische, teils ins Völkische. Was Walter Gropius auszeichnete, war die Fähigkeit, dem Projekt einen internationalen Zuschnitt zu geben, durch Talente wie den Ungarn **László Moholy-Nagy**, den Schweizer **Max Bill** oder den Österreicher **Herbert Bayer** sowie bereits etablierte Künstler wie den Amerikaner Lyonel Feininger und den Russen Wassily Kandinsky. Ein entscheidender Anstoß kam aus Holland. Dort hatte sich die Gruppe De Stijl mit der Übertragung konstruktivistischer Ideen auf die Architektur beschäftigt. Als deren theoretischer Kopf, Theo van Doesburg, am Bauhaus Gastvorlesungen über »Grundbegriffe einer neuen radikalen Gestaltung« hielt, zündete der Funke. Das Bauhaus hatte eine Leitidee: die »absolute Form«. Man sprach jetzt von »industrieller **Formgebung**«, eine Wortschöpfung, die dem holländischen »vormgeving« entspricht. Entscheidend war jedoch, daß sich das Bauhaus nun zu einem Labor für Formexperimente entwickelte, zu einer Schule des **Funktionalismus**, zu dessen Symbol das neue Schulgebäude in Dessau werden sollte. Der Aufbau der Schule unter den Bedingungen politischer Instabilität, permanenter An-

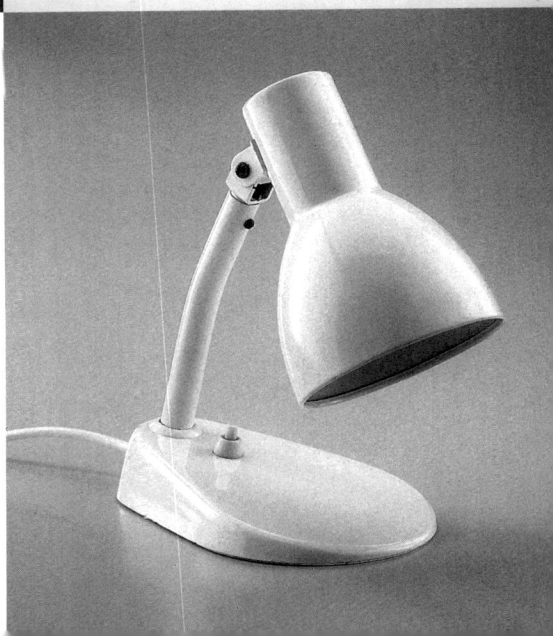

feindungen und einer galoppierenden Inflation war extrem schwierig. Als die Thüringer Landesregierung 1922 einen Kredit von einer Leistungsschau abhängig machte, rief Gropius den Ausnahmezustand aus, um alle Kräfte auf dieses Ziel zu konzentrieren. Nach einem Jahr war die Ausstellung fertig, in deren Mittelpunkt das Musterhaus »Am Horn« stand, das mit seiner Kastenform, den kahlen Wänden und spartanischer Ausstattung das Gegenbild zur deutschen Gemütlichkeit und der Prototyp des modernen, funktionalistischen Hauses war. Das Bauhaus war die Nachfolgeinstitution der von **Henry van de Velde** gebauten Weimarer Kunstgewerbeschule. Und es war das letzte Projekt der Werkstättenbewegung. Deshalb gab es keine Professoren, sondern Meister beziehungsweise »Formmeister«. Die einzelnen Werkstätten entwickelten sich sehr unterschiedlich. Die Töpferei, deren Leiter **Gerhard Marcks** der Massenfertigung skeptisch gegenüberstand, wurde nach dem Umzug nach Dessau nicht mehr eröffnet. Die Weberei war die Werkstatt, in die man den Großteil der Frauen abschob (die immerhin die Hälfte der Studierenden ausmachten). Allerdings stellte sich heraus, daß das Weben zu den am meisten industrialisierten Techniken zählte und den Bauhaus-Zielen in hohem Maße entsprach. Der bis dahin vorherrschende Bildteppich wurde unter der Meisterin **Gunta Stölzl** und dem Einfluß der neuen, abstrakten Kunst, wie sie am Bauhaus u. a. durch Itten und Kandinsky vertreten wurde, durch ungegenständliche, häufig geometrische Muster ersetzt (Abb. S. 23). Die Metallwerkstatt galt als einer der innovativsten Orte im Bauhaus, besonders seit László Moholy-Nagy die Leitung übernommen hatte. Zu den besten Arbeiten zählen die Leuchten von **Marianne Brandt**, einer Künstlerin, die sich von Einzelstücken hin zur industriellen Entwurfsarbeit entwickelte, ein entscheidender Schritt hin zum Produktdesign, den das Bauhaus erstmals systematisch vollzog. Berühmt geworden ist jene Tischleuchte von **Wilhelm Wagenfeld**, die aufgrund ihrer elementaren und exemplarischen Form auch einfach als *Bauhauslampe* bezeichnet wird. Ähnlich radikal ging man in der Tischlerei zu Werke, wo mit neuen Möbelformen experimentiert wurde, wie **Alma Buschers** Wickeltische und Betten fürs Kinderzimmer oder **Josef Albers'** verglaste Anbauschränke. Internationale Frominenz erlangte schließlich ein Tischler, vor allem weil er sich von seinem klassischen Werkstoff, dem Holz, abwandte: **Marcel Breuers** Stahlrohrstuhl (Abb. S.8) wurde nicht nur zum Inbegriff des Funktionalismus und zum Inspirationsobjekt zahlloser vom Fortschritt beseelter Designer, sondern geradezu zum Symbol der Moderne. Mit ähnlicher Konsequenz verfuhr der Grafiker **Herbert Bayer** in der Druckerei (später Werkstatt für **Typografie** und Werbesachengestaltung). Bayer, der eine *Universalschrift* entwarf, setzte die Kleinschreibung und die DIN-Normen durch und sorgte dafür, daß sich die Grundideen des Bauhauses in seinen Publikationen,

Produkte

1920 *Bauhaustracht* von
Johannes Itten

1922 Bauhaus-Signet von
Oskar Schlemmer;
Lattenstühle von Marcel
Breuer

1923 *Kombinations-Teekanne*
von Theodor Bogler;
Bauhaus-Schachspiel
von Josef Hartung

1924 *Bauhaus-Bücher*
erscheinen;
Tee-Extrakt-Kännchen
von Marianne Brandt;
Fruchtschalen in Glas und
Metall von Josef Albers

Teekanne von
Marianne Brandt, 1924

1924 Tischlampe von Karl Jucker und **Wilhelm Wagenfeld** (»Bauhauslampe«); Spielzeug *Bauspiel* von Alma Buscher; Teeservice von Christian Dell

1925 *Clubsessel* aus Stahlrohr von **Marcel Breuer** (später *Wassily*); Schriftenfamilie *Universal* von Herbert Bayer

1926 Hängelampe mit Zugvorrichtung von Marianne Brandt und Hans Przyrembel

1927 Nachttischlampe *702* von Marianne Brandt und Hin Bredendieck für Kandem

1929 *Bauhaustapeten* für **Rasch**

1932 Teewagen von Marcel Breuer für **Thonet**

wie den Zeitschriften und den *Bauhaus-Büchern*, widerspiegelten. Eine seiner ersten Maßnahmen als Meister war die Anbringung des vertikalen Schriftzugs »Bauhaus« an das neue Schulgebäude. Das erfolgreichste Bauhaus-Produkt, das tatsächlich zur Massenware wurde, waren die Tapeten aus der Ausbauwerkstatt, die so neutral gemustert waren, daß sie ohne Verschnitt geklebt werden konnten, und deren Entwürfe von Studenten stammten. Die Zusammenarbeit mit dem Tapetenhersteller kam unter dem neuen Direktor, dem Architekten **Hannes Meyer**, zustande, der die soziale Verantwortung in den Mittelpunkt rückte. Nun ging es nicht mehr nur um moderne Gestaltung, sondern auch um möglichst billige Produktion für den »Volksbedarf«, insbesondere bei Wohnungen und deren Einrichtung. Wegen seiner radikal-linken Ansichten wurde Meyer bereits nach zwei Jahren wieder entlassen und durch **Ludwig Mies van der Rohe** ersetzt, der das Bauhaus zu einer Architekturschule machen wollte, es aber aus politischen Gründen schließen mußte.

Schrift *Universal* von Herbert Bayer, 1925

Außenleuchtenhersteller

Die Firmengeschichte ist ein Wirtschaftswundermärchen. Anfang der 50er Jahre begann der Schmied Heinrich Gantenbrink Gartenlampen herzustellen, meist in traditioneller Laternenform. Zum Wendepunkt wurde das Jahr 1960, als Bega den »Lichtbaustein« einführte, eine Neuheit, die den Umstieg auf eine funktionale Formensprache bedeutete. In den folgenden zehn Jahren verdreifachte sich der Umsatz auf 30 Millionen Mark (1995: 210 Mio. DM). Die »Lichtbausteine« bedeuteten die Auflösung der klassischen Lampenform durch Reduktion auf einfache, geometrische Elemente, die dadurch, daß sie keinerlei Fassung mehr hatten, auf die reine Lichtquelle reduziert waren: ein Leuchtmodul, das sich gegenüber der jeweiligen Raumsituation neutral verhält. Dem Prinzip Sachlichkeit, das dem Lehrplan der **Hochschule für Gestaltung Ulm** entstammte, ist Bega, mittlerweile ein international agierendes Unternehmen, bis heute treu geblieben. Seit der ersten Auszeichnung für den »Lichtbaustein« sammelte man dafür weit über 200 Designpreise.

Bega Gantenbrink-Leuchten GmbH + Co, Menden

1945 gegründet von Heinrich Gantenbrink (Bega für Beleuchtung Gantenbrink); Herstellung von Außenleuchten (»Laternen«)

1960 *Lichtbaustein* eingeführt, ab 1966 unter der Marke *Bausteinleuchte* (1962 Preis für *Gute Industrieform*)

1984 Bega USA gegründet

1994 *Bundespreis Produktdesign* für Außenleuchten *8821* bis *8823*

Produkte
1960 Hausnummernleuchte
1973 Pollerleuchte mit Spiegeloptik
1997 Mastaufsatzleuchte *8200*

l. Leuchte *8745*, Werksdesign, 1977
r. Leuchte *8874*, Werksdesign, 1981

Peter BEHRENS

Architekt und Produktdesigner

Peter Behrens, einer der Wegbereiter der modernen Architektur, hatte Malerei studiert. Und auch in der Produktgestaltung,
jenem Gebiet, auf dem er Bahnbrechendes vollbrachte, war er
Laie. Behrens, der nach seinem Studium in München lebte, gründete dort um 1890 mit Franz von Stuck und anderen die »Sezession«, die erste deutsche Künstlergruppe, die sich vom etablierten Kunstbetrieb lossagte. Gegen Ende des Jahrzehnts wandte er
sich der Angewandten Kunst zu und wurde schließlich Mitbegründer der **Vereinigten Werkstätten**. Er entwarf Geschirr, Bestecke und Schmuck, aber auch Möbel und Fenster, in die Elemente des Jugendstils einflossen. Schließlich nutzte er die
Gelegenheit, sich beim Bau der Darmstädter Mathildenhöhe zu
profilieren. Vor allem die Innenausstattung des dort von ihm er-
richteten Hauses wurde gelobt, ein Gebiet, auf das sich Behrens
nun spezialisierte und auf dem er das Jugendstil-Konzept des Ge-
samtkunstwerks zu verwirklichen suchte. Auf Vermittlung von
Hermann Muthesius wurde der 35jährige schließlich Direktor der
Kunstgewerbeschule in Düsseldorf. Dort hatte er Kontakt mit dem
holländischen Architekten Mathieu Lauweriks, dessen Propor-
tionslehre den Stil von Behrens, der bis dahin stark auf »Einfüh-
lung« gründete, geometrisierte und rationalisierte.

1907 zählte der konservative Reformer zu den ersten Künstlern, die Mitglied im **Deutschen Werkbund** wurden. Dies alles waren beste Voraussetzungen für den Posten, den er im selben Jahr
antrat: Behrens wurde bei **AEG**, jenem heftig expandierenden
Elektrokonzern, der nach Identität und adäquater Produktgestaltung suchte, »künstlerischer Beirat«, eine völlig neue Aufgabe,
die erst noch definiert werden mußte. Obwohl zwangsläufig in
seiner Freiheit eingeschränkt, schaffte es Behrens, auch die AEG
zu einem Gesamtkunstwerk zu machen. Er vereinheitlichte das
grafische Erscheinungsbild (das Logo kam schließlich dem heuti-

gen bereits sehr nahe), entwarf Prospekte, Plakate und Zeitschriften und gab nicht nur Produkten wie Lampen, Ventilatoren
(Abb. S. 48) und Wasserkesseln, sondern auch Werksapparaturen
wie Schalttafeln und »Arbeiter-Kontroll-Uhren« erstmals eine
sachliche, industriegerechte Form. Er war der erste, der einen
ganzen Industriebereich vom Ballast des Historismus befreite
und ihm dabei das verlieh, was heute als Corporate Identity bezeichnet wird, als dessen Erfinder er selbst gilt. Darüber hinaus
war er ein Pionier des Industriedesigns, der seine Produkte nicht
nur mit einer schlichten äußeren Form versah, sondern auch auf
deren möglichst einfache, rationale Konstruktion achtete.
Schließlich war das Universalgenie auch Hausarchitekt der AEG.
Berühmt geworden ist die Turbinenfabrik, die formale Strenge
und Monumentalität ausstrahlt. Später konzentrierte sich Behrens vor allem auf Bauprojekte. In seinem Büro in Potsdam arbeiteten damals noch unbekannte Architekten wie Le Corbusier,
Walter Gropius und **Ludwig Mies van der Rohe**.

Produkte

1901 Schriftenfamilien *Behrens-
Schrift, Behrens-Antiqua*
und *Behrens-Mediaeval*
für Klingspor

1907 Werbeplakat für *AEG-
Metallfadenlampe*

1908 AEG-Logo; Tischventilator
für Wechselstrom

1910 Tee- und Wasserkessel;
Logo für Insel-Verlag;
Kaffeeservice für
Porzellanmanufaktur Selb;
Nähmaschine für Pfaff;
Arbeiter-Kontroll-Uhren
für AEG

1920 elektrische Heizsonne
für AEG

l. Kaffeeautomat, um 1920
r. Tee- und Wasserkessel, 1910
beide für AEG

Max BILL

Architekt, Maler, Grafiker und Produktdesigner

Mitte der 20er Jahre erfuhr der Schweizer Lehrling Max Bill vom **Bauhaus** und fand es so ungeheuer interessant, daß er sich sofort nach Dessau aufmachte. Der 18jährige ließ sich zwei Jahre lang vom experimentellen Klima und den sozialutopischen Ideen anstecken – eine Zeit, die ihn entscheidend prägte. Zurück in Zürich arbeitete er als Grafiker, Künstler und Architekt (u. a. für den Schweizer Werkbund). Ein wichtiger Auftraggeber war damals die Möbelfirma Wohnbedarf, für die Bill auch das Logo entwarf. Mit »Konkreter Kunst« wurde Bill erstmals bekannt. In Deutschland machte er sich nach dem 2. Weltkrieg durch die didaktische Wanderausstellung *Die gute Form* einen Namen. Die Ausstellung kam auch ins zerbombte Köln und zeigte unter freiem Himmel (!) ausgesuchte Möbel und Kleingeräte. Aus den Trümmern sollte eine neue wohlgestaltete Welt hervorgehen, und zwar »vom kleinsten Gegenstand bis zur Stadt«. Die »Gute Form« wurde zum Kampfbegriff. Für den Schweizer mit dem mönchisch kahlgeschorenen Kopf bedeutete sie vor allem spartanische Ein-

1908 geboren in Winterthur, Schweiz

1924 Ausbildung zum Silberschmied in Zürich

1927 Studium am **Bauhaus** (bis 1929)

1936 Schweizer Pavillon für die Mailänder *Triennale*

1949 Wanderausstellung *Die gute Form* für den Schweizer Werkbund (1952 erscheint das Buch *Form*)

1951 Mitbegründer, Direktor (bis 1956) und Architekt (1953) der **Hochschule für Gestaltung Ulm**

1957 Atelier in Zürich

1967 Abgeordneter im Schweizer Parlament (bis 1974)

1987 Retrospektive in Frankfurt a. M.

1994 gestorben in Berlin

Ulmer Hocker mit Hans Gugelot und Paul Hilbinger, 1950 (Reedition bei Zanotta)

fachheit. Schließlich holten Inge Scholl und **Otl Aicher** den Schweizer Universalisten nach Ulm. Dort gründeten die beiden jungen Visionäre und der Prophet der »Guten Form« die **Hochschule für Gestaltung**. Bis Mitte der 50er Jahre prägte Bill deren Konzept und Lehrplan und entwarf auch das Gebäude. In ihm ist die Kontinuität zwischen Bauhaus und Ulm personifiziert, die sich u. a. in der Internationalität des Personals niederschlug. Er selbst gestaltete Möbel wie einen dreibeinigen Tisch, Wand- und Armbanduhren. Max Bill zeigte sich dabei immer wieder als hartnäckiger Vereinfacher. Der *Ulmer Hocker* ist dafür exemplarisch: ein Holzhocker als kantige Minimallösung, den man mit sich herumtragen kann. Bills Entwürfe atmen den Geist seiner Mentoren **László Moholy-Nagy**, Piet Mondrian und **Walter Gropius**. Doch entwickelte der Musterschüler durchaus eigene Gedanken. 1949 publizierte er ein Manifest gegen eine allzu enge Auslegung des **Funktionalismus**. Schönheit, so Bill, sei nicht nur das Resultat einer gelungenen Konstruktion. Sie trage auch einen Wert in sich.

Produkte

1930 Logo für Wohnbedarf Zürich

1950 *Ulmer Hocker* (mit **Hans Gugelot** und Paul Hilbinger, Reedition bei Zanotta); dreibeiniger Tisch (für Wohnbedarf)

1954 *HfG-Türdrücker* (mit Ernst Moeckl)

1957 Küchenuhr

1959 Wanduhr

1962 Armbanduhr (Reedition 1993), alle Uhren für **Junghans**

l. Wanduhr, 1963
r. Wanduhr, 1959
beide für Junghans

BIRKENSTOCK

Schuhhersteller

Birkenstock Orthopädie
GmbH, Vettelschoß

1896 von Konrad Birkenstock
als Schuhgeschäft in
Frankfurt a. M. gegründet

1915 Herstellung ortho-
pädischer Schuhe

1925 Export ins europäische
Ausland

1991 Entwicklung der Produktlinien *Betula, Birki,
Papillio* und *Tatami*

Produkte

1965 Sandale *Madrid*

1974 Sandale *Pater*
(seit 1979 *Arizona*)

1993 *Birki*-Sandalen und -Clogs
aus Schaumstoff

1999 Kinderschuh *Rhino*

v.l.n.r.
Sandale *Trinidad*, 1999
Sandale *Monterey*, 1992
Sandale *Florida*, 1982

Anfang der 60er Jahre kam der Produzent orthopädischer Einlegesohlen auf die Idee, auch Schuhe zu produzieren. Heraus kam jene funktionale Birkenstocksandale, die fast zum Mythos geworden ist: hinten offen, mit zwei verstellbaren breiten Riemen über dem Spann, die Sohle mit markantem Profil. Der Schuh war simpel, solide und so erfolgreich, daß die Marke fortan als Synonym für einen Produkttyp stand. Anfangs wurden die bequemen Latschen – es gab sie nur in hygienischem Medizinerweiß – als Berufsschuh vertrieben. In den 70er Jahren verhalf ihm dann die Alternativ- und Ökobewegung zu Kultstatus, nicht zuletzt in den USA. Aus Spezialschuhen wurden Straßenschuhe, mit denen man auch seine Weltanschauung transportierte. Birkenstock trug der Entwicklung durch eine Vielzahl neuer Varianten Rechnung. In den 90ern wurde ein halbes Dutzend neuer Marken eingeführt, z. B. *Birki*, die bunten Kunststoffsandalen für Beruf, Sport und Strand. Zentral für das Firmenimage ist aber immer noch der Naturburschenlook, gekoppelt mit dem Qualitätssiegel »Made in Germany«.

Auto-, Motorrad- und Motorenhersteller

Die große schwarze Limousine, mit der BMW Anfang der 50er Jahre seine Autoproduktion wieder aufnahm, sah aus wie die deutsche Version amerikanischer Vorkriegsmodelle: ein Stromlinienwagen mit üppigen Rundungen. Auffällig: die vorderen Kotflügel waren in einer langen Diagonale bis zu den Hinterrädern durchgezogen. War der Typ *501* noch etwas schwerfällig, wurde beim Nachfolgemodell *502*, Deutschlands erstem Achtzylinder, die PS-Zahl auf fast 120 verdoppelt. Doch der Wagen für Generaldirektoren fuhr nie in die Gewinnzone. Das Gegenmodell war die *Isetta*, ein kugelförmiges Miniauto auf drei Rädern, dessen Entwurf vom italienischen Motorradhersteller Iso stammte. Mit seinen gewölbten Fenstern wirkte der Zweipersonen-Wagen wie eine Flugzeugkanzel. Man bestieg das nur 2,25 Meter kurze Gefährt durch eine Vordertür, mit der beim Öffnen auch Lenksäule und Armaturenbrett zur Seite schwenkten. Das Unikum entwickelte sich mit 160.000 verkauften Exemplaren zu einem der erfolgreichsten Kleinwagen der Nachkriegszeit. Als jedoch das Nachfolgemodell floppte, kam BMW in schweres Fahrwasser und wäre um ein Haar von **Mercedes-Benz** übernommen worden.

Begonnen hatte das Unternehmen im 1. Weltkrieg als Produzent von Flugzeugmotoren (daher das Logo: ein Propeller in bajuwarischem Weißblau). Die Automarke BMW gibt es seit Ende der 20er Jahre. Nach der Übernahme der Fahrzeugwerke Eisenach wurden dort zuerst Lizenzmodelle hergestellt. Anfang der 30er Jahre brachte man in Thüringen die ersten eigenen Modelle heraus, wie den Typ *303*, der bereits einen geteilten Kühlergrill hat, damals noch ein rein funktionales Element. Die 30er Jahre sahen eine völlig neue Modellgeneration, deren stromlinienförmige Gestaltung Rasanz signalisierte. Von nun an entstanden in rascher Folge Limousinen, Coupés und Cabriolets, die auf den Siegerlisten zahlreicher Autorennen auftauchten und den Ruf von BMW

Bayrische Motoren Werke AG, München

1916 gegründet als Flugmotorenfabrik in München

1919 Flugpionier Franz Zeno Diemer steigt mit BMW-Motor im offenen Flugzeug auf 9760 Meter

1923 Motorradproduktion

1928 Übernahme der Fahrzeugfabrik Eisenach (Lizenz-Produktion)

1933 erster selbstentwickelter PKW; Kühlergrill mit Doppelniere

1937 Ernst Henne fährt mit 279 km/h Weltrekord mit Stromlinienmotorrad

1945 Verlust des Werkes Eisenach, PKW-Produktion in München (ab 1951)

1956 defizitäre Bilanz (1959 Kaufangebot durch Mercedes)

1966 Übernahme des Autoherstellers Glas

1970 Bau der »Vierzylinder«-Zentrale in München (bis 1972)

1983 Nelson Piquet auf BMW Formel-1-Weltmeister

als Hersteller sportlicher Automobile begründeten. Darunter ist auch eine Legende: der Sportwagen *328* gewann von 1936 bis 1940 alles, was es in seiner Klasse zu gewinnen gab. Der flache Flitzer mit der langen Schnauze und den ausladenden, organisch geformten vorderen Kotflügeln fuhr bereits mit einem stilisierten Grill für die Marke BMW Reklame. Für die Rennversion von 1940 schneiderte man ein futuristisches Karosseriekleid ohne Ecken und Kanten aus einer Speziallegierung von Aluminium und Magnesium. Mitte der 50er Jahre – inzwischen war die Autoproduktion nach München verlegt worden – versuchte BMW, mit dem Sportwagen *507* an die glorreiche Vergangenheit anzuknüpfen. Das leicht und zugleich muskulös wirkende Modell war das Werk des in den USA lebenden Industriedesigners **Albrecht Graf Goertz**. Doch obwohl die Presse voll des Lobes war und manche den *507* für den schönsten BMW überhaupt halten, wurden nur ganze 252 Stück verkauft. Das Management versuchte weiter in der Kleinwagenklasse Fuß zu fassen, mit mäßigem Erfolg. Der Wagen, der dann Anfang der 60er Jahre die Wende einleitete, war der BMW *1500*. Diesem Modell verlieh der »Stylist« **Wilhelm Hofmeister** nicht nur eine auffällige Gürtellinie, sondern noch einige andere markante Merkmale, die das Bild der Marke teilweise bis heute prägen, darunter Kleinigkeiten wie der Knick am hinteren Holm. Alle Elemente waren mit großer Sorgfalt aufeinander abgestimmt, Türgriffe und Blinker z. B. in die Zierleiste integriert. Die auffälligste Neuerung war die spitze Haifischschnauze mit der auf Symbolgröße geschrumpften Doppelniere, die nun an Nasenlöcher erinnerte. In dieser Gesamtkonzeption traf sich das sachlich-eckige Design der Zeit mit einer spritzig-emotionalen Note. Das Erscheinungsbild versprach nicht zuviel, erreichte der kompakte *1500*er doch für die damalige Zeit erstaunliche 150 Stundenkilometer. BMW entwickelte sich zu einer Marke, mit der

Seite 132/133
l. BMW *3.0 CS*, 1971
r. BMW *327 Coupé*, 1937

Qualität, aber auch Aggressivität assoziiert werden. Ende der 60er Jahre setzte man in München zum Sprung in die Oberklasse an. In den 70er Jahren gelang es schließlich unter Chefgestalter **Claus Luthe**, das Image auf solch hohem Niveau zu festigen, daß ein erheblich höherer Preis möglich war. Damals wurden sowohl die bis heute erfolgreichste Modellreihe, die *3er*-Serie, eingeführt als auch die *7er*-Serie, mit der man sich in der Luxusklasse neben Mercedes etablierte. Ein BMW blieb dabei immer kompakter und wirkte dynamischer als sein Konkurrenzmodell aus Stuttgart, wobei ästhetische Experimente tunlichst vermieden wurden. Gediegenheit und Kontinuität hatten Vorrang. Mit dieser Politik wurde BMW zu einer internationalen Nobelmarke, mit der ebenso Lifestyle demonstriert werden kann wie mit einem Armani-Anzug oder einer Hifi-Anlage von Bang & Olufsen. Mitte der 90er Jahre griff BMW – nun unter ihrem amerikanischen Chefdesigner **Chris Bangle** – mit dem Roadster *Z3* wieder auf seine große, jedoch lange vernachlässigte Sportwagentradition zurück. Kurz zuvor hatte BMW den britischen Autohersteller Rover gekauft und sich damit auch eine Kollektion von Designlegenden, wie den *Mini*, die MG-Sportwagen und den *Land Rover* einverleibt.

BMW *Z8*, 1999

Hedwig BOLLHAGEN

Keramikerin

Walter Ulbricht, erster Mann der DDR, hob den kulturpoliti-schen Zeigefinger. Bollhagens Mokkaservice *558* war ihm – weil schwarz und zylindrisch – zu »formalistisch«. Der Beliebtheit des Service tat das keinen Abbruch. Als Leiterin der Malabteilung der Steingutfabrik Velten-Vordamm, deren Besitzer Bauhaus-Kerami-ker in den Betrieb holte, machte die junge Bollhagen wichtige Er-fahrungen. Mitte der 30er Jahre gründete sie die HB-Werkstätten in Marwitz bei Berlin. Von Anfang an stellte HB, wie ihre Fange-meinde sie nennt, schlichte Gebrauchskeramik in Serienfertigung her. Typisch für ihre Entwürfe sind Streifendekore (häufig Blau-weiß-, aber auch Schwarz-grün-Kombinationen) oder geome-trische Muster. Im Laufe der Jahrzehnte entwickelte Bollhagen Techniken, auch komplizierte Dekore auf die Gefäße zu bringen. Ausgangspunkt sind häufig schwarze Streifen, die auf einer klei-nen Drehscheibe geritzt oder verzogen und mit einer andersfar-bigen Lasur übermalt werden. Zwar produzierte man auch Ware in purem Weiß, doch war die Zahl der Abnehmer für solchen Pu-rismus sehr begrenzt. Hedwig Bollhagen hat ihren Betrieb in der DDR eine Weile als private Unternehmerin leiten können, bevor er Anfang der 70er Jahre verstaatlicht wurde. Nach dem Mauer-fall wurde sie mit 85 Jahren wieder Unternehmerin.

1907 geboren in Hannover

1925 Ausbildung als Töpferin

1927 arbeitet in der Steingut-fabrik Velten-Vordamm (bis 1930)

1934 Gründung der HB-Werk-stätten für Keramik in Marwitz bei Berlin

1937 Goldmedaille auf der Weltausstellung in Paris

1972 Verstaatlichung der HB-Werkstätten

1992 Reprivatisierung

Produkte

1934 Geschirr *Form 501*

1945 Geschirr *Form 1065*, Dekor *schwarz-grün*

1955 Dekor *blau-weiß*

1964 Vase *359*

1965 Dekor *Trauben*

1966 Dekor *Röschen*

1985 Kaffeeservice *491*

1987 Herrengedeck *487*

Kleine Steingutdose, 1958

BOSCH
Elektrogerätehersteller

Ob Schlagbohrmaschine, Schleifer oder Stichsäge: seit den 60er Jahren hat sich das Angebot an auch für den Freizeithandwerker erschwinglichen Elektrowerkzeugen ständig erweitert. Bosch, Deutschlands traditionsreiches Unternehmen für Elektrotechnik, bietet ein äußerst umfangreiches Angebot und setzt im Ladenregal durch seine dunkelgrüne Produktlinie ein Farbsignal. Dabei war diese Farbe von Anfang ein Symbol für **Ergonomie**. Gestandene Industriedesigner wie **Hans E. Slany** (heute **Teams Design**) haben die motorisierten Apparate kontinuierlich optimiert und dafür zahlreiche Designauszeichnungen erhalten. Handhabbarkeit und Sicherheit spielten dabei die größte Rolle: Schalter wurden doppelt gesichert, Griffe so geformt, daß das Werkzeug gut in der Hand liegt.

Als einer der größten Elektrogerätehersteller der Welt stellt Bosch neben Autozubehör auch die ganze Palette an Hausgeräten her, von der Kaffeemühle über den Staubsauger bis zur Waschmaschine. Dabei hat sich die Marke – darin typisch deutsch (und **AEG** ähnlich) – zwar durch manche technische Neuerung profiliert, aber niemals durch auffällige Gestaltung. Ein knappes halbes Jahrhundert nach Ulm liegt die Produktpalette mehr auf streng funktionaler Linie als etwa die von **Braun**. Ausnahmen bestätigen die Regel: einer der größten Erfolge war Mitte der 90er Jahre die Reedition eines Kühlschranks aus den 50er Jahren, ein Monument der Stromlinienära, dessen Tür mit sattem Klang ins Schloß fällt. Als Modell *Classic* wird er in zahlreichen Farben unter dem Etikett *Solitaire* vermarktet, eine designorientierte Produktlinie, die vor allem eine junge Käuferschicht erreichen soll. Bosch stellt sich neuen Entwicklungen, ist z. B. auch in die Handyproduktion eingestiegen und versucht, auf diesem sich rasend schnell verändernden Terrain sowohl durch technischen Vorsprung wie durch einfallsreiche Gehäuse ein eigenes Profil zu gewinnen.

Andreas BRANDOLINI

Architekt, Künstler und Möbeldesigner

Ein Katalog nennt drei für seine Arbeit wichtige Zeiträume: die 50er Jahre, in denen seine eigene und die Kindheit der Bundesrepublik zusammenfielen, die 70er Jahre, als ihm im Architekturstudium der **Funktionalismus** eingebleut wurde, und die 80er Jahre, als der Berliner Design-Underground nach Alternativen suchte. Aus dieser Zeit, als Brandolini zu einer Leitfigur des sogenannten **Neuen deutschen Designs** wurde, stammt sein Hang zur künstlerischen Avantgarde. Bekannt geworden ist Brandolini durch seinen Beitrag für die *Documenta 8*. Zum ersten Mal waren auf dieser internationalen Kunstausstellung auch Designer vertreten, wie z. B. die Gruppe **Pentagon**. Brandolini zeigte ein *Deutsches Wohnzimmer*, eine Institution, der er mit den Mitteln der Ironie zu Leibe rückte: mit einer Couchgarnitur, gruppiert um einen wurstförmigen Tisch, der an einen Nierentisch der 50er Jahre erinnerte und unter dem symbolisch ein (Lager-)Feuer loderte. Teil des Ensembles war *Pony Express*, ein Fernsehtisch, bei dem der Videorecorder in einer seitlichen »Satteltasche« hing und der Fernsehapparat als »Reiter« fungierte, eine Konstellation, die Assoziationen (an historische Nachrichtenüberbringer zu Pferde) freien Lauf ließ und Brandolinis Erkenntnis widerspiegelt, daß Objekte »Bedeutungsträger« sind, die manchmal sogar »Geschichten erzählen«. Ein Tisch mit Beinen aus Metallprofil, die dort, wo sie den Boden berühren, in eine Spitze zulaufen, ein Stuhl, der im fragilsten Abschnitt seiner Beine einen Knick aufweist, eine Bücherleiter, die auch als Zeitungskorb funktioniert: Brandolinis Entwürfe zeichnen sich einerseits durch große Einfachheit aus, weisen jedoch in der Regel irritierende Aspekte auf, visuelle Verbindungen und funktionelle Extras, die ihnen einen besonderen Charakter verleihen. Seit 1989 hat der Ex-Rebell in Saarbrücken eine Professur für Design und arbeitet darüber hinaus als Innenarchitekt, Ausstellungsmacher und Gestalter urbaner Räume.

Marianne BRANDT

Leuchten- und Produktdesignerin

Seite 141

Tischleuchte *756* für Kandem
(mit Hin Bredendieck), 1928

Am **Bauhaus** zählte sie zu den Besten. Aber als der italienische Hersteller Alessi Mitte der 80er Jahre damit begann, Entwürfe von Marianne Brandt zu produzieren, kannten nur die we-
nigsten ihren Namen. Die Malerin mußte gegen Vorurteile
kämpfen, denn nicht wenige Männer am Bauhaus waren der
Meinung, die Metallwerkstatt sei nichts für Frauen. Obwohl man
sie deshalb anfangs mit stupider Zuarbeit abzuspeisen versuchte,
setzte sich Brandt, die sich leidenschaftlich für die Werkstoffe
Silber, Stahl und Aluminium interessierte, letztendlich durch. Unterstützung gab ihr dabei der Leiter der Metallwerkstatt, **László
Moholy-Nagy**. In der kleinen Werkstatt, die gerade ein Dutzend
Arbeitsplätze bot, herrschte eine äußerst kooperative und kreative Atmosphäre. Hier traf sie auf andere Talente wie den Silberschmied **Christian Dell** und den Maler **Wilhelm Wagenfeld**. Die
Hochbegabte schuf nicht nur erlesene und innovative Objekte,
sondern war obendrein äußerst produktiv. Fast 70 Produkte entstanden in Weimar und Dessau, darunter traditionelles Tisch-
gerät wie Sahnegießer, Zuckerschalen, Dosen, Kannen und
Aschenbecher. Die meisten sind aus Metall, wie Brandts bekann-
tes Tee-Extrakt-Kännchen. Es ist exemplarisch für ihre konstruktive Herangehensweise, ihren additiven Stil und ihre Vorliebe für
die geometrischen Elemente Kugel und Halbkugel, die sie immer
wieder variierte. Etwa die Hälfte ihrer Entwürfe sind jedoch
Leuchten, ein Gebiet, auf dem sie richtungsweisend war und sich
von ihren konstruktivistischen Vorbildern löste. Es ist Brandts
Verdienst, sich ab Mitte der 20er Jahre diesem echten, damals
noch recht neuen Industrieprodukt zugewandt zu haben – selbst
am Bauhaus eine Pioniertat. Außergewöhnlich war ebenfalls,
daß tatsächlich Verträge mit Herstellern zustande kamen. Ihre
Deckenleuchte mit Zugvorrichtung (mit Hans Przyrembel) ist in
ihrer Einfachheit und Funktionalität bis heute Vorbild vieler Eß-

Produkte

1924 *Tee-Extrakt-Kännchen*;
Tee- und Kaffeeservice
in Silber (Reedition bei
Alessi)

1925 Cocktail Shaker

1926 Aschenbecher
(Reedition bei Alessi);
Deckenleuchte (mit Hans
Przyrembel);
Deckenleuchte mit
Aluminiumreflektor

1927 Nachttischlampe *702*

1928 Schreibtischlampe *756*
(beide mit Hin Breden-
dieck) für Kandem

Seite 143

l.o. Aschenbecher, 1926
(Reedition Alessi)

r.o. Hängelampe mit
Zugvorrichtung,
mit Hans Przyrembel, 1926

u. Milch- und Zuckerset,
mit Helmut Schulze, 1928
(Reedition Alessi)

zimmerleuchten. Brandt entwarf mobile Wandstrahler auf Schienen, ein Prinzip, das erst ein halbes Jahrhundert später Standard
werden sollte. Eine Neuheit waren auch ihre Deckenleuchten mit
Reflektoren aus Aluminium (die sie überlackieren mußte, um Käufer zu finden). Als Marianne Brandt selbst Meisterin wurde,
machte sie die Metallwerkstatt – nicht zuletzt durch ihre eigenen
Entwürfe – zur wirtschaftlich erfolgreichsten des Bauhauses
(Abb.S.45). Für den Leuchtenhersteller Kandem entstanden (zusammen mit Hin Bredendieck) zwei ihrer erfolgreichsten Schöp-
fungen: die Schreibtischleuchte *756*, deren Reflektor neigbar und
seitlich schwenkbar ist, und die Nachttischleuchte *702*. Beide
Modelle wurden in den 30er Jahren in hohen Stückzahlen produziert und waren, neben den Tapeten, die einzigen Massenprodukte. Das Leben der erfolgreichen Gestalterin verlief nicht ohne
Brüche. Als die Tochter eines hohen Justizbeamten ans Bauhaus
kommt, ist sie 30 Jahre alt, hat bereits in Dresden ein Kunststudium und ausgedehnte Reisen nach Paris und Norwegen hinter
sich. Eines Nachts vernichtete sie in einer spontanen Aktion ihre
gesamten Skizzen und Bilder. Nach ihrem Weggang vom Bauhaus leitete sie die Entwurfsabteilung einer Metallwarenfabrik in
Gotha. Dort entstanden kleine, durchdachte Utensilien in prägnanten Formen, wie z.B. ein kugelförmiges Tintenfaß. Um Neu-
jahr 1933 kehrte Brandt dann plötzlich und unerwartet in das
Haus ihrer Eltern nach Chemnitz zurück und lebte dort zurückge-
zogen als Malerin. Erst nach dem Ende des 2.Weltkriegs holte
Mart Stam, der neue Rektor der Hochschule für Werkkunst, sie
als Dozentin nach Dresden. Marianne Brandt entwarf Keramik,
z.B. ein stapelbares Kantinengeschirr, aber auch Schuhe, Taschen und Tapeten. Nach einem Gastspiel in Ostberlin, der da-
maligen Hauptstadt der DDR, kehrte die berühmteste deutsche
Designerin dem Designbetrieb endgültig den Rücken.

Wilhelm BRAUN-FELDWEG

Produktdesigner, Architekt und Maler

Stahlgraveur, Berufsschullehrer, Kunstmaler, Kunsthistoriker, Buchautor, Designer: Wilhelm Braun-Feldweg war ein vielseitiger Mensch. Zum Design kam er erst nach dem 2. Weltkrieg, schuf dann jedoch die verschiedensten Produkte, vom Besteck über Flaschen und Leuchten bis zum Türdrücker. Glas war eines seiner bevorzugten Materialien, mit dem er ganze Produktfamilien schuf, die – ob Likörglas oder Sektkelch – durch ihre zwar zeittypische, aber bis dato ungewöhliche becherförmige Durchgestaltung auffielen. Braun-Feldweg war damit direkter Konkurrent von **Wilhelm Wagenfeld**. Im Unterschied zu Wagenfeld reizte es ihn immer wieder, eine Form auf mehrere Gegenstände und Funktionszusammenhänge zu übertragen. So sieht zum Beispiel die Pendelleuchte *Tokio* – ganz im Sinne von Reduktion und Multifunktion – wie eine umgedrehte Vase aus. Ob bei seinen Produkten oder seinen Büchern, der Schwabe galt als Perfektionist. Oft fertigte er über 20 Modelle an, bis endlich eine Form seine Gnade fand. Auch das Layout seiner Bücher überließ er nur

1908 geboren in Ulm als
Wilhelm Braun
(1949 Braun-Feldweg)

1922 Lehre als Stahlgraveur

1928 Kunststudium in Stuttgart
(1935 Kunstgeschichte in
Tübingen)

1939 Kriegsdienst und
Gefangenschaft (bis 1948)

1950 das Buch *Metall. Werkformen und Arbeitsweisen*
erscheint

1954 Goldmedaille auf der
Triennale in Mailand für
die Gläserserien *Largo*
und *Carina*

1958 Professor für Industrielle
Formgebung an der Hochschule der Künste Berlin
(bis 1973)

1998 gestorben in Würzburg

v.l.n.r.
Türdrücker *Erno 128*, 1953
Schalensatz *Marina*, 1954

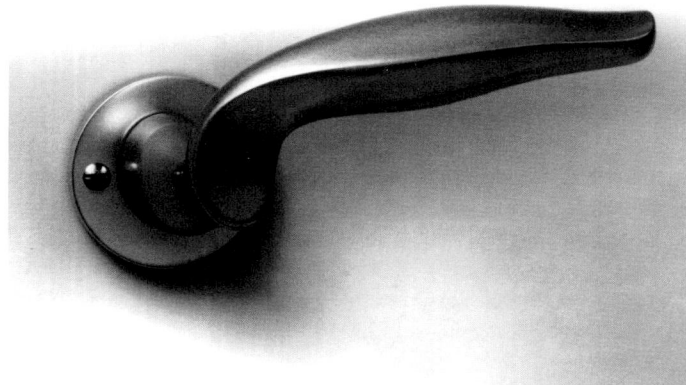

ungern anderen. Der Allround-Künstler wäre fast Professor an der **Hochschule für Gestaltung Ulm** geworden, doch der Vater von fünf Kindern lehnte ab. Das Gehalt war zu niedrig. Ende der 50er Jahre nahm er schließlich die Berufung an den neu geschaffenen Lehrstuhl »Industrielle Formgestaltung« der Berliner **Hochschule der Künste** an. Alles, was er vorfand, war »ein leeres Magazin«. Daß sich die Regale füllten, dafür sorgte Braun-Feldweg selbst, der zum Pionier auf dem Gebiet der Designliteratur wurde, u. a. mit Standardwerken wie dem Buch *Metall*. Der Theoretiker und Moralist wandte sich gegen »modische Hüllenmacherei« und Starkult. Der Formgeber sollte im Hintergrund bleiben. Er selbst hat deshalb einige seiner Bestecke anonym herausgegeben. Zwar entsprachen seine Produkte durchaus dem Ulmer Rationalismus, aber die Lehre der puren Berechenbarkeit war ihm viel zu radikal. So war es schließlich auch die radikale Studentenbewegung der späten 60er Jahre, die dem Patriarchen vom alten Schlage seinen Beruf vergällte.

Produkte

1952 Türgriff *Erno 127*

1954 Glasschalensatz *Marina*
(für Kristallglaswerk Hirschberg)

1957 Schalen- und Bechersatz *Para*

1958 Pendelleuchte *Tokio*

1959 Gläsersatz *Tasso*

1960 Tafelbesteck *Alpha*

1963 Dia-Projektor *550L*
(für Kindermann)

1965 Besteck *Annette*
(für Carl Prinz AG)

BRAUN

Elektro- und Hifigerätehersteller

Der Radioplattenspieler *Phonosuper SK4*, die Stereoanlage *Studio 2*, der Weltempfänger *T 1000* und der Elektrorasierer *Sixtant* (Abb.S.7, 41), der Taschenrechner *ET 22*, die Kaffeemaschine *Aromaster*, seit den 50er Jahren hat Braun innovative Geräte entwickelt, die häufig zum Typus einer ganzen Produktgruppe geworden sind. Kaum eine andere Firma kann eine derartige Liste von vorbildlich gestalteten Produkten vorlegen, und kaum eine ist dafür in solcher Regelmäßigkeit mit Designpreisen bedacht worden. Viele dieser Designklassiker »Made in Germany« sind längst zu Kultobjekten geworden, für die in Sammlerkreisen gutes Geld gezahlt wird – was allerdings den Intentionen derer, die das anspruchsvolle Braun-Design entwickelten, diametral widerspricht. Denn die Gestalter wollten keine Fetische herstellen, sondern optimierte Gebrauchsgüter, die sich durch vornehme Zurückhaltung auszeichneten.

Nach dem Tod von Max Braun übernahmen dessen Söhne Artur und Erwin das Familienunternehmen, in dem vor dem 2. Weltkrieg u. a. Radiozubehör produziert wurde. Die Brüder brachten nun die ersten Braunschen Radioapparate, Elektrorasierer und Blitzgeräte heraus, wobei sie auch Entwürfe von **Wilhelm Wagenfeld** und **Herbert Hirche** realisierten, die allerdings mit dem, was heute unter Braun-Design verstanden wird, nur wenig zu tun hatten. Zur gleichen Zeit entstand die **Hochschule für Gestaltung Ulm**, eine Parallelität, die das deutsche Design in der zweiten Hälfte des 20. Jahrhunderts entscheidend prägen sollte und international geradezu als Braun-Ulm-Symbiose wahrgenommen wurde. Sie wurde zum Synonym für funktionsgerechtes Design schlechthin: die Inkarnation der »**Guten Form**«. Artur Braun sah in den Ulmer Grundsätzen die ideale Basis für ein modernes Produktprogramm und holte **Fritz Eicher**, der Dozent in Ulm war, als Berater in die Firma. Durch diese Verbindung zwi-

schen Hersteller und Hochschule wurden noch weitere Dozenten für eine Zusammenarbeit gewonnen, darunter **Hans Gugelot** und **Otl Aicher**. Später kamen junge Designer wie **Gerd Alfred Müller** und **Dieter Rams** hinzu, beides Absolventen der Werkkunstschule Wiesbaden. Rams, der später als Chefdesigner das Profil der Firma formte, entwickelte Mitte der 50er Jahre gemeinsam mit Gugelot ein Produkt, das gemeinhin als Durchbruch in der neuen funktionalistischen Gestaltung angesehen wird: die Radio-Plattenspieler-Kombination *Phonosuper SK4*. Das kastenförmige Gerät, das man von oben bedient, war mit einem Plexiglasdeckel versehen, der dem Gerät den Spitznamen »Schneewittchensarg« einbrachte. Dieser Deckel wurde ebenso häufig kopiert wie die kleinen, kreisrunden farbigen Bedienungsknöpfe. Bedeutete der *SK4* den Abschied vom Radiomöbel, bedeutete das Radio *Atelier 1* mit seinen separaten Lautsprechern den Einstieg ins Stereozeitalter. Geräte wie das *Miniaturradio* oder *Studio 2*, die erste moderne Hifi-Anlage, waren in den 50er Jahren ohne Vorbild. Avantgardistisch war Braun aus mehreren Gründen: Zum einen wurden erstmals in einer Produktlinie funktionale Prinzipien wie Handhabbarkeit, Übersichtlichkeit und Kombinierbarkeit penibel umgesetzt, zum anderen bedeutete die Unterordnung aller Einzelaspekte unter ästhetische Grundnormen die Umsetzung von Systemdesign im Ulmer Sinne.

Durchgängige Sachlichkeit bestimmte die Homogenität des Braun-Designs, was besonders in Deutschland zahlreichen Firmen als Modell diente. Die stringente Verzahnung von Firmenauftritt und Produktästhetik ist nach der **AEG** das berühmteste deutsche Beispiel für Corporate Design. In den 60er Jahren konnte Braun sein Erfolgskonzept auch in anderen Produktgebieten verwirklichen, so entstanden etwa die Küchenmaschine *KM2* oder die Schmalfilmkamera *Nizo S80*. Zugleich wurden die Grenzen der

puristischen Politik deutlich: die Absatzzahlen der teuren Produkte hielten sich in Grenzen. Dies führte Ende der 60er Jahre zur Übernahme durch den Gillette-Konzern, der die eingeschlagene Richtung nun auf globaler Basis weiterverfolgte, jedoch in einigen Sparten, wie beispielsweise der Hifi-Produktion, dem ehemaligen Kerngeschäft, den Ausstieg vollzog. Dafür wurde aber in den 70er und 80er Jahren die Produktpalette um andere Bereiche erweitert, z. B. durch Kaffeeautomaten, Reisewecker und Taschenrechner, für die auch jüngere Designer wie Hartwig Kahlcke, Dietrich Lubs oder Reinhold Weiss verantwortlich waren. Unter der Leitung von Dieter Rams, der sich als »Gestalt-Ingenieur« versteht, bekam die Abteilung für **Formgebung** erstmals einen exponierten Rang in der Firmenhierarchie (Rams selbst war Mitglied der Geschäftsleitung). Dies drückte sich nicht nur in den guten Arbeitsbedingungen für die Designer aus, sondern auch in der engen Zusammenarbeit mit anderen Abteilungen sowie in der Tatsache, daß sie »nicht einfach übergangen« werden konnten – auch heute in vielen Unternehmen noch alles andere als eine Selbstverständlichkeit.

Zu den wichtigsten Überzeugungen der Braun-Designer gehörte stets, daß ein neues Produkt nur dann gerechtfertigt ist, wenn eine innovative Form auch mit konkreten Nutzungsvorteilen verbunden ist. Ein positives Beispiel aus den späten 90er Jahren ist der *Thermoscan*, ein digitales Infrarot-Thermometer, das die Körpertemperatur durch Messen im Ohr ermittelt. Lästige Zählprozeduren entfallen. Das ergonomische Meßgerät hat eine griffsichere Form, und die Farbgebung ist wie bei vielen klassischen Braun-Produkten schlicht weiß. Andere Geräte haben sich inzwischen, sowohl was die Farbe als auch die Form betrifft, bereits weit von der alten Enthaltsamkeit entfernt. Denn »das rein Dogmatische«, meint Peter Schneider, Brauns aktueller Designchef, sei »heute nicht mehr gefragt«.

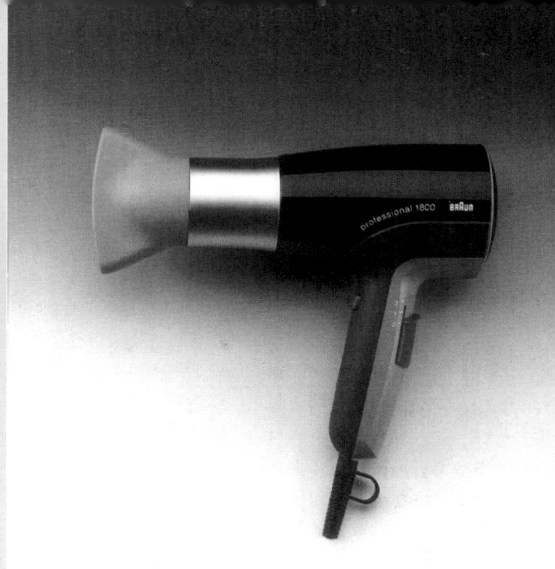

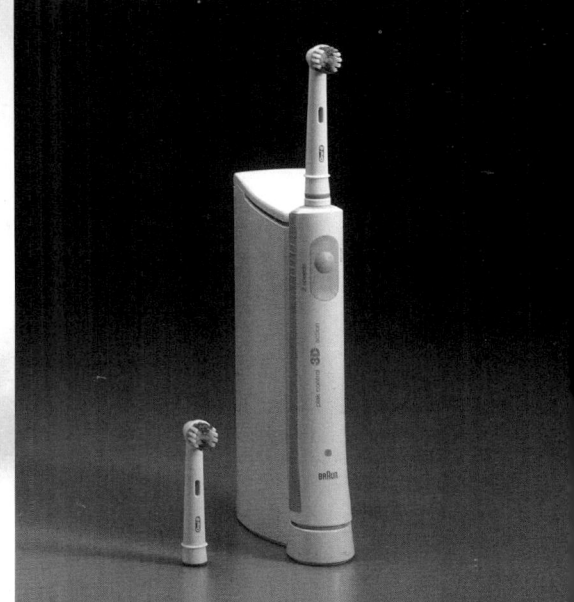

BREE

Taschenhersteller

Als der Möbelvertreter **Wolf Peter Bree** Anfang der 70er Jahre begann, Taschen zu entwerfen, leitete ihn der Wunsch nach schöneren Dingen. Der Autodidakt verlegte sich auf robuste Schultornister und Collegemappen aus Naturleder, die er mit rustikalen Schnallen versah. Das Konzept, »Klassiker« zu produzieren, die funktional, klar und zeitlos gestaltet sind – meist in den Farben Schwarz, Braun oder Blau – und dabei auf traditionelle Formen wie Schulmappen, Arzttaschen, Lederbeutel, Wanderrucksäcke oder Satteltaschen zurückzugreifen, ging auf. Das Unternehmen expandierte und operiert heute weltweit. Inzwischen hat sich Bree von seinem robusten Image befreit. Die Bestseller der frühen Jahre werden zwar weiterhin hergestellt, doch das Sortiment wurde um neue, elegantere Nuancen erweitert. Die Firma bietet mittlerweile eine Palette von über 1000 Produkten an! Bis 1996 hatte Wolf Peter Bree nahezu alle Modelle selbst entworfen, so daß sein plötzlicher Tod die Firma hart traf. Inzwischen beschäftigt die Renommiermarke mit **Anthony Sanford-**

Bree Collection GmbH & Co. KG, Isernhagen

1970 gegründet von Wolf Peter Bree in Hannover

1972 Auszeichnung des Design Centers Stuttgart für Möbel- und Taschenentwürfe

1975 Beginn der Taschenproduktion

1983 Export in die USA

1990 Zusammenarbeit mit den Designern Anthony Sanford-Schwentke und Christian Reichert

1996 Firmengründer Wolf Peter Bree gestorben

1997 Auszeichnungen: *Design Plus, iF-Produkt, Roter Punkt* und *Design Preis Schweiz* für Rucksack *Punch 3*

v.l.n.r.

Handtasche *Pillow*, 1998
Reisegepäck Serie *Check In*, 1999
Rucksack aus der Serie
Cyber Sub, 1998

Schwentke und **Christian Reichert** zwei Hausdesigner. Allerdings ist es dem Lederspezialisten Bree erst mit der Verwendung moderner Chemiefasern gelungen, im Design wirklich innovativ zu sein. Bei der Taschen- und Rucksackreihe *Punch* (Abb. S. 35) verarbeitete Bree eine wetter- und reißfeste Kunstfaser, die bis dahin vor allem von Trampern und Fahrradkurieren sehr geschätzt wurde, und machte aus dem vielseitigen Stoff einen Massenartikel, der auch in den Signalfarben Gelb und Rot erhältlich ist. Mit der Rucksackserie *Cyber Sub* verließ Bree schließlich endgültig die lange Zeit verfolgte konservative Linie. Diese Behältnisse der etwas anderen Art bestehen aus schimmerndem Nylon, und die Ränder der treppenartig übereinanderliegenden Taschen sind mit reflektierendem Material verstärkt, was nicht nur grafisch interessant wirkt, sondern auch für mehr Sicherheit auf der Straße sorgt. Dieser futuristisch anmutende Rucksack war, nimmt man die Zahl der dafür verliehenen Designpreise als Maßstab, Brees bis dahin erfolgreichstes Produkt.

Produkte
1985 Aktentasche *Cabrio 18*
1988 Damentasche *Cosmo 4*
1993 Rucksack *Prisma 5*
1996 Reisetasche *Air Transfer 22*
     alle von Wolf Peter Bree
1997 Taschen- und Rucksackserie *Punch*
1998 Rucksackserie *Cyber Sub*
1999 Reisegepäck *Check In*

Marcel BREUER

Möbeldesigner und Architekt

»Ich habe für diese Möbel Metall gewählt«, schrieb Marcel Breuer Ende der 20er Jahre, »um die Eigenschaften moderner Raumelemente zu erreichen. Die schwere Polsterung eines bequemen Sessels ist durch die straff gespannte Stofffläche und einige leicht dimensionierte, federnde Rohrbügel ersetzt. Der verwendete Stahl und besonders das Aluminium zeigen bei großer statischer Beanspruchung auffallend geringes Gewicht. Die Schlittenform erhöht die Beweglichkeit.« Breuer bezog diese Kurzfassung seines Designkonzepts auf seinen wohl berühmtesten Entwurf, den *Clubsessel* (später *Wassily*) (Abb. S. 8). Breuer sah in seinen Möbeln »Apparate des heutigen Lebens«. Sie sollten preiswert, zerlegbar und hygienisch sein. *Wassily*, den er in seiner Freizeit mit Hilfe eines Schlossers konstruiert hatte, erfüllte nahezu alle diese Kriterien – ein kommerzieller Erfolg ist er allerdings nie geworden. Breuer hat damit zwar keinen alltäglichen Gebrauchsgegenstand geschaffen, aber einen sensationellen Entwurf, der einen neuen Möbeltypus begründete, dessen Bedeutung aber weit über das Design hinausgeht. Der Ungar Marcel Breuer war, nachdem er sein Kunststudium abgebrochen hatte, unter den ersten, die sich am Bauhaus in Dessau einschrieben. In der Tischlerei (unter der künstlerischen Leitung von **Walter Gropius** und **Josef Albers**) legte er 1924 die Gesellenprüfung ab und bekleidete dort, nach der Rückkehr von einer Paris-Reise, drei Jahre lang den Posten des »Formmeisters«. Nach einer Orientierungsphase, in der er u. a. einen thronartigen *Afrikanischen Stuhl* fertigte, dessen Bezug mit Motiven aus der ungarischen Volkskunst geschmückt war, gehörte Breuer zu denjenigen, die die neuen Ideen von De Stijl umsetzten. Seine ersten radikal modernen Entwürfe waren *Lattenstühle*, die u. a. beim »Musterhaus« in Weimar verwendet wurden und die unschwer als Verwandte von Gerrit Rietvelds Stuhl *Rot-Blau* zu erkennen

waren. Diese Sitzmöbel, die mit ihren versetzten, rechtwinkligen Linien einen maschinenhaften Eindruck machen, hatten bereits Lehnen und Sitzflächen aus gespanntem Stoff, wie sie Breuer später auch beim *Wassily*-Sessel verwendete. Nach dem Umzug nach Dessau schuf der Technikbegeisterte – ein neues Fahrrad, so geht die Legende, soll ihn auf die Idee gebracht haben – jene Stahlrohrsitze, die die rationelle Fabrikästhetik ins Wohnzimmer brachten. Sie wurden in großem Stil bei der Einrichtung des neuen Schulgebäudes in Dessau verwendet. Bei der Ausstellung in Stuttgart-Weißenhof präsentierte Breuer 1927 auch einen Freischwinger, den er mit einem geflochtenen Sitzrahmen aus Holz versah. Dieser Stuhl ist bis heute recht erfolgreich, verbindet er doch die kühle Strenge des Stahls mit der wohnlichen Qualität des Holzes.

Patentstreitigkeiten, die Breuer bis ins Exil verfolgten, ließen seine Begeisterung für federndes Stahlrohr jedoch später merklich abkühlen. Inzwischen hatte der Möbelentwerfer in intellektuellen Kreisen der Weimarer Republik eine gewisse Prominenz erlangt. Fortschrittsbegeisterte Privatleute ließen sich von ihm ihre Wohnungen einrichten, darunter auch der Theaterregisseur Erwin Piscator. Kahle Wände, Metallsessel und Regale à la Mondrian waren ein bewußter Affront gegen den deutschen Gemütlichkeitskult. Als ungarischer Jude hatte Breuer nach 1933 in Deutschland keine Zukunft. Die **Emigration** führte ihn über die Schweiz nach London, wo er Möbel aus Schichtholz für die Firma Isokon entwarf, die an Entwürfe von Alvar Aalto erinnern. Schließlich folgte er seinem Förderer Walter Gropius in die USA, wo er in Harvard binnen kurzer Zeit eine ganze Generation von Designstudenten inspirierte, darunter Philip Johnson, Florence Knoll und Eliot Noyes. Nach dem Ende des 2. Weltkriegs machte er eine zweite Karriere als international gefragter Architekt.

BULTHAUP

Küchen- und Hausrathersteller

Bulthaup GmbH & Co
Küchensysteme, Aich

1949 gegründet von Martin
Bulthaup in Bodenkirchen

1981 Studie *Die Küche zum
Kochen* von **Otl Aicher**

1992 *Corporate Design Award*
des Industrieforums
Hannover

1997 *Europäischer Designpreis*

Produkte

1969 Einbausystem *Stil 75*

1974 Einbausystem *Concept 12*

1982 Küchenmöbel *System b*
von Otl Aicher;
Einführung von Haushalts-
artikeln

1992 Küchenmöbel *System 25*
von **Herbert H. Schultes**

1997 Küchenmöbel *System 20*
von Herbert H. Schultes
(mit Bernd Eigenstetter
und Johann Wudy)

Seite 154

l.o. Geräteelement

r.o. Schubladendetail

l.u. Schubladendetail

r.u. Vorbereitungselement

alle aus dem *System 20,* 1997

War die Küche früher ein Ort der Wärme, der Düfte und der Geselligkeit, hat sie sich im 20. Jahrhundert zu einer Minifabrik für Fast food entwickelt. In der Küche war die Rationalisierung, seit sie in der **Frankfurter Küche** erstmals umgesetzt wurde, zum allgemeinen Standard geworden. Auch die Firma Bulthaup produzierte die dafür typischen Küchenzeilen – bis sie Anfang der 80er Jahre »das Ende einer Architekturdoktrin« verkündete. Der Grafiker **Otl Aicher** hatte sich damals im Auftrag der Firma Gedanken über die Küche gemacht und ihn als Lebensraum wiederentdeckt. Der Ausgangspunkt seiner Überlegungen war aber keineswegs die Gemütlichkeit von Omas Kochstube, sondern die **Ergonomie** und Flexibilität, wie sie Aicher an den Arbeitsplätzen moderner Profiköche beobachtet hatte. Mit dem *System b* wurde das neue Konzept erstmals umgesetzt. Im Mittelpunkt stand nun ein Zubereitungstisch, um den herum alle Aktivitäten kreisen. Statt vor eine Wand zu schauen, kann der Blick frei im Raum umherschweifen. Kommunikation während der Arbeit am Herd wird möglich. Später wurde diese zentrale Arbeitsfläche in Form einer »Küchenwerkbank« aus Edelstahl variiert. Die andere Art der Küchennutzung erforderte auch andersartige Möbel, z. B. das von der Decke hängende Regal, eine Abstellfläche für Zutaten, an der aber auch Kellen und Töpfe griffbereit baumeln. Bulthaup hatte mit der neuen Möbelkonzeption auch gleich ein Sortiment hochwertiger Töpfe und Küchenwerkzeuge vorgestellt. Später kamen mit den Serien *Duktus* und *Korpus* auch Tische und Stühle hinzu. Als Nonplusultra gelten mittlerweile die von **Herbert H. Schultes** entworfenen Systeme *25* und *20*, die der Designer mit rückenschonenden Arbeitshöhen, Rolläden und rollenden Küchencontainern ausgestattet hat. Bulthaup, ein High-End-Hersteller, der viele Hobbyköche unter seiner wohlhabenden Kundschaft hat, will veränderte Lebensstile mit neuesten technischen Möglichkeiten verbinden.

Rido BUSSE

Produktdesigner

Er ist der Prototyp des deutschen Produktdesigners und zugleich einer der erfolgreichsten. Geprägt hat ihn sein Studium an der **Hochschule für Gestaltung Ulm**. Rido Busse hat über 2000 Produkte entwickelt: vom Rasenmäher bis zum Operationsmikroskop, vom Pistenbulli bis zur Thermoskanne durchweg wohlgestaltete und anonyme Ware. Busse, der für seine Arbeit häufig ausgezeichnet wird, vergibt auch selbst Designpreise. Mit seinem *Longlife Design Award* werden Produkte bedacht, die mindestens acht Jahre im Handel sind. Den *Plagiarius* verleiht er für den dreistesten Ideenklau. Mit beiden Preisen unterstreicht Busse seine Arbeitsphilosophie, die besagt, daß ein Produkt innovativ, sinnvoll einzusetzen und von langer Lebensdauer sein sollte. Die Liste großer Namen in seiner Kundenkartei – darunter **AEG**, **Braun, Bosch**, IBM und Kodak – beweist, daß ihm dies ein ums andere Mal gelingt. Die Unternehmen schätzen die Geradlinigkeit seiner Entwürfe und die Rundumbetreuung durch seine mittlerweile 70 Mitarbeiter.

1934 geboren in Wiesbaden

1959 Studienabschluß an der **Hochschule für Gestaltung Ulm**; Designstudio in Ulm

1977 *Plagiarius* ausgelobt

1978 *Busse Longlife Design Award* ausgelobt

Produkte

1960 Rührschüssel für Krups

1963 Schneidemaschine *Allesschneider* für Krups

1966 Wasserkessel für Fissler

1987 Kindersitz für Römer Britux

1997 Rasenmäher *Viking*

Seite 161

l.o. Schneidemaschine *Allesschneider* für Krups, 1963

r.o. Minispot für Osram, 1970

l.u. Telefonzelle für Deutsche Telekom, 1988

Anspitzer für Dahle, 1959

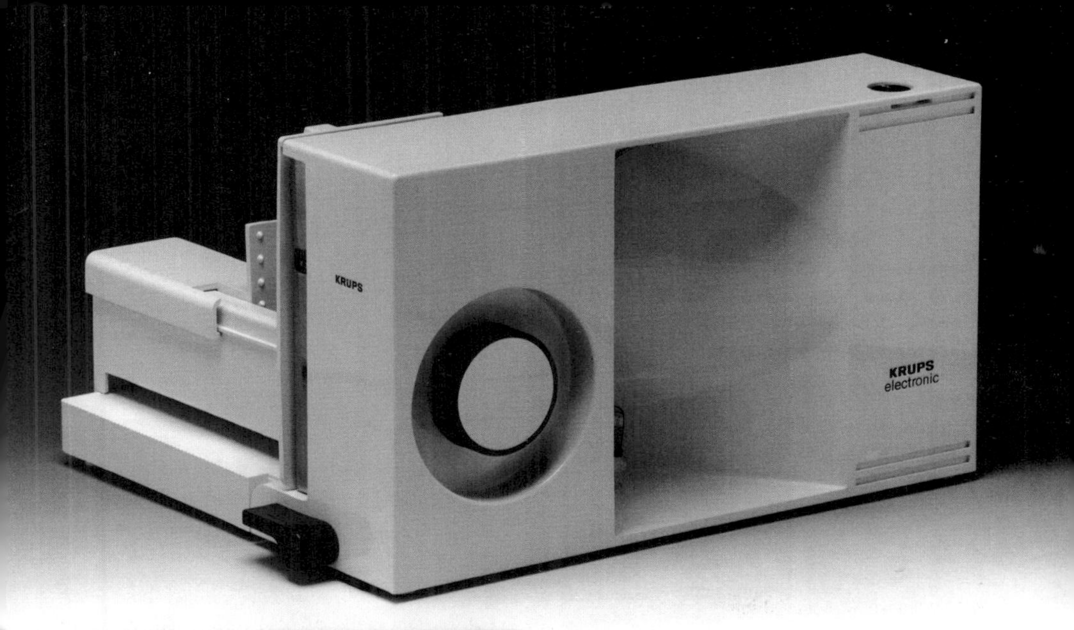

Luigi COLANI

Produktdesigner

Es ist das Verdienst Colanis, den Begriff Design bereits in den 60er und 70er Jahren im Bewußtsein der Öffentlichkeit verankert zu haben. Colani und Design waren in Deutschland zeitweise Synonyme. Trotzdem ist kein Designer umstrittener. Seinen Ruf als Enfant terrible erwarb er sich u. a. durch regelmäßige Kollegenschelte, wobei die Titulierung »Designbeamte« noch zu seinen harmloseren Formulierungen gehörte. Es gibt kaum etwas, was der deutsche Nachfahre Raymond Loewys und Vorläufer Philippe Starcks nicht gestaltet hätte, einschließlich seiner eigenen Person: Colani stilisierte sich selbst zum Genius – aus Lutz wurde Luigi – und nahm damit den Personenkult in der Designszene der 80er Jahre vorweg: Computer, CD-Player, Kugelschreiber, Schuhe, Armbanduhren, Biergläser und selbst Klobrillen tragen seine Unterschrift.

Nach einem abgebrochenen Kunststudium in Berlin wechselte der 20jährige an die Pariser Sorbonne, wo er sich mit Aerodynamik beschäftigte. Colani, der betont, daß er seine Kindheit neben einem Flugplatz verbracht hat, ließ sich von den Möglichkeiten des Windkanals, der französischen Vorliebe für futuristische Technik und der anschließenden Tätigkeit beim kalifornischen Flugzeughersteller Douglas zu einem Stil inspirieren, in dem organische Formen dominieren und ein gewisser Hang zu Science-fiction zutage tritt. In den 60er Jahren bekam er zahlreiche Aufträge, insbesondere aus der Auto- und Möbelindustrie, so daß der Designerfürst sein Studio Anfang der 70er Jahre standesgemäß in ein Schloß verlegen konnte: eine der ersten deutschen Designagenturen mit großer Belegschaft. Dabei sah sich Luigi Colani nicht allein als künstlerischer Gestalter – er behauptet, nie ein Lineal benutzt zu haben –, sondern auch als Visionär. Er entwarf eine kugelförmige, elektronisch gesteuerte Dusche aus Kunststoff (mit rotierender Rückenbürste), fertigte Zeichnun-

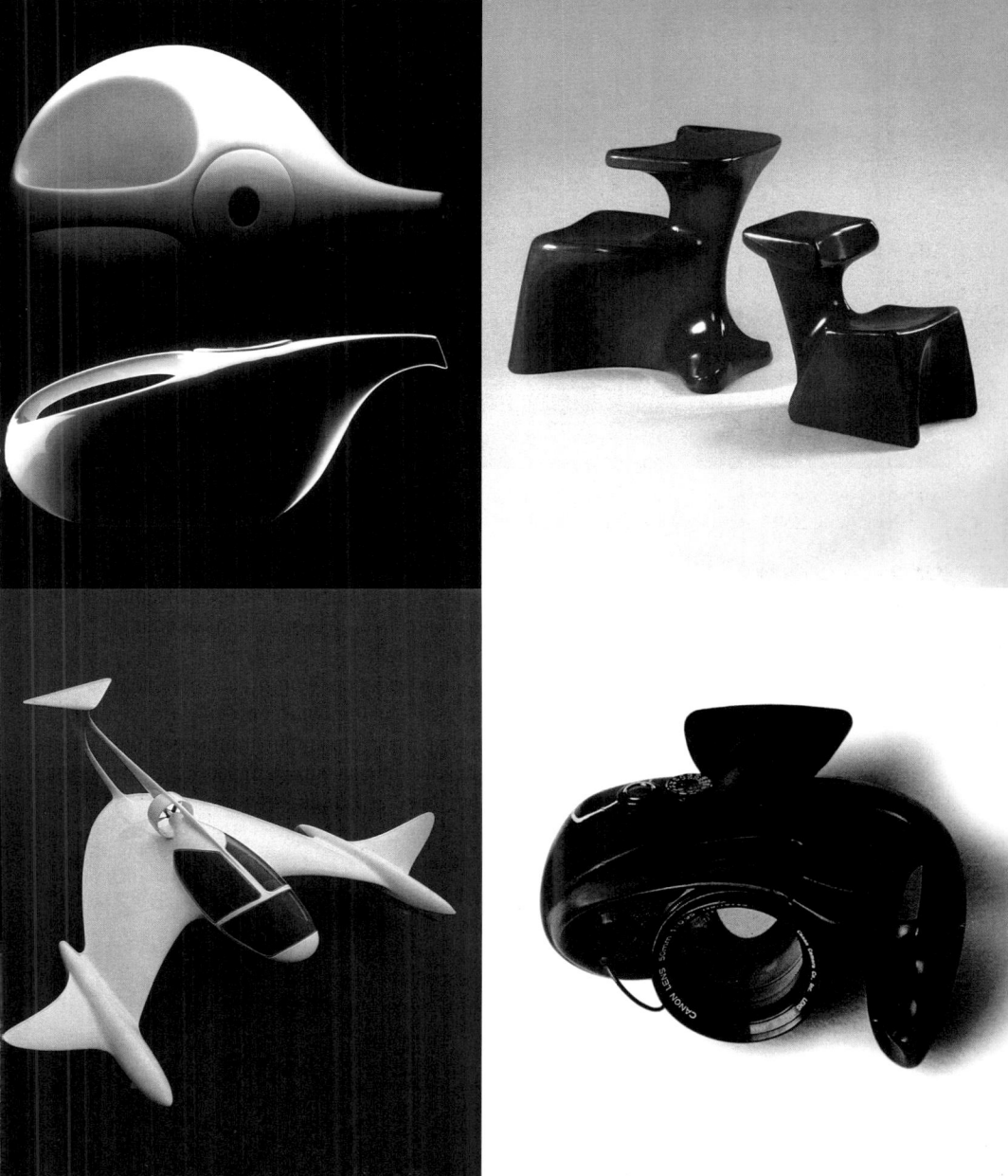

gen für Flugzeuggiganten der Zukunft an und lieferte zahllose Karosseriestudien für Sportwagen großer Marken wie etwa Lancia oder **Porsche**, von denen kaum eine produziert wurde. Aber er konstruierte auch ein frühes *Solar-Ökonomie-Fahrzeug*, außerdem ein Leichtfahrrad, mit man spielend 70 Stundenkilometer erreicht, sowie ein Zwei-Liter-Auto, lange bevor dieses Wort erfunden wurde. Der Freund üppiger Formen und rasanter Fahrzeuge, der die Grenze zum Kitsch oft weit überschritt, war seiner Zeit oft voraus. Sein typisches »Bio-Design«, das er z. B. bei Entwürfen wie der Teekanne *Drop* für **Rosenthal** (Abb. S. 34) und beim Fotoapparat *T 90* für Canon realisierte, orientierte sich zwar am amerikanischen Stromlinien-Design der 30er Jahre, nahm aber gleichzeitig einen Trend der 90er Jahre um ein volles Jahrzehnt vorweg. Daß der Mann der Widersprüche schließlich Deutschland verließ und sich seine Kunden nun in Ländern wie Japan und der Schweiz sucht, überrascht kaum, paßte er doch nicht in das vorherrschende rationalistische Raster.

Einsitziges Fahrzeug, 1993

Leuchtendesigner

Der Silberschmied Christian Dell, ein Schüler von **Henry van de Velde**, arbeitete am **Bauhaus** unter **László Moholy-Nagy** als Handwerksmeister in der Metallwerkstatt. Ende der 20er Jahre ging er nach Frankfurt, wo das »Neue Bauen« kommunalpolitisches Programm war. Dell, nun Leiter der Metallwerkstatt der Frankfurter Kunstschule, entwickelte Arbeitsleuchten (mit **Adolf Meyer**, einem weiteren Ex-Bauhäusler) für die Firma Kaiser. Insgesamt hat der Systematiker rund 500 Leuchten entworfen. Seine erfolgreichste Modellreihe war *I-dell* (Abb. S. 15), funktionale Lichtverteiler für den Schreibtisch, deren schwarze Silhouetten nicht nur das Bild deutscher Amtsstuben über Jahrzehnte prägten, sondern auch weltweit lizensiert wurden. Dells Büroklassiker wurden in zahlreichen Varianten hergestellt – darunter Doppelleuchten, Klemm- und Wandmodelle – und bilden eine der größten Leuchtenfamilien. Vorbildlich war auch ihre rationelle Montage aus wenigen variablen Einzelteilen: das Ideal des Systemdesigns.

1893 geboren in Hanau

1907 Lehre als Silberschmied in Hanau

1913 Studium an der Kunstgewerbeschule Weimar bei **Henry van de Velde**

1922 Werkmeister der Metallwerkstatt am **Bauhaus**

1926 Leitung der Metallwerkstatt an der Kunstschule (Städelschule) in Frankfurt a. M. (1933 entlassen)

1974 gestorben in Wiesbaden

Produkte

1922 Teekanne aus Silber

1929 Schreibtischlampe *I-Dell Typ K*

1934 Lampe *Typ PK 34* beide für Kaiser

Tischleuchte *Classic* für Kaiser, 1929

1912 zeigt eine Wanderausstellung in den USA über 1.000 Produkte seiner Mitglieder. 1914 hält das Mitglied **Peter Behrens** in Stockholm einen Vortrag über Kunst und Technik. Nachdem 1915 in London *Typifying Successful Design* aus Deutschland ausgestellt wird, gründet sich die britische Design and Industries Association. Das Vorbild: der Deutsche Werkbund, die erste nationale Design-Dachorganisation, die die »Veredelung der gewerblichen Arbeit« – so die Gründungssatzung von 1907 – als Beitrag für »die Gewähr einer deutschen Kultur« ansah, deren Vorbild aber bei aller nationalen Rhetorik doch international ausstrahlte. Neu war die Propagierung einer sachlichen, auf industrieller Produktion basierenden Ästhetik, neu war aber vor allem auch, daß Gestalter und Industrielle erstmals an einem Tisch saßen. Zu den Gründern zählten neben zwölf Unternehmen ebenso viele Künstler, darunter Peter Behrens, **Bruno Paul** und **Richard Riemerschmid** sowie die Österreicher **Josef Hoffmann** und **Joseph Maria Olbrich**. Die treibenden Kräfte waren die Kunstgewerbereformer **Karl Schmidt** und **Hermann Muthesius** sowie der Politiker Friedrich Naumann, der die Meinung vertrat, Deutschland, das über keine billigen Rohstoffe verfüge, müsse seinen Anteil am Weltmarkt durch die ungewöhnlich hohe Qualität seiner Produkte sichern. Um dies zu erreichen, betrieb der Werkbund eine frühe und effektive Form des Design-Lobbyismus, gab Jahrbücher heraus (später die Zeitschrift *Die Form*) und organisierte vielbeachtete Ausstellungen. Auf der *Werkbundaus-*

stellung von 1914, für die man bereits fünf Millionen Reichsmark aufzubringen imstande war, präsentierten mehr als 50 Architekten – sämtlich Werkbündler – ein Panorama neuartiger Gestaltung. Besondere Beachtung fand die Modellfabrik von **Walter Gropius** und **Adolf Meyer**, deren Glashaut schon Gestaltungsprinzipien des Dessauer **Bauhauses** vorwegnahm. Auf der erfolgreichen Schau brachen aber auch die Widersprüche des heterogenen Bundes hervor. Im berühmten Disput zwischen Muthesius und **Henry van de Velde** ging es um den Gegensatz von Standardisierung und künstlerischer Freiheit, eine die Grundlagen des Designs berührende Frage. Schon dadurch, daß sie aufgeworfen wurde, kam die Entwicklung von Prototypen auf die Agenda, und das neue Berufsbild des Produktdesigners zeichnete sich ab. Nachdem sich das Jahrbuch 1916/17 mit der Gestaltung von Kriegsgräbern beschäftigt hatte, wurde der Deutsche Werkbund in den 20er Jahren zu einem Sprachrohr der funktionalistschen Moderne. Höhepunkt war die Ausstellung *Die Wohnung* in Stuttgart-Weißenhof, die einen beeindruckenden Kreis europäischer Avantgardisten versammelte, darunter Le Corbusier, **Adolf Loos**, **Ludwig Mies van der Rohe**, **Josef Frank** und **Mart Stam**, die die Musterhäuser und deren Einrichtung beisteuerten. Die erfolgreiche Organisation zerbrach im Nationalsozialismus – nicht zuletzt an ihren inneren Widersprüchen. Nach dem 2. Weltkrieg wurde der Werkbund wiederbelebt, erlangte aber nicht mehr seine vormalige Bedeutung.

»Es ist das deutsche Zukunftsideal, ein künstlerisch durchgebildetes Maschinenvolk zu werden.«
Friedrich Naumann

v.l.n.r.
Stuhl von Richard Riemerschmid, 1898
Besteck *2729* von Hans Schwippert für Pott, 1974
Rückseite des Hauses von Ludwig Mies van der Rohe (Weißenhof-Siedlung, Stuttgart), 1927
Weißenhof-Siedlung, Stuttgart von Ludwig Mies van der Rohe, 1927

Egon EIERMANN

Architekt und Möbeldesigner

Im deutschen Pavillon der Brüsseler Weltausstellung waren nicht nur die Deckenfluter und Aschenbecher von ihm, sondern auch die Trinkgläser, Windlichte und Beistelltische: Egon Eiermann, der den Neubau der Gedächtniskirche in Berlin und das Bonner Abgeordnetenhochhaus zur bundesdeutschen Nachkriegsmoderne beisteuerte, bevorzugte umfassende Lösungen. So sind die meisten seiner Möbelentwürfe im Kontext von Bauwerken entstanden. Einer der bekanntesten ist der Klappstuhl *SE18*. Das Sitzmöbel aus Buchenformsperrholz war enorm erfolgreich. Bürogebäude und Schulen wurden damit bestückt. Eiermann hatte bei seinen Stühlen und Hockern, von denen einige bis heute produziert werden, häufig auf jene Sperrholztechnik zurückgegriffen, die gerade in Amerika von Charles und Ray Eames entwickelt worden war und die in Europa begeistert aufgegriffen wurde. Außerdem schuf der Perfektionist eine Reihe von Sesseln und Bänken aus Korbgeflecht – als Gegenentwurf »in dieser rechteckig-barbarischen Zeit«.

Seite 169

l.o. Klappstühle *SE 18*, 1952

r.o. Federdrehstuhl auf Rollen
SE 140, 1957

u. Klapptisch *S 319*, 1957

Stühle *SE 68*, 1950

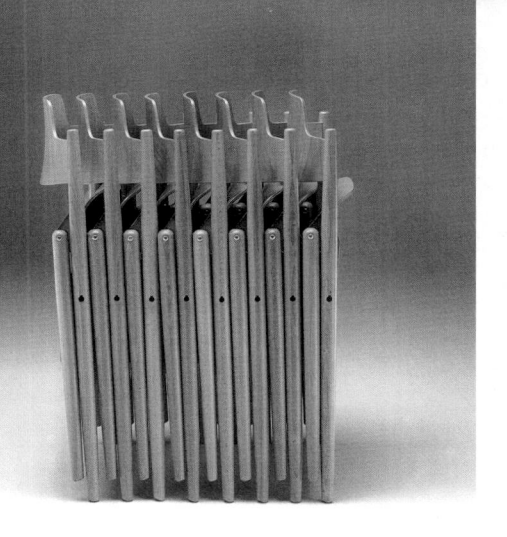

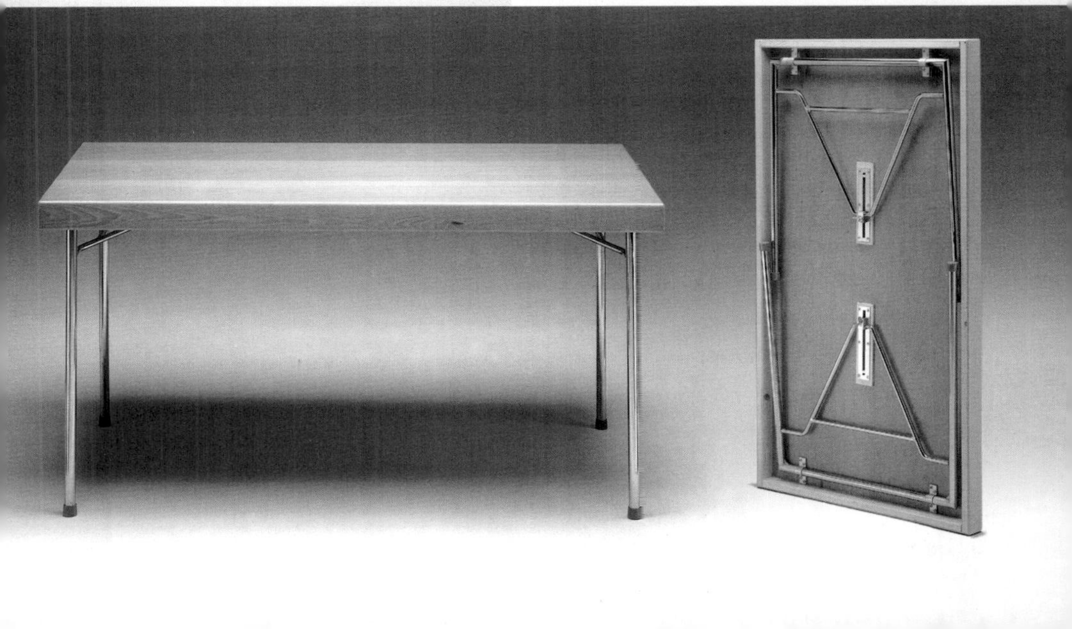

EMIGRATION

Er kam »im piekfeinen Maßanzug, der Mercedes-Wagen im Schiffsbauch verstaut«. Doch als er in New York an Land ging, erinnert sich seine Frau, waren **Ferdinand Kramers** erste Worte: »Dafür bin ich nicht geboren.« Nur wenige, die während der 30er Jahre vor der NS-Diktatur flüchteten, konnten 1. Klasse reisen, doch Desorientierung und das Gefühl, entwurzelt zu sein, teilten wohl die meisten. Die Vertreibung, die jüdische Deutsche (Architekten und Künstler wurden bereits 1933 aus der »Reichskulturkammer« gedrängt), Ausländer, politisch Mißliebige und »entartete« Künstler betraf, hinterließ kulturelles Brachland. Für die moderne Bewegung in Kunst, Architektur und Design, die in Deutschland eines ihrer Zentren gehabt hatte, brachte er einen kaum zu ermessenden Aderlaß, der weit über große Namen wie **Josef Albers**, **Herbert Bayer**, **Marcel Breuer**, **Walter Gropius**, **Ludwig Mies van der Rohe** und **László Moholy-Nagy** hinausgeht. Die führenden Köpfe des **Bauhauses** machten durchweg in den USA Karriere, was eher untypisch für das Gros der Exilanten war. Im Katalog der Ausstellung *A Different World*, die 1995 in London gezeigt wurde, finden sich zahlreiche Kurzbiographien von Architekten und Designern, die in England Zuflucht fanden. Darunter waren, neben Prominenten wie Breuer, Gropius und **Erich Mendelsohn**, die auch hier schnell Beschäftigung fanden, viele junge unbekannte Auswanderer wie **Hans Biel**, ein Innenarchitekt, der Möbel und Spielzeug entwarf, bevor er während des Krieges wie andere »aliens« für einige Monate interniert wurde.

Es gab auch Erfolgsgeschichten, wie die von **Nikolaus Bernhard Pevsner**, ein Kunsthistoriker, der in London für den Designer Gordon Russel arbeitete und später zu den führenden Kunst- und Designtheoretikern des Landes zählte. Der immense Kapazitätsverlust für den deutschsprachigen Kulturraum steht in diametralem Gegensatz zu dem Impuls, den die Ankömmlinge sowohl in Großbritannien als auch vor allem in den USA gaben. Es ist nicht übertrieben zu behaupten, daß der »International Style« ein deutscher Import war, den die Emigranten in ihren Koffern mitbrachten. Die Bauhaus-Elite wurde in den USA zu den Lehrern einer neuen Architekten- und Designergeneration. Fälle wie Ferdinand Kramer hingegen, der in der Neuen Welt zwar Achtungserfolge hatte, nach dem Krieg aber desillusioniert zurückkehrte, sind jedoch ebenso häufig. 1938, dem Jahr der inszenierten Judenpogrome und des »Anschlusses« Österreichs, erreichte die Emigrationswelle ihren Höhepunkt. Es war auch das Jahr, in dem der Hamburger Architekt **Karl Schneider** in New York eintraf. Schneider, ein Liberaler und eine zentrale Figur im kulturellen Leben der Hansestadt, der zahllose Gebäude im Stil des »Neuen Bauens« entworfen, Ausstellungen moderner Malerei konzipiert und ein Sortiment von Stahlrohr-»Typenmöbeln« entworfen hatte, bekam nach 1933 kaum noch Aufträge und wurde schließlich wegen seiner jüdischen Freundin bei der Gestapo denunziert.

»Es gab richtiges Englisch, amerikanisches Englisch und Mendelsohn-Englisch.«
Erich Mendelsohn

v.l.n.r.

Seagram Building in New York von Ludwig Mies van der Rohe und Philip Johnson, 1958

Stühle und Tisch von Marcel Breuer für Isokon, 1936

Elektromixer von Karl Schneider für Sears (Entwurf), 1938-1942

Gartensessel von Ferdinand Kramer für Durable Cavas

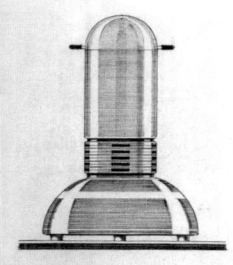

ERCO
Leuchtenhersteller

Seite 173

o. *Hi-trac* Lichtstrukturen
von Alois Dworschak, 1984

l.u. Tischleuchte *Lucy* von
Franco Clivio (Detail), 1995

r.u. Deckenstrahler *Quinta*
von Knud Holscher, 1992

Die Firma Erco, die als Zulieferer für Lampenteile begann, wurde mit Küchen- und Badezimmerleuchten zu einem überregionalen Hersteller. Anfang der 60er Jahre trat Klaus Jürgen Maack, Schwiegersohn des Firmengründers Arnold Reininghaus, in die Firma ein und prophezeite der verblüfften Geschäftsführung den Untergang des Unternehmens, falls man keine andere Richtung einschlüge. Erco (die phonetische Abkürzung des frühen Firmennamens) wagte den Schritt und eroberte mit Lichtsystemen den damals neu entstehenden Markt für Architekturbeleuchtung. Stromschienen, Strahler und Downlights (Deckenlichter) – heutzutage eine alltägliche Erscheinung – waren damals ein absolutes Novum. Heute beinhaltet das Programm von Erco drei Produktkategorien: Lichtsysteme – Stromschienen und Strahler –, Einbauleuchten, in abgehängte Decken versenkt, und Lichtstrukturen, die aus Rohrsystemen mit integrierten Leuchten und angehängten Strahlern bestehen. Die Maxime heißt: »Wir verkaufen zu allererst Licht und nicht Leuchten« – eine genial einfache Losung für einen Leuchtenhersteller. Im Gegensatz zu anderen deutschen Institutionen in Sachen Licht, wie z. B. dem Lichtpoeten **Ingo Maurer**, begreift Erco seine Produkte ganz nüchtern als Träger physikalischer Eigenschaften. Das Unternehmen wurde zum Spezialisten für komplexe Lichtsituationen, ein High-End-Hersteller, der für internationale Auftraggeber wie die National Gallery in London, den Louvre in Paris und den Vatikan arbeitete, aber auch für profanere Orte wie Restaurants, Geschäfte und Hotels Lösungen anbietet. Längst leistet man sich eine eigene Forschung und gibt mit dem *Lichtbericht* eine zweisprachige Zeitschrift heraus. Daß ein Nebeneffekt des Lichts, die Hitze, zu den schwierigsten Aufgaben für Leuchtenentwickler und -designer zählt, ist für Fachleute nichts Neues. Mittels durchdachter Anordnung von Rippen, Schlitzen und Perforationen hat

l. Wandleuchte
mit Notlicht von
Henk Kosche, 1998

r. Strahler für
Hochdrucklampen *Eclipse*
von Mario Bellini, 1986

Seite 175
Fluter von Mario Bellini,
1990

Erco bewiesen, daß die Funktion immer noch die Form bestimmt, und steht damit in bester deutscher Designtradition. Neben vielen anderen Faktoren beeinflussen sogar Farben den Betrieb der Leuchten. Kein Wunder, daß Leuchtendesign deshalb eine Teamarbeit zwischen Architekten, Designern und Technikern ist. Erco arbeitet mit fest angestellten und freien Designern. Zu den letzteren zählen der Italiener Mario Bellini, ein prominenter Name im Produktdesign, der die extrem vielseitige modulare Strahlerfamilie *Eclipse* (Abb. S. 24) entwarf (mit der u. a. das Vitra Design Museum in Weil am Rhein ausgestattet ist), und der dänische Architekt und Designer Knud Holscher, ein Meister der zeitlosen Gestaltung. Holschers Präzisionsstrahlersystem *Quinta* übernimmt funktional wie ästhetisch das Prinzip des Sextanten. Es ist kein Zufall, daß die nüchternen Lichtsysteme genau wie der vielfach preisgekrönte Firmenauftritt in schwarz-weiß-grau an den Stil der **Hochschule für Gestaltung Ulm** erinnern. **Otl Aicher**, Mitbegründer dieser Schule, hat den Leuchtenhersteller jahrelang beraten.

FESTO

Hersteller von pneumatischen Komponenten

Festo AG & Co., Esslingen

1925 Firmengründung

1954 Beginn der Pneumatic-Entwicklung

1964 Gründung des Forschungs-und Entwicklungszentrums

1994 **Axel Thallemer** leitet den Bereich Corporate Design

Produkte

1994 Transportkoffer *Systainer*

1997 pneumatischer Ballonkorb

1998 Minizelt *Cocoon*

1999 pneumatischer Muskel *Fluidic Muscle*

Seite 176

l.o. *Pneumatischer Ballonkorb* (Heißluft), 1997

r.o. Pneumatischer Muskel *Fluidic Muscle*, 1999

l.u. Hirschkäfer *Stag-Beetle* mit *Fluidic Muscle*, 1999 r.u. Transportkoffer *Systainer*, 1994

Festo verkauft seine Produkte nahezu ausschließlich an die Automatisierungsindustrie. Daß ein für den gemeinen Konsumenten unsichtbares Unternehmen aus der Anonymität auftaucht und sich ausgerechnet im Designbereich profiliert, ist das Gegenteil von selbstverständlich. Anfang der 90er Jahre legte man sich eine Abteilung für Corporate Design zu und versah deren Chef, **Axel Thallemer**, mit autonomer Entscheidungsbefugnis. Seitdem tut sich der schwäbische High-Tech-Betrieb durch Projekte hervor, die nicht nur bei der verblüfften Designgemeinde Erklärungsbedürfnis erzeugen. Das Spezialgebiet von Festo ist Luft, und nahezu alle CI-Projekte Thallemers kreisen um dieses flüchtige Medium: wie das rochenförmige Hybridluftfahrzeug *Stingray*, ein Mittelding aus Flugzeug und Zeppelin, das der Urtyp für ein ohren- und umweltfreundliches Privatflugzeug sein könnte. Dabei denkt man wohl nicht daran, es selber zu produzieren. Vielmehr hält Festo schräge, interdisziplinäre Denkansätze für wesentliche Bedingungen, die die Leistungsfähigkeit eines Unternehmens garantieren. Außerdem glaubt man, daß die Firmenmaxime »Luft in Luft« noch lange nicht ausgereizt ist. Weitere Produkte, die daraus entstanden, sind ein pneumatischer Ballonkorb, der leichter ist als gewöhnliche Körbe und Wasser als Ballast aufnehmen kann, sowie ein mikroskopisch kleiner und extrem leistungsfähiger *Pneumatischer Muskel* nach dem Zylinderprinzip. Schließlich arbeiten die Luftdesigner auch an Produkten für jedermann, wie z. B. dem Zelt *Cocoon*. Das leichte, aufblasbare Minizelt ähnelt einem Insektenkokon und hat noch weitere Besonderheiten: Niedrige Temperaturen werden durch die als Luftmatratze ausgebildete Liegefläche isoliert, und die Außenhülle besteht aus einer mehrschichtigen Signalfolie, die Körperwärme nach innen speichert und Umgebungskälte abweist. Der Clou: einfaches Aufpumpen ersetzt den komplizierten Zeltaufbau.

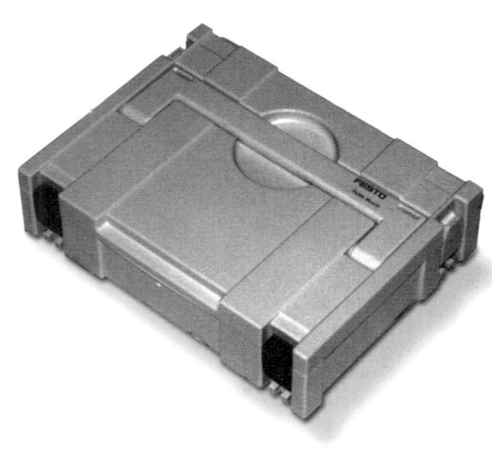

Willy FLECKHAUS

Grafiker

Er hat Buchstaben gestreckt und gestaucht, Artikel an den Rand gedrückt, Fotos rigoros angeschnitten und aufgeblasen und dabei die Beziehung von Text und Bild neu definiert. Deutschlands erster Art Director erfand eine klare, kontrastbetonte Zeitschriftenästhetik. Der Mann, der zu den innovativsten Grafikern der Nachkriegszeit gezählt wird und als Redakteur bei einem Gewerkschaftsblatt begann, war ein Autodidakt. Das Jahr 1959 markierte für ihn einen Wendepunkt. In jenem Jahr erschien *Twen*, eine anfangs noch weitgehend schwarzweiß gedruckte Zeitschrift, die die experimentierfreudigen 60er Jahre mit neuen Themen, einem bewußt internationalen Flair und bahnbrechendem Layout begleitete und die der Autodidakt zu seiner kreativen Spielwiese machte. Sein Vorbild war der Amerikaner Alexey Brodovitch, der mit *Harper's Bazaar* Zeitschriftengeschichte geschrieben hatte. Fleckhaus lieferte jedoch kein Plagiat, sondern eine originär deutsche Variante: Er orientierte sich an Konkreter Kunst, aktueller Grafik aus dem Nachbarland Schweiz und jenen

strengen Prinzipien, die an der **Hochschule für Gestaltung Ulm** gelehrt wurden. Maßgeblichen Einfluß hatte nicht zuletzt eine ordnende, von seinem Freund **Max Bill** entwickelte Rasterstruktur. Daß dabei die Layout-Vorgaben häufig den in Textblöcke gezwängten Inhalt betrafen, hat ihm auch Kritik eingetragen. *Twen*, hochgelobt, aber kommerziell nie erfolgreich, bestach durch einen ruhigen Seitenaufbau sowie die effektvoll gesetzten Schriftblöcke und Bildmotive. Ungewöhnlich waren auch die in Originalgröße abgebildeten realen Gegenstände. Zum Markenzeichen von Willy Fleckhaus wurden die schwarz hinterlegten Cover und eine neuartige typografische Freiheit – die nahm er sich auch als Art Director bei Verlagen wie FAZ und Suhrkamp sowie als Grafiker für den WDR, dem damals größten deutschen Fernsehsender. Ein Fleckhaus-Produkt, das deutsche Bücherregale füllte, war die *Edition Suhrkamp* (Abb. S. 16), eine Sachbuchreihe, die durch hochkarätige Autoren und ihre Regenbogenfarben auffiel.

1983 gestorben in Castelfranco, Italien

1987 Aufnahme in die *Hall of Fame* des New York Art Director Club

Produkte

1959 Zeitschrift *Twen*

1963 Buchreihe *Edition Suhrkamp*

1980 Magazin der *Frankfurter Allgemeinen Zeitung*

v.l.n.r.

Zeitschrift *Twen* (Doppelseite), 1963
Zeitschrift *Twen* (Cover), 1960
Zeitschrift *Twen* (Doppelseite), 1960

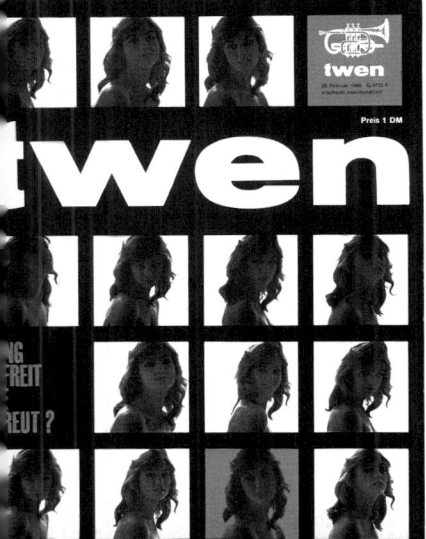

FORD
Autohersteller

Seite 180

o. Ford *Ka* von Claude Lobo, 1996

u. Ford *Cougar S Concept*
(Studie), 1999

Die deutsche Filiale des US-Konzerns hat eine weitgehende Eigenständigkeit bei der Entwicklung neuer Modelle und spielt dabei eine führende Rolle in Europa. Nicht bekannt war man in Köln für aufregende Designkonzepte. Um so überraschter reagierte die Öffentlichkeit, als Mitte der 90er Jahre ein Kleinwagen vorgestellt wurde, der eine optische Revolution auslöste: Mit dem Ford *Ka*, entstanden unter der Ägide von Chefdesigner Claude Lobo, kam auch ein neuer Karosseriestil auf den Markt, der wegen seiner spitzen Winkel und scharfen Kanten »New Edge Design« genannt wurde. Nicht der erste ästhetische Neubeginn: Als die Kölner Fordwerke 1960 beim *Taunus 17 M* eine neue Linie ankündigten und der Wagen im Volksmund wegen der glatten, gewölbten Seitenflächen und der vorherrschenden Rundungen bald als »Badewanne« bezeichnet wurde, war dies tatsächlich ein Novum. Hatte sich Ford Deutschland bis dahin doch im wesentlichen damit begnügt, amerikanische Konzepte in verkleinertem Maßstab zu übernehmen. So war das erste Nachkriegsmodell, der *Taunus 12 M*, noch in Detroit entwickelt worden. Der neue *Taunus 17 M* war der erste europäische Wagentyp, bei dem man ausdrücklich den »Verzicht auf überflüssige Chromornamente« hervorhob. Am Ende des Jahrzehnts wartete man bei Ford mit einer weiteren Überraschung auf: das Modell *Capri*, ein Fließheck-Coupé auf Limousinenbasis, war eine echte Neuentwicklung. Die deutsche Variante des Familiensportwagens Ford *Mustang* gab es in zahlreichen Sonderausstattungen und Speziallackierungen. Sie wurde 16 Jahre lang gebaut – ein Hausrekord. Ende der 90er Jahre soll Lobo-Nachfolger Chris Bird nun mit gewöhnungsbedürftigen Proportionen und durchgezogenen Linien, die Keil- und Dreiecksformen bilden, der Marke Ford ein schärferes, völlig verändertes Image verleihen. Modellreihen wie die Limousine *Focus* sind Teil dieser Designoffensive.

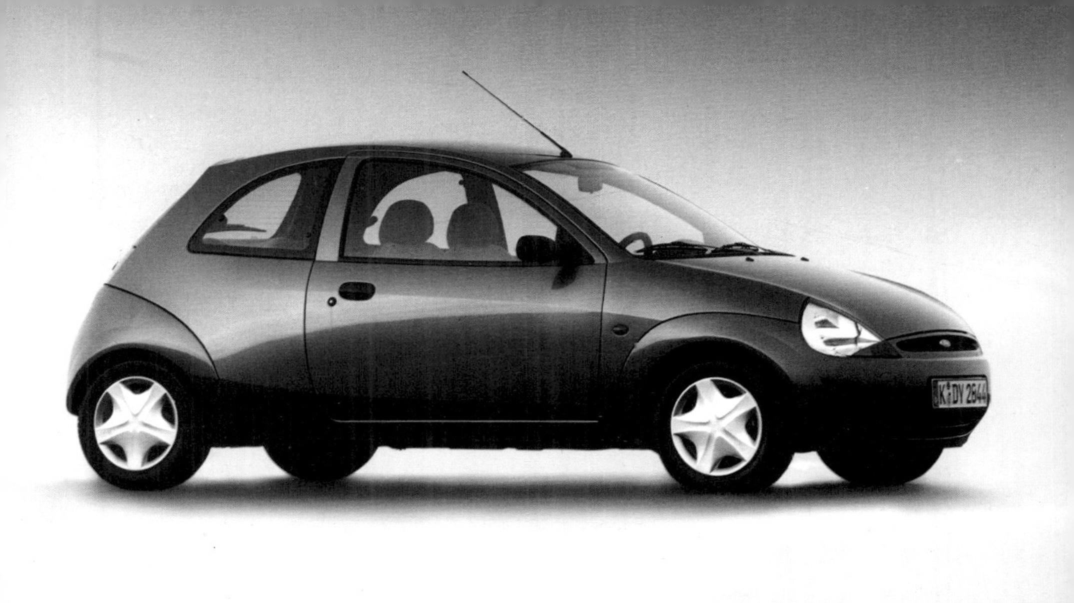
K DY 2844

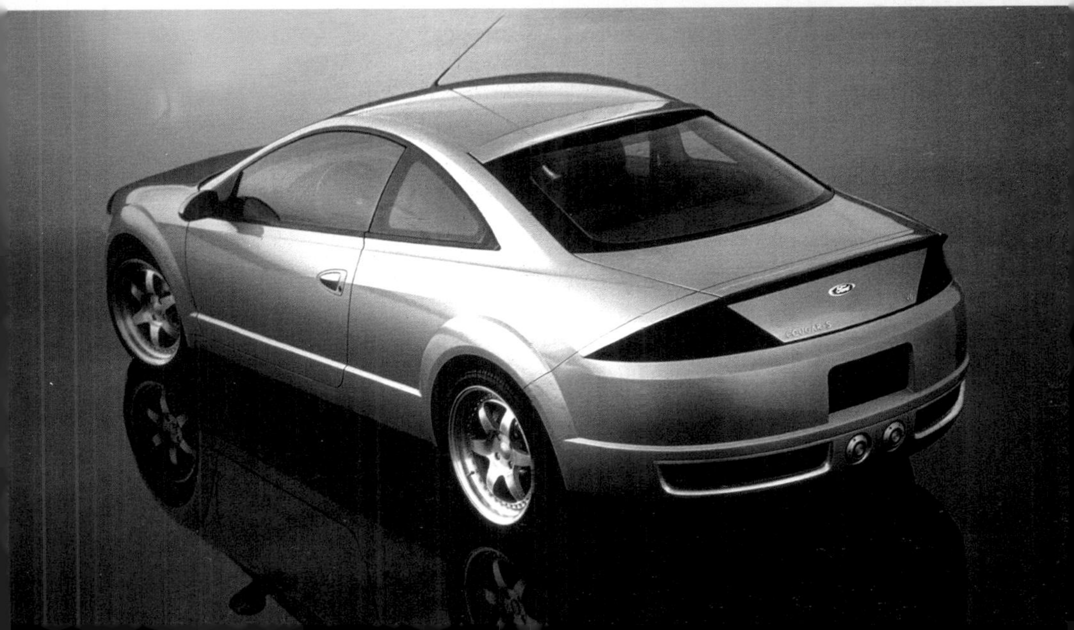

FORMFÜRSORGE

Studio für Produkt- und Möbeldesign

Formfürsorge-Design,
Langenhagen bei Hannover

1988 als Designstudio in
Hannover gegründet von
Andreas von Cube, Holger
Müller, Andreas Radde,
Andreas Schulz, Gunnar
Spellmeyer, Nikolaus Tams
und Stefan Züchner

1992 *Lucky Strike Junior
Designer Award*

1994 *Auszeichnung für hohe
Designqualität* durch das
Designzentrum NRW

Produkte

1988 Schneidebrett *Pigment*
für Mawa-Design

1990 Regal *Tell*

1992 Schrank *Bandit*
beide für **Nils Holger
Moormann**

1993 Leuchte *Copy Light*
für Brainbox

1998 Modulares Straßen-
leitsystem für DSR

1999 Abfallbehälter für die
Stadt Hannover

Seite 183

l.o. Leuchte *Copy-Light*, 1993
r. Telefonhaube für Stewing, 1993
l.u. Schneidebrett *Pigment*, 1988

Aus Polyethylen-Abfällen, die einmal als Scheuerleisten für Förderbänder dienten, machten sie Schneidebretter für die Küche. Aus einem Sandwichmaterial, das ursprünglich für den Schiffsbau entwickelt wurde, entstand die gegen die Wand gelehnte Zeitschriftenablage *Tell* (in einem damals noch kaum angewendeten Wasserstrahl-Schneideverfahren). Das Projekt Formfürsorge stammt, ebenso wie sein ironischer Firmenname, aus den 80er Jahren, einer Zeit, in der man die Poesie der Materialien wiederentdeckte. Ein Beispiel für diese neue Sensibilität ist *Bandit*, ein erfolgreiches Produkt der Gruppe, das auf den ersten Blick aussieht wie ein normaler Schrank. Doch wo sich sonst Türen und Wände befinden, sind breite Gummibänder gespannt, die sich auseinanderziehen lassen.

Die häufig extremen, dem Material abgezwungenen Konstruktionslösungen werden nicht etwa kaschiert, sondern bewußt offengelegt, wie bei *Kontiki*, einer Sitzbank in Bootsform, die wie ein Einbaum wirkt, aber aus Stahlblech und Gummi gefertigt ist. Nieten und der gebogene Verlauf des Knicks machen die Bank stabil. In den ersten Jahren stellte die Gruppe, wie damals viele ambitionierte Jungdesigner, Möbel eigenhändig in Kleinserien her. Jeder Entwurf war ein Gruppenprodukt, gemeinsam erdacht und ausgefeilt. Am Prinzip des »demokratischen Designprozesses« wird immer noch festgehalten. Ansonsten hat sich Formfürsorge etabliert, und namhafte Firmen wie Alessi, **WMF**, **Bree** und **Hutschenreuther** interessieren sich für die ehemalige Experimentierstube. Mittlerweile ist man zum Anbieter unterschiedlichster Produkte inklusive Corporate Design geworden. Auch bei eher nüchternen Aufgabenstellungen für den öffentlichen Raum sorgen die Aufsteiger für neue Lösungen. So wurden z. B. Notrufsäulen, Werbetafeln, Sitze und Fahrradständer zu Modulen in einem Baukastensystem zusammengefaßt.

DES
IGNE
RLEUCHTE

FREIRAUM

Möbelhersteller

Junge Designer haben meist das Problem, einen Hersteller zu finden. Anfang der 90er Jahre machten vier Münchner daraus eine Geschäftsidee: Sie veranstalteten Nachwuchswettbewerbe, um die besten der dabei eingegangenen Entwürfe in Eigenregie zu vertreiben. Das Motto – und der Firmenname – war angesichts teurer beengter Stadtwohnungen schnell gefunden: »witzige Möbel zum Selbermachen«, die auf 20 Quadratmetern »Freiraum« schaffen. Die Freiraum-Crew wählte die Entwürfe aus und ließ sie von Zulieferern in der Umgebung herstellen. Herausgekommen sind unkonventionelle Lebenshilfen für Großstadtnomaden, Für-alle-Fälle-Möbel wie *La Vaca*, ein als Hocker dienender, mit Kuhfell überzogener rollender Rücken. Das Regalsystem *Wunderkisten* besteht aus einfachen stapelbaren Holzkästen, die mit einer Stange fixiert werden (an Kabellöcher im Boden ist gedacht). Für den *Notfall* hängt das gleichnamige Faltregal an der Wand, und sollte Bedarf für zusätzliche Ablagefläche bestehen, wird es aufgeklappt.

Seite 185

l. Schuhregal von Jürgen Achatzi, 1994

r. Regal *Wunderkisten* von Anette Ponholzer, 1996

Wandschrank *First Aid*, 1994

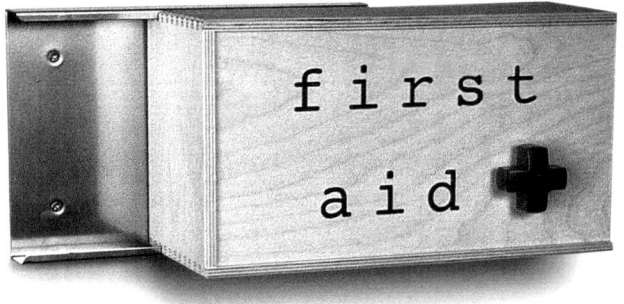

FROGDESIGN

Studio für Produktdesign

Frogdesign GmbH,
Altensteig

1969 Hartmut Esslinger gründet
Esslinger Design;
Bundespreis Gute Form

1974 arbeitet für **Hansgrohe**

1982 arbeitet für Apple; neuer
Firmenname Frogdesign;
Designstudio in Kalifornien

1984 Apple-Computer »Product
of the Year« im *Time
Magazine*

1986 Designstudio in Tokio

1989 *Merit Award*, The New
York Art Directors Club

1990 Grand Prize *G-Mark* von
MITI, Tokio; Start von
neuen Frog-Unternehmen
in Taiwan und in Paris

1996 Büro in Austin, Texas

1997 Büro in New York

Seite 187

l. Lautsprecher *1B 3522* für Wega
von Hartmut Esslinger, 1972
r.o. *Apple Macintosh SE*, 1987
r.u. Phonosystem *514*
für Wega, 1975/76

Etwa 1000 Designpreise in drei Jahrzehnten sprechen für
sich. Frogdesign ist wahrscheinlich das erfolgreichste und mit
weit über 100 Mitarbeitern auch eines der größten deutschen De-
signstudios, das seinen Hauptsitz allerdings seit langem im kalifornischen Silicon Valley hat. Chef und Gründer **Hartmut Esslinger**, einer der profiliertesten Vertreter seiner Branche, hat es
verstanden, dem Produktdesign einen neuen Stellenwert zu ver-
schaffen. Angefangen hat sein Aufstieg Ende der 60er Jahre, als
der Radio- und Fernsehhersteller Wega den Noch-Studenten be-
auftragte, eine neue Linie für seine Produkte zu entwerfen. Die
minimalistischen Formen der Fernsehgeräte und Hifi-Anlagen,
denen er – im Unterschied zum Konkurrenten **Braun** – auch weiche Konturen verlieh, wirkten damals ungeheuer modern. Sie
sind heute gesuchte Sammlerstücke. Als der Elektronikkonzern
Sony in den 70er Jahren Wega aufkaufte, wurde auch Esslinger
übernommen. Er lernte dadurch nicht nur globales Marketing
kennen, sondern auch Sonys Strategie, gut gestaltete elektronische Geräte für einen Massenmarkt zu konzipieren. Als der Computerhersteller Apple Anfang der 80er Jahre seinen innovativen
Produkten eine adäquate Form geben wollte, gewann Esslinger
(der seinen ersten US-Kunden, Texas Instruments, bereits vorweisen konnte) den dafür ausgeschriebenen Wettbewerb. Seine
Lösung war ebenso neuartig wie der PC selbst: Computer sollten
keine angsteinflößenden Maschinen sein, sondern Diener. Esslinger gelang es, dem ersten wirklich benutzerfreundlichen Computer – *Apple IIc* – auch ein entsprechendes Äußeres zu geben.
Er faßte die einzelnen Komponenten des Computers in einem
kompakten Gerät zusammen – Tastatur und Rechner wurden
samt Diskettenlaufwerk in einem Baustein untergebracht – und
gab dem ganzen ein weißes Gehäuse. Das war so überzeugend,
daß das *Time-Magazin* die neue Wundermaschine als »Product of

Produkte

1971 TV- und Hifi-System
      Wega *S 3000*

1974 Handbrause *Tribel*
      für Hansgrohe

1976 *Trinitron*-Fernsehgeräte
      für Sony

1977 Büromöbelsysteme für
      König und Neurath

1978 Hifi-Kompaktanlage
      Concept 51 K für Wega

1979 Rollschuhe *Frollerskates*

1984 PC *Apple IIc*

1986 PC *Mac SF*

1996 **Corporate Design** und
      Terminal am Frankfurter
      Flughafen für Lufthansa

1998 Hifi-Geräte für Dual

Seite 189

o. Multimedia PC System
Acer Aspire, 1995

l.u. Walkman *Nusman* von
Jörg Ratzlaff (Studie), 1989

r.u. Zahnarztstuhl *Systematica*
für Kaltenbach+Voigt, 1991

the Year« auf ihr Titelbild setzte und Apple die Designlinie von Esslinger bis in die 90er Jahre beibehielt. Dabei praktizierte der Gestalter, der nun in Kalifornien lebte und seine Firma umbenannte (Frog als Kürzel für Federal Republic of Germany), bereits vieles von dem, was seine Arbeitsweise bis heute kennzeichnet, wie z. B. die enge Kooperation mit dem Apple-Personal und die Kunst, ein technisches Produkt mit einer emotionalen Dimension zu versehen. Sein berühmt gewordenes Credo »form follows emotion«, das er dem typisch deutschen **Funktionalismus** alter Schule polemisch entgegenstellte, ist aber nur die halbe Wahrheit. Insbesondere ausländische Kunden sehen bei Frogdesign durchaus auch die deutsche Komponente, und der Schwabe Esslinger selbst scheut sich nicht, etwa die Tugenden seines Landsmanns Carl Benz für sich zu reklamieren. Frogdesign, das für so unterschiedliche Produkte wie Rollschuhe (für Indusco), Telefone (für **AEG**), Armaturen (für **Hansgrohe**) (Abb. S. 40) und Geschirr (für **Rosenthal**) zeitgemäße Formen fand, steht für ein erweitertes Designkonzept, das auch eine Antwort auf Globalisierung und Vernetzung ist. Tatsächlich aber verdiente das Studio, das Filialen in Japan, Taiwan und Singapur unterhält, Ende der 90er Jahre nur noch jeden dritten Dollar mit Produktdesign. Die Abteilungen für neue Medien und Corporate Identity haben das ehemalige Kerngeschäft längst überrundet und bieten vom Firmenlogo und Markenimage über Trendstudien und Gebrauchsanweisungen bis hin zu Verpackung und Werbung einen nahezu kompletten Service. Wenn man Frogdesign gewähren ließe, warnt Esslinger, bliebe »kein Stein auf dem anderen«. Die **Lufthansa** hat es ausprobiert: Die Fluggesellschaft ließ sich nicht nur ein neues Bord-Interieur entwerfen, sondern wollte insgesamt sympathischer erscheinen. Frog gestaltete daraufhin das Firmengelb freundlicher und ließ ein ganzes Terminal neu trimmen.

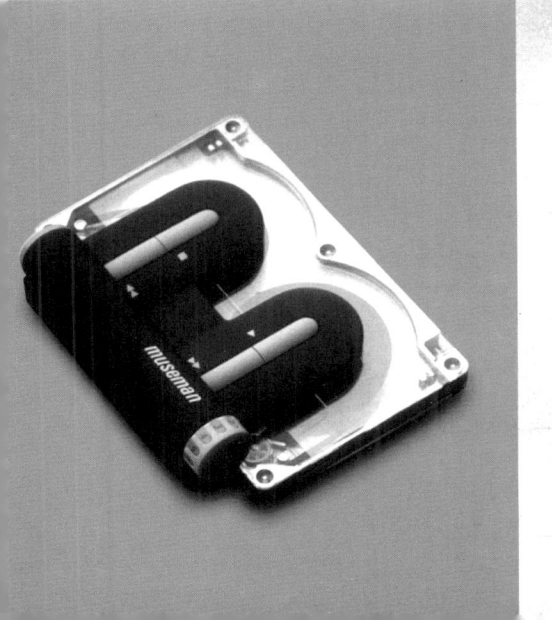
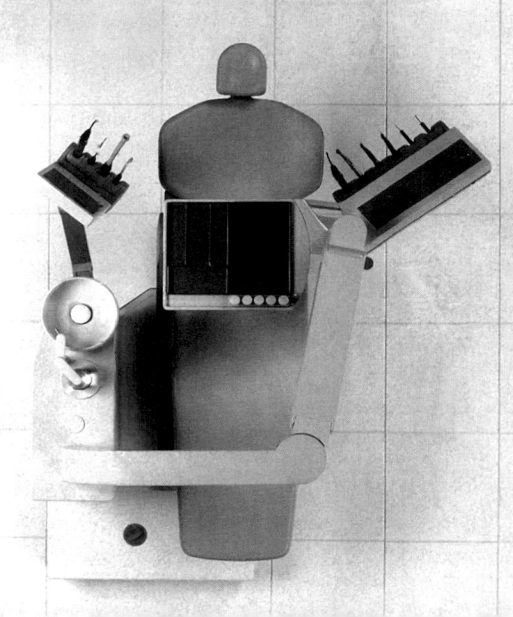

FSB

Klinkenhersteller

Seite 191

o. Türklinke *1138* von
Dieter Rams, 1986

u. Türklinke von
Walter Gropius, 1922

Die Idee, sich mit Designertürklinken von der Konkurrenz ab-
zuheben, kam ihm im Flugzeug. Jürgen W. Braun, der Geschäftsführer von FSB, organisierte daraufhin einen Workshop, zu dem
er Gestalter aus dem In- und Ausland einlud. Das Ergebnis der
Veranstaltung: anderthalb Jahre danach konnte FSB eine Kollektion interessanter Türgriffe vorstellen. Dadurch schaffte es ein bis
dahin unauffälliger Klinkenhersteller, zum Gesprächsthema in Ar-
chitekten- und Marketingkreisen zu werden. Ein weiterer Glücksfall widerfuhr Jürgen W. Braun wiederum im Flugzeug: Ein Sitz-
nachbar, nämlich **Klaus Jürgen Maack**, verantwortlich für das
Marketing von **Erco**, empfahl ihm wärmstens den Grafiker **Otl Aicher**. Aicher, der Ähnliches ein Jahrzehnt zuvor für Erco getan
hatte, sorgte nun dafür, daß FSB eine klare Designstrategie bekam. Fünf Jahre dauerte die Prozedur. Jedes Detail wurde unter
die Lupe genommen. Vom Logo bis zur Hausschrift, von der Werbung bis zum Lieferschein: Aicher ließ nichts beim alten. Traditio-
nen wurden entstaubt, visuelle Standards vereinheitlicht. Umwerfend einfach auch das neue Markenzeichen: ein stilisierter
Türgriff plus Firmenkürzel in der Schrift *Trade Kräftig*.

Zum neuen Auftritt gehört seitdem auch eine Buchreihe, die
sich mit den Themen Griff und Greifen beschäftigt. Die schmalen
Bände, die einen alltäglichen Gebrauchsgegenstand zum Objekt
intellektueller Betrachtung machten, sind inzwischen begehrte
Sammelobjekte und tragen ebenso zum gehobenen Image des
Unternehmens bei wie der gesamte strenge Stil, der vornehm zu-
rückhaltend wirkt und den Kompetenzanspruch unterstreicht.
Schließlich verfaßte Aicher sogar vier Gebote des guten Greifens
(gedacht für Designer und Konsumenten). Erstens: An der Klinke
soll der ! Daumen Halt finden. Zweitens: Zeigefinger brauchen
eine Kuhle. Drittens: Handballen brauchen eine Stütze. Viertens:
Die Hand muß Volumen greifen. Da Türklinken extrem langlebig

Produkte

1925 Zubehörteile aus Stahlblech für die Industrie
werden gefertigt

1952 Türklinke *1034*

1953 Türklinke *7581*
beide von Johannes
Potente

1986 Türklinke *1138* von
Dieter Rams

1987 Reedition der *Frankfurter
Klinke* von Robert Mallet-
Stevens (1925)

1990 Türklinke *1191* von
Philippe Starck

1991 Türklinke *1144* von Jasper
Morrison; Türklinke *1127*
von Erik Magnussen

1998 Türklinke *1068* von
Nicholas Grimshaw

Seite 193
o. Türklinke *1191* von
Philippe Starck, 1991
u. Türklinke *1144* von
Jasper Morrison, 1991

sind, ist eine neutrale, »zeitlose« Gestaltung angemessen. Wenig Spielraum für Design sollte man meinen. Aber bei FSB hat man inzwischen über 100 Modelle zur Auswahl – durchgängig in Aluminium oder Edelstahl –, ein Klinkenuniversum, das ständig erweitert wird und auch Beschläge, Türknäufe und -puffer sowie Möbel- und Fenstergriffe umfaßt. Beim Aufbau der Kollektion wurde man auch auf Johannes Potente aufmerksam, den angestellten Gestalter bei FSB.

In den 50er und 60er Jahren, als man in Ulm noch diskutierte, ob es Entwerfer, Gestalter oder Designer heißen sollte, und man einem Stahlgraveur wie Potente wohl allenfalls das Talent zum Griffemachen zugebilligt hätte, entwickelte dieser eine ganze Serie eleganter Türdrücker im typischen geschwungenen Stil der Zeit, die heute nicht nur zu den bestverkauften Modellen zählen, sondern inzwischen auch in die ständige Sammlung des Museum of Modern Art in New York aufgenommen wurden. Dort ist die Mehrzahl der »Autoren-Designer«, die für die deutsche Renommiermarke arbeiten, sowieso schon vertreten. Die Strategie ist, mit erstklassigen Designern aus verschiedenen Ländern Europas ein hochkarätiges Sortiment aufzubauen und damit auch die ganze Spannweite der europäischen Designkultur abzudecken: von ausgewiesenen Funktionalisten wie dem dänischen Stahlspezialisten Erik Magnussen und dem Deutschen **Dieter Rams** bis zum Franzosen Philippe Starck, vom Schweizer Franko Clivio, Schüler der **Hochschule für Gestaltung Ulm**, bis zu Jasper Morrison aus London, einer Leitfigur des neuen Understatements im Design. FSB ist aber nicht nur auf der Suche nach der ultimativen Klinke, sondern auch »nach dem irrationalen Maß der Schönheit«. Ende der 90er Jahre stellte das Unternehmen drei Türklinken vor, die nach den Regeln des »Goldenden Schnitts« gestaltet waren, Grundidee für eine neue Produktfamilie.

Studenten aus Shanghai kreuzten bei der Frage, was ihnen zu deutschen Produkten einfiele, mehrheitlich die Alternative »rechteckig und zuverlässig« an. Vermutlich sähe das Ergebnis auch in anderen Teilen der Welt kaum anders aus. Es reflektiert eine Kontinuität, die vom **Deutschen Werkbund** über das **Bauhaus** und das **Braun**-Design bis zum Mythos deutscher Automobile reicht. Die ungebrochene Dominanz des Funktionalismus im deutschen Design beweist eine lange Liste erfolgreicher Firmen, die aus unterschiedlichsten Branchen stammen, darunter **Bosch**, **Erco**, **FSB**, **Lamy**, **Tecta**, **Thonet** und **WMF**. Designer, die die gerade, funktionale Linie verfolgten, wie **Rido Busse**, **Egon Eiermann** oder **Dieter Rams**, brachten es zu internationalem Ansehen. In jüngster Zeit hat die Nachkriegsgeneration, die durch die **Hochschule für Gestaltung Ulm** geprägt war und die in den 80er Jahren von aufbegehrenden Studenten als positivistisch und langweilig abgetan wurde, überraschend Nachfolger bekommen. Junge Designer wie **Konstantin Grcic** oder **Axel Kufus** liefern zeitgemäße Konzepte der Zweckmäßigkeit. Und experimentierfreudige Firmen wie **Authentics** oder **Nils Holger Moormann** schaffen Raum für zeitgemäße Interpretationen dieses langlebigsten Ismus der Designgeschichte. Reduktion der Form, Ablehnung von Verzierungen, Gebrauch moderner Materialien, Bejahung industrieller Fertigungsmethoden sowie ein fester Glaube an technische Machbarkeit und den Gleichklang von Zweckform und Schönheit: der funktionalistische Tugendkatalog ist über die

Jahre unverändert geblieben. Um den 1. Weltkrieg herum war der neue Purismus in verschiedenen Ländern gleichzeitig entstanden. Viele dieser komplizierten Entwicklungsstränge trafen und bündelten sich im Bauhaus, das als Katalysator einer Reformbewegung wirkte, die in Deutschland ein Zentrum hatte. Um 1930 war das, was man auch als »Neue Sachlichkeit« bezeichnete, Alltagskultur geworden. Wobei diese Bestrebungen keineswegs nur ästhetisch motiviert waren, sondern auch auf die Beseitigung sozialer Mißstände abzielten. So sollte durch eine rationalisierte Bauweise die Wohnungsnot beseitigt werden. Kommunale Projekte wie das »Neue Frankfurt« basierten auf egalitären Reformideen, wie sie am Bauhaus z. B. durch **Hannes Meyer** verkörpert wurden. Linke Politik und internationales Personal führten dazu, daß der Funktionalismus von den Nationalsozialsten als »Kulturbolschewismus« verteufelt wurde, wobei völkische Ideologie und industrielle Praxis durchaus kein Widerspruch waren. Die bekanntesten Beispiele dafür sind der *Volksempfänger* und der **Volkswagen**. Für die deutsche Designgeschichte, die ansonsten – wie die deutsche Geschichte insgesamt – durch scharfe Brüche gekennzeichnet ist, bildet der Funktionalismus den minimalistischen roten Faden. Unter der Aufklärungsformel »**Gute Form**« wurde er nach dem 2. Weltkrieg zur herrschenden Doktrin, in der sich deutsche Ingenieurstradition und Weltverbesserungsanspruch paarten.

»Wir können die Grundsätze arbeitssparender Betriebsführung auf die Hausarbeit übertragen.«
Grete Schütte-Lihotzky

v.l.n.r.
Bauhaus in Dessau
von Walter Gropius, 1926
Thermolüfter von Dieter Rams
für Braun, 1959
Wand- und Tischkaffeemühle *KM 6*
von Rido Busse, 1966
Strahler *Optec* von Erco, 1993
Regal *zoll_d* von Lukas Buol und
Marco Zünd für Nils Holger
Moormann, 1993

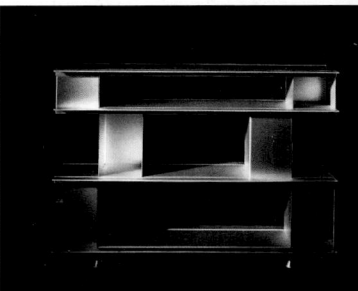

GINBANDE
Studio für Möbeldesign

v.l.n.r.
1/2 Tisch-Bank-Kombination *Tabula Rasa* für Vitra, 1987
Kindermöbel, 1991
Falthocker für Vitra, 1989

»Es hat geklappt«, schrieben **Uwe Fischer** und **Achim Heine**, zwei junge Möbeldesigner, die unter dem Arbeitstitel Ginbande gerade ihr erstes Projekt präsentiert hatten: eine aus Podesten herausklappbare Tisch-Stuhl-Leuchten-Kombination, die sie schlicht und ergreifend *Klappmöbel* nannten. Erstmals hatte das Doppel Ideen umgesetzt, die sie in der Folgezeit zu einer Strategie und Arbeitsmethode weiterentwickelten. Das in dezenter Stahlrohr-Ästhetik gehaltene *Klappmöbel* wirkt auf den ersten Blick wie ein Musterbeispiel funktionalen Designs, was es aber keineswegs ist. Das sperrige, unverrückbare Ensemble ist vielmehr ein Zitat und ein (Denk-)Experiment: Es spielt mit Elementen des **Funktionalismus**, wird so zu dessen Sinnbild und verneint ihn zugleich.

Ginbandes Objekte sind tiefgründiger als ihr zumeist nüchternes Aussehen es erwarten läßt. Nach dem Designstudium vor die Alternative gestellt, sich zwischen profitorientiertem Massenmarkt und Belanglosigkeit von Einzelstücken zu entscheiden,

wählten Fischer und Heine einen Mittelweg. Mit Ginbande wollten sie experimentelle Projekte verwirklichen, die zum Nachdenken über alltägliche Dinge anregen.

Mit ihren hintersinnigen Objekten lieferten sie einen eigenständigen Beitrag zum sogenannten **Neuen Deutschen Design**. So ist z. B. der *Arbeitstisch* kein Tisch, an dem man arbeitet, sondern ein Möbel, das selbst Arbeit verrichtet und dabei den physikalischen Gesetzen Hohn zu sprechen scheint: Unbelastet hängt die dünne, drei Meter lange Tischplatte durch, wird sie jedoch belastet, richtet sie sich auf! Auch Ginbandes wohl bekanntester Entwurf ist eine Tischkonstruktion: *Tabula Rasa*, ein Entwurf, den sie 1987 auf der Mailänder Möbelmesse vorstellten, ist extrem flexibel: die von einem halben bis auf fünf Meter ausziehbare Tisch-Bank-Kombination hat für zwei bis zwanzig Personen immer die richtige Größe und fasziniert durch eine ungewöhnliche Kombination von High-Tech- und Bierzeltästhetik.

Produkte

1985 *Klappmöbel*

1986 *Arbeitstisch*

1987 Tisch-Bank-Kombination *Tabula Rasa* für **Vitra**

1988 Tischsystem *Tabula varia* für Vitra

1990 Tischsystem Nexus für Vitra

1991 Kerzenleuchter *Jehi Or*

1992 Tapetenentwurf *B 100* für **Rasch**; Leuchte *Take Five* für Serien Raumleuchten

1995 Tische *Wogg 16* für Wogg

Tobias GRAU

Leuchtendesigner

Tobias Grau ist der Ansicht, daß das »Bedürfnis nach Indivi-
duellem« zunimmt und deshalb »unkonventionelle und unkom-
merzielle Konzepte« belohnt werden. Gleich sein erster Versuch
als Leuchtendesigner war so erfolgreich (und wurde mit einem
Designpreis belohnt), daß der Entschluß nicht schwer fiel, sich
ganz darauf zu konzentrieren. Vor allem die positiven Reaktionen
auf das Niedervolt-Leuchtensystem *Luja* waren für den Betriebswirt und Innenarchitekten Anlaß, eine eigene Marke aufzubauen.
Grau, dessen Firma kaum 40 Mitarbeiter beschäftigt, der aber auf
einen Stamm von rund 200 Spezialisten unter seinen Zulieferern
zurückgreifen kann, genießt, was die Wahl des Materials angeht,
eine ungewöhnliche Freiheit. Bei Entwicklungszeiten zwischen
ein und zwei Jahren zeichnen sich die Entwürfe durch technische Raffinesse und eigenwillige Formen aus. Dies zeigt sich bei
Modellen wie der Tischleuchte *Twist*, deren diskusförmiger Fuß
auf einem Holzring Halt findet, oder der Deckenleuchte *George*,
deren Glaskorpus an einen Autoscheinwerfer erinnert.

Leuchte *Pur Pur*,
1994
Leuchte *George*,
1996

Möbel- und Produktdesigner

»Ich mag Möbel, die jeder sofort versteht«, erklärt Konstantin Grcic. Wer seine Entwürfe für renommierte Firmen wie SCP, Cappellini, **Classicon** oder Driade kennt, wird ohne weiteres zugeben, daß er seinem eigenen Anspruch vollauf genügt. Tische, Stühle, Regale, Ablagen und Sekretäre kommen in klass scher Einfachheit daher und bergen doch immer Überraschendes, seien es ihre ungewöhnlichen Proportionen oder Materialien wie Pressholz, Wellblech oder Stahl. Eigentlich wollte Grcic Tischler werden. Aber während seiner Lehre, sagt er, hat er beim Anblick der Kreissäge das Potential erkannt, das in der Maschine steckt. Daß manche seiner Entwürfe, wie etwa der Sekretär *Orcus*, an die englische Möbeltradition anknüpfen, kommt nicht von ungefähr. Der gebürtige Münchner lernte Möbelschreiner an der renommierten John Makepeace School for Craftsmen in Dorset, eine der besten Adressen der Branche, studierte dann am Londoner Royal College of Art, der Talentschmiede des britischen Designs, um danach noch eine Zeit lang Jasper Morrison in Lon-

1965 geboren in München

1985 John Makepeace School for Craftsmen in Dorset, Großbritannien (bis 1987)

1988 studiert Möbeldesign am Royal College of Art in London

1990 arbeitet im Büro von Jasper Morrison in London; erste Arbeiten für Cappellini

1991 Designstudio in München

1995 Ausstellungsbeteiligung bei *13 nach Memphis* im Museum für Kunsthandwerk, Frankfurt a. M.

1996 *Jungdesigner des Jahres* der Zeitschrift *Architektur & Wohnen*

Kommode *Mania* für ClassiCon, 1997

don zu assistieren: alles in allem eine kräftige Dosis englischer Realismus, die er mit deutscher Nachdenklichkeit und einer Vorliebe für designgeschichtliche Bezüge garniert. Einer seiner frühen Entwürfe ist der Klappstuhl *Start*, eine Stahlrohrkonstruktion mit einfachem Drehgelenk, bei dem sich der Anfänger an Arbeiten Jean Prouvés orientiert hat. Der Barschrank *Pandora* ist dagegen ein formaler Dialog mit Eileen Gray.

Mit seinem kargen Stil konnte sich der Neo-Purist international sehr schnell durchsetzen. Es entstanden reihenweise ausdrucksstarke Entwürfe wie die Tische *Tam Tam* und *Tom Tom* für SCP, die Kommode *Mania* für Classicon (bei der die Schubladengriffe unsichtbar bleiben) oder das Regal *Zig Zag* für Driade, ein starkes Stück **Funktionalismus** mit einem leichten Zug ins Unindustrielle, einer für Grcic typischen Anmutung. Auch sein Beitrag zur Glasserie *Relations* für die finnische Firma Iittala hat jene überzeugende Mischung aus einfallsreich einfacher Form und raffinierter Funktion. Konstantin Grcic, der sich dem Industrieprodukt verschrieben hat, das in großer Serie entsteht, und doch anfangs teure, limitierte Stücke für Edelmarken entwarf, tat schließlich den entscheidenden Schritt. Durch die Zusammenarbeit mit der Firma **Authentics**, für die er so Profanes wie Waschkörbe und Mülleimer, aber schließlich auch Möbel wie das modulare Regalsystem *Rail* und den Rollwagen *Go* entworfen hat, war für ihn selbst ein Lernprozeß. Zum ersten Mal gelangten seine Produkte in die Regale der Kaufhäuser.

Trotz seiner Liebeserklärung an die »alltäglichen und anonymen Dinge« hat Deutschlands Jungstar stets einen Sinn fürs Experimentelle, z. B. mit dem minimalisierten, faltbaren Garderobenständer *Hut ab* für **Nils Holger Moormann**. Für denselben Hersteller entwarf er das Regalsystem *Es*. *Es* wackelt und bringt damit womöglich die Möbelwelt ins Wanken.

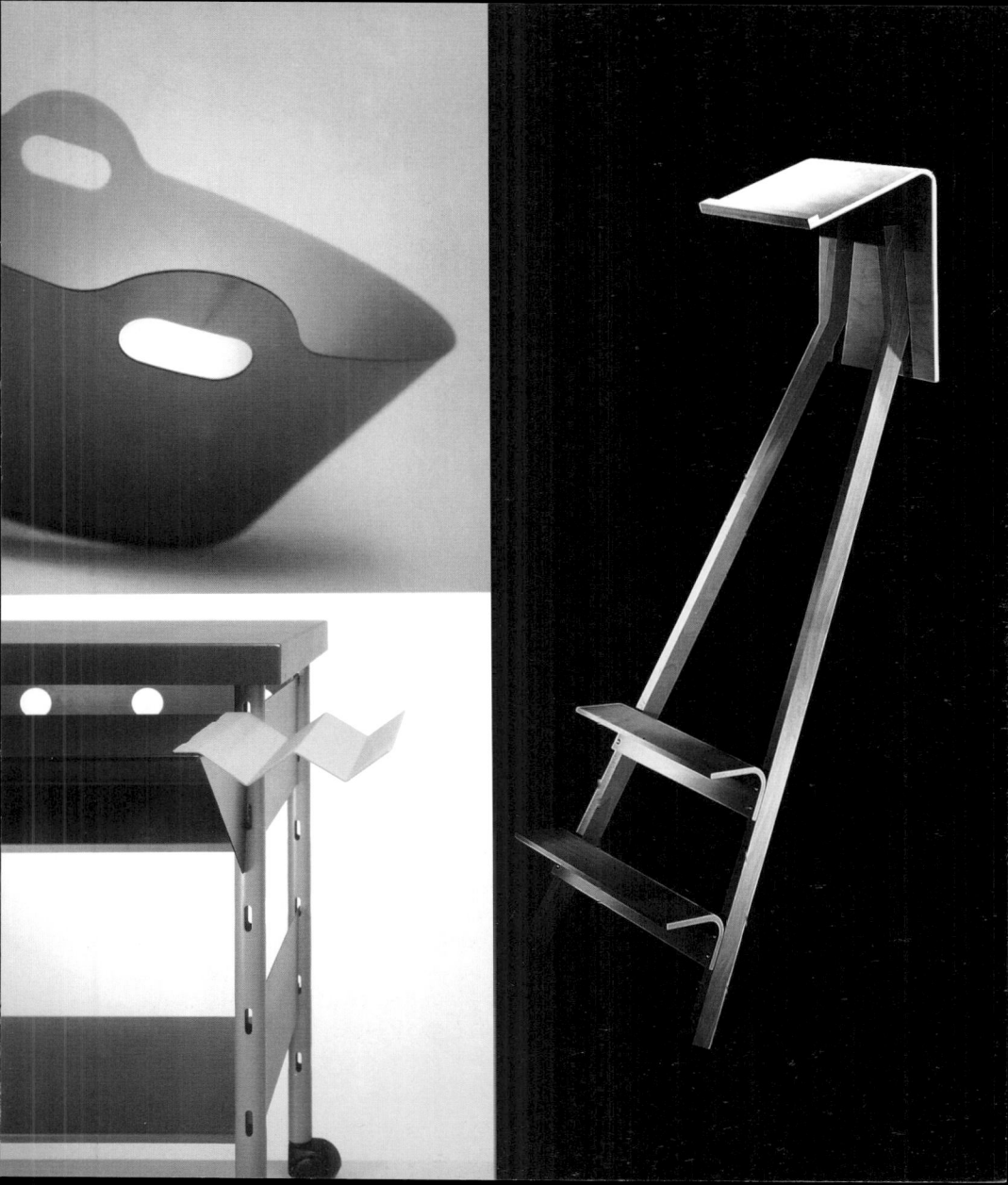

Tassilo von GROLMAN

Produktdesigner

Tassilo von Grolman hat das Teemachen neu erfunden: Seine Kanne *Tea 1*, die unter dem Namen der Firma, die sie herstellt, nämlich **Mono**, bekannt geworden ist, hat mit der Vorstellung von einer klassischen Teekanne nur noch wenig gemein und basiert auf einem neuen Zubereitungsprinzip. Der halbkugelförmige Behälter aus klarem Glas hängt in einem Gestell aus Stahldraht, der auch den Griff und den ringförmigen Fuß bildet. In den Glaskörper wird ein Sieb eingeführt – nur geringfügig kleiner als die Kanne selbst –, in dem sich der Tee und somit sein Aroma frei entfalten kann. Das dazugehörige Stövchen – entweder als verlängerter Fuß in die Konstruktion integriert oder als Gitterring mit aufgelegter Scheibe – komplettiert den in sich geschlossenen Entwurf. Ein halbes Jahrhundert nachdem **Wilhelm Wagenfeld** mit seinem Teeservice aus Glas von der Teetrinkergemütlichkeit Abstand nahm, besticht Grolmans Stahl-Glas-Kanne durch ihre funktionale Plausibilität. Da sie sich vollständig in ihre Einzelteile zerlegen läßt, ist sie zudem leicht zu säubern. Mit *Tea 1* hat der Quereinsteiger von Grolman, der jahrelang als Schiffstechniker zur See fuhr, das Teekochen revolutioniert. Das Prinzip des Siebeinsatzes hat er, der Spezialist für Kannen und Töpfe, später noch des öfteren variiert.

1942 geboren in Iserlohn

1959 nach Maschinenbaustudium als Schiffsingenieur auf See

1968 Designstudium in Kassel abgeschlossen

1972 arbeitet in Architektur- und Werbebüros

1975 Designstudio in Frankfurt a. M.

1990 Mitbegründer und Präsident (bis 1997) des Deutschen Designer Clubs (DDC)

Produkte

1982 Teekanne *Tea 1* für **Mono**

1987 Teekanne *Chambord* für Bodum

1993 Isolierkanne *Big Mama* für **Alfi Zitzmann**; Kaffeebereiter *Cafino* für Mono

Seite 203

o. Isolierkanne *Big Mama* für Alfi Zitzmann, 1993

l.u. Elektrischer Wasserkocher (Studie), 1989

r.u. Teekanne *Tea 1* für Mono, 1982

Zigarrenaschenbecher (Studie), 1990

Walter GROPIUS

Architekt, Möbel- und Produktdesigner

Seite 205
Teeservice *TAC 1* für Rosenthal, 1969

Sein letztes Interview, das er im Frühjahr 1969 – die Studentenrevolte hatte gerade ihren Höhepunkt erreicht – dem *Harvard Art Review* gab, schließt mit den Worten: »Unsere Erziehungssysteme sind zu starr. Ich halte es mit den Studenten von heute.« Walter Gropius, der Gründer des **Bauhauses** und Majordomus unter den Architekten der Moderne, war ein Mensch voller Hoffnungen, seine Lebensphilosophie baute auf Toleranz. Ohne ihn wäre die Geschichte des Designs anders verlaufen, obwohl sich die Zahl seiner eigenen Entwürfe in überschaubaren Grenzen hält. Der junge Architekt Gropius war Mitglied des **Werkbunds** geworden, nachdem er durch das Fagus-Werk bei Hannover, das er mit seinem langjährigen Partner **Adolf Meyer** realisiert hatte, bekannt geworden war. Der Bau gilt als Schlüsselwerk der Moderne, ebenso wie später das Bauhaus-Gebäude in Dessau. Als Architekt setzte er Maßstäbe für die »Neue Sachlichkeit«, einem asketischen Stil, dem er bis zu seinen Spätwerken wie dem 59geschossigen Pan-Am-Gebäude in New York treu blieb. Gropius, von **Henry van de Velde**, dem Direktor der Weimarer Kunstgewerbeschule, als dessen Nachfolger vorgeschlagen, konnte dieses Amt erst nach dem 1. Weltkrieg antreten, eine Zeit, in der Aufbruchstimmung herrschte. Getragen von den Werkbund-Ideen, den Idealen der mittelalterlichen Bauhütte und dem radikalen Gedankengut der Zeit, schwebte ihm ein völlig neuer, noch nie dagewesener Schultyp vor, in dem Künstler, Handwerker und Kaufleute zusammenarbeiten sollten, ein Prinzip, das er im ersten Bauhaus-Programm mit emphatischen Worten einforderte. Als erster Direktor der wohl berühmtesten Kunst- und Designschule des 20. Jahrhunderts hatte Gropius bei der Auswahl des Personals eine äußerst glückliche Hand und sorgte durch die Berufung ausländischer Künstler für ein ausgesprochen kosmopolitisches Klima. Als Realist suchte er intensiv Kontakte zu potentiellen Auf-

Seite 207

o. Bank für das Fagus-Werk, 1910
u. Sessel und Sofa *F 51*, 1920

traggebern – eine Haltung, die zum ersten internen Konflikt am Bauhaus führte, da sich Lehrer wie Johannes Itten in ihrer künstlerischen Freiheit eingeschränkt sahen. Daß sein Geburtstag immer ein besonderes Ereignis war und von den Bauhäuslern Jahr für Jahr mit einer einfallsreichen Gratulationscour begangen wurde, macht deutlich, wieviel seinen Schülern und Kollegen ihr Mentor Gropius bedeutete. In seinen *Grundsätzen der Bauhausproduktion* hatte er Mitte der 20er Jahre die »Beschränkung auf typische Grundformen« gefordert, ein Konzept, das auf Ideen der Gruppe De Stijl zurückging und das den Autor endgültig zum Geburtshelfer des **Funktionalismus** machte. Als am 4. Dezember 1926 über tausend Gäste aus dem In- und Ausland die Eröffnung des neuen Schulgebäudes in Dessau feierten und die Presse ausgiebig darüber berichtete, wurde das Bauhaus schlagartig bekannt: ein Beispiel für effektive Öffentlichkeitsarbeit, die Gropius – Erfinder des Markenzeichens »Bauhaus« – besonders am Herzen lag. Im Anschluß an den Eröffnungsfestakt präsentierte man das bislang Geleistete, wozu auch das »Meisterhaus« des Direktors gehörte. Der aufwendige Bau war, wie schon das berühmte Direktorenzimmer in Weimar, eine Demonstration moderner Einrichtungprinzipien, sowohl in kleinen überlegten Details wie in der technischen Ausstattung und der kühlen Ingenieurästhetik. Gropius verstand sein Haus als Versuchslabor für den Lebenstil der Zukunft. Verlangt werde, so Gropius, die »knappe, phrasenlose Durchbildung aller Teile«. Von seinen eigenen Produktentwürfen werden die zylindrischen Türklinken (Abb. S. 12) und das Teeservice *TAC 1*, ein später Entwurf für Rosenthal, dem hehren Anspruch, Nützlichkeit mit Zeitlosigkeit zu vereinen, vielleicht am ehesten gerecht. Bereits 1934 emigrierte Gropius über London in die USA. Dort avancierte er zu einer Galionsfigur des »International Style«, führte zeitweise ein Büro mit **Marcel Breuer** und lehrte an der Elite-Universität Harvard.

GRUNDIG

Phono- und Fernsehgerätehersteller

Weil die Alliierten den Verkauf von Radios untersagten, bot Firmengründer Max Grundig sein Modell *Heinzelmann* als Bausatz zum Selbstmontieren an. Das Gerät, ein Kasten im Sperrholzlook der Vorkriegszeit, machte aus einer Reparaturwerkstatt die größte deutsche Radiofabrik und deren Besitzer zu einer Symbolfigur des »Wirtschaftswunders«. In den 50er Jahren lieferte Grundig solide Radiomöbel mit Gehäusen in polierter Holznachbildung und goldenen Zierleisten. Insbesondere kultivierte man die »Radiotruhe«, eine Kommode, in der die Technik verschließbar war. Auch Produktnamen wie *Weltklang* (für Radios) und *Zauberspiegel* (für Fernsehgeräte), die heute rührend naiv klingen, verweisen auf das konservative Konzept. Zugleich stand Grundig aber auch für technischen Fortschritt. Apparate wie das Diktiergerät *Stenorette*, die neu eingeführten Tonbandgeräte und die Kofferradios Marke *Boy* versah man mit Stromlinien nach US-Vorbild. Die Plastikgehäuse, bei denen man vor bunten Farben wie Rot, Grün und Gelb nicht zurückschreckte, kamen aus der

Grundig AG, Fürth

1945 von Max Grundig als Radio-Vertrieb gegründet

1952 größter Radiohersteller Europas

1957 Übernahme der Büromaschinenhersteller Triumph und Adler (1986 wieder veräußert)

1984 Übernahme durch den Elektronikkonzern Philips

1997 wieder eigenständiges Unternehmen

l. Rundfunkbaukasten *Heinzelmann*, Werksdesign, 1945
r. *Kleiner Reiseempfänger*, Werksdesign, 1950

hauseigenen Spritzerei. Auch hier setzte man auf den zeittypischen Geschmack. Damit war Grundig ein Gegenmodell zum
avantgardistischen **Braun**-Design. Im Phono- und TV-Bereich
hatten seit den 70er Jahren vor allem japanische Hersteller einen
neuen Standard gesetzt, auf den Grundig zu spät reagierte. Die
Folge war der Einstieg von Philips in das gefährdete Unternehmen. Doch obwohl der Multi das Designstudio **Porsche** ins Haus
holte, konnte sich die holländische Zentrale nicht zu einer Neu-
orientierung der Produktlinie durchringen. Dies geschah erst, als
sich die ökonomischen Probleme erneut zuspitzten. Wieder ei-
genständig, besann man sich auf die innovativen Stärken wie die
Entwicklung von Flachbildschirmen und versah diese auch mit
einem völlig neuen, technoiden Design. Beispiele sind das nur 13
Zentimeter flache TV-Gerät *Planatron*, das an Metallstangen be-
festigt wird, oder der Hifi-Turm mit dem programmatischen Namen *Space Fidelity*, der ohne separate Boxen auskommt und dessen Lautsprecher hinter »Flügeln« aus Aluminium stecken.

Produkte
1945 Radiobausatz *Heinzelmann*
1947 Radio *Weltklang*
1949 Kofferradio *Boy*
1952 Fernsehgerät
     Zauberspiegel
1954 Diktiergerät *Stenorette*
1987 Fernseher
     Monolith M55-911
1997 Weltempfänger *Yacht Boy*
     beide von Porsche Design
1998 Fernsehgerät *Planatron*
     Hifi-Anlage *Space Fidelity*

l. Mini-Hifi-Anlage *M 100*,
Werksdesign, 1997
r. Fernsehgerät *E-72-911* von
Porsche Design, 1990

HANSGROHE

Badausstatter

Hansgrohe GmbH & Co.
KG, Schiltach

1901 gegründet von Hans Grohe

1974 Handbrause *Tribel*
ausgezeichnet

1975 Klaus Grohe übernimmt
Unternehmensleitung

1994 Markenbereiche
Hansgrohe, Axor
und Pharo

1997 Eröffnung des Hansgrohe
Museums (*Wasser-Bad-
Design*) in Schiltach

1999 *Axor Starck-Dusche* für
»höchste Designqualität«
(*Roter Punkt*) ausgezeichnet; Übernahme der C.P.T.
Holding; Armaturenaus-
stattung des Reichstags
in Berlin

»Hansgrohe räumt vier Designpreise ab«, meldete die Website des größten deutschen Badausstatters im Sommer 1999. Der
Erfolg hat Tradition. Das Unternehmen aus dem Schwarzwald
war das erste in der Sanitärbranche, das auf die Hilfe von Pro-
duktdesignern zurückgriff. Bereits Ende der 60er Jahre war es zur
Zusammenarbeit mit dem jungen **Hartmut Esslinger** gekommen.
Gleich dessen erster Entwurf, die Brause *Tribel,* wurde für ihre
»gute Industrieform« ausgezeichnet. Seitdem hat sich die Zahl
der Designpreise für Hansgrohe auf über 60 erhöht. Professionelle **Formgebung** ist zum integralen Bestandteil der Marketing-
strategie und der Unternehmenskultur geworden. Zum korrekten
Auftritt der Firma gehört außerdem das Eintreten für Umwelt-
schutz (langlebige Produkte und sparsamer Umgang mit Wasser)
sowie für kinder- und behindertengerechte Produkte. Darüber
hinaus nimmt die Firma aus dem »Musterländle« für sich in Anspruch, in Sachen Technik ein Impulsgeber zu sein. Dafür kann
man Innovationen wie die verstellbare Brause oder Armaturen

Seite 211

Armatur *Talis Elegance* von
Phoenix Design, 1997

Armatur *Talis Sportive* von
Phoenix Design, 1997

aus Edelstahl ins Feld führen. Schließlich gehört auch die Beschäftigung mit der Geschichte des Bades zu den Geschäftstätigkeiten. Ende der 90er wurde zu diesem Zweck ein hauseigenes Museum eröffnet, zu dessen Schwerpunkten auch die Designgeschichte zählt. Bei Hansgrohe verteilt sich das Angebot auf drei Marken: unter dem Namen *Hansgrohe* werden solide funktionale Produkte wie Brausen, Wandstangen, Schläuche und Armaturen angeboten, unter *Pharo* bietet man vorinstallierte »Duschtempel« an. Die eigentliche Designmarke ist *Axor*, für die »Lifestyle-Linien« entwickelt wurden, wie z. B. *Axor Steel*, eine Produktfamilie mit 40 Edelstahlkomponenten.

Nach Esslinger, der bis in die 80er Jahre die Formsprache des Hauses prägte, übernahm das Studio **Phoenix** diese Rolle. Interesse weckte Hansgrohe durch Projekte, die man seit Mitte der 90er Jahre mit dem Stardesigner Philippe Starck realisierte. In Kooperation mit den Firmen **Hoesch** und **Duravit** schuf der Franzose ein integriertes Zukunftsbad.

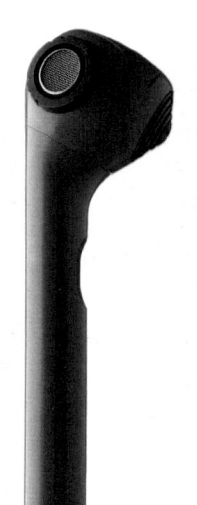

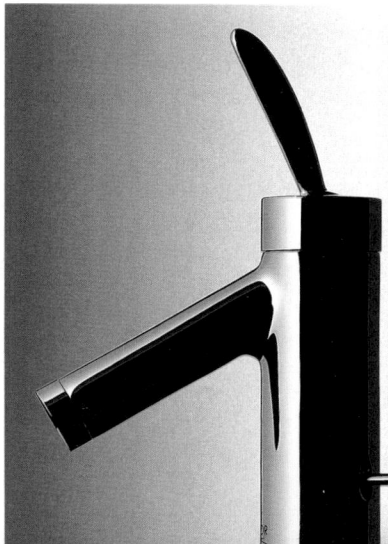

l. Handbrause *Tribel* von
Esslinger Design, 1974

r. Armatur *Axor* von
Philippe Starck, 1994

Süßwarenhersteller

Goldbären, wie es auf den Tüten steht, nennt sie eigentlich niemand. Die Fruchtgummis sind in Deutschland als »Gummibärchen« bekannt und heißen im Englischen »jelly babies«. Das weiche, farbenfrohe Naschwerk ist der bestverkaufte Artikel der Firma Haribo und begründete deren Erfolg. Das Unternehmen hat sich auf Fruchtgummi und Lakritz spezialisiert und vertreibt seine Süßigkeiten heute in zahlreichen Ländern. Anfang der 20er Jahre experimentierte der Bonbonkocher Hans Riegel in Bonn in einer Waschküche an einem Fruchtgummi in Form von »Tanzbären«, die damals noch über die Jahrmärkte zogen. Schon die Figürlichkeit der neuen Süßware war außergewöhnlich. Von Anfang an hatten die Lutschbären bereits ihre typische stilisierte Gestalt. Sie ist auch produktionstechnisch bedingt und erinnert entfernt an Werke »abstrakter«, zeitgenössischer Kunst (ganz im Gegensatz zum *Teddy* der Firma **Steiff**, dem anderen erfolgreichen deutschen Bärenprodukt, der konkret und niedlich wirkt). Der *Goldbär* ist eine Miniaturstatue, deren Modernität durch das transparente Material und die kräftigen Farben noch unterstrichen wird: ein Stück verzehrbares anonymes Design, das es zu Weltruhm brachte und dessen Plagiate Legion sind.

HARIBO GmbH & Co. KG, Bonn

1920 gegründet von Hans Riegel

1922 Erfindung des Fruchtgummi-Bären

1971 Übernahme eines Herstellers von Lebkuchen-Herzen

1986 Übernahme der Bonbon-Marke *MAOAM*

1993 Übernahme der Kaugummi-Marke *Vademecum*

1996 Eröffnung des Musée du Bonbon in Uzès, Frankreich; Übernahme des belgischen Süßwarenherstellers Dulcia

Produkte

1922 Fruchtgummi *Tanzbär* (ab 1963 *Goldbär*)

1929 *Lakritzschnecke* und *-stange*

1999 *Vitamin-Naschbären*

l. *Goldbär*, 1963
r. *Lakritzschnecke*, 1929

Rolf HEIDE

Innenarchitekt, Möbel- und Ausstellungsdesigner

1934 geboren in Kiel

1950 Tischlerlehre (bis 1953), anschließend Studium der Innenarchitektur

1959 freier Mitarbeiter bei der Zeitschrift *Brigitte* (ab 1970 auch für *Schöner Wohnen*, ab 1980 für *Architektur und Wohnen*)

1978 Arbeiten für den Küchen- gerätehersteller **Gaggenau**

1986 Messestände, Anzeigen und Präsentationen für **Vorwerk**; ab 1987 auch für **Bulthaup** (Buch: *Die Küche als Lebensraum*)

1993 Retrospektive in Berlin

Produkte

1968 *Stapelliege*

1971 Schrankprogramm *Container*

beide für Wohnbedarf

1989 Teppichkollektion *Dialog* für Vorwerk

1995 Leuchtengruppe *Aruga* für Anta

Seite 215

l. Leuchte *Futo* für Anta, 1998

r.o. Schrank *Container*, 1971

r.u. Teppichboden *Dialog* für Vorwerk, 1989

»Konnte man sich in den 60er Jahren keinen Eames leisten, so gönnte man sich als Kenner von Qualität eben ein Möbel von Rolf Heide«, schreibt eine Designexpertin über eine der schillerndsten Figuren der deutschen Designszene, die in der einschlägigen Literatur dennoch häufig übergangen wird, wahrscheinlich weil sie in kein Schema paßt. Rolf Heide, gelernter Tischler und Innenarchitekt, sammelte wichtige Berufserfahrungen als Mitarbeiter von Zeitschriften (ähnlich wie **Peter Maly**), so beim Frauenmagazin *Brigitte*, für das er regelmäßig das »Brigitte-Zimmer« inszenierte und fotografierte, und bei *Schöner Wohnen*, Deutschlands größter Einrichtungszeitschrift. Obwohl häufig die Ansicht vertreten wird, daß die Produkte Rolf Heides nicht den Stellenwert seiner Präsentationen und Rauminszenierungen haben, ist sein Werk als Möbel- und Leuchtendesigner, das er für namhafte Hersteller wie **Cor**, DePadova, Wohnbedarf, **WK** und **Vorwerk** realisierte, doch recht umfangreich. Und einigen seiner Entwürfe wird mittlerweile bereits Klassikerqualität nachgesagt: wie der *Stapelliege* aus den 60er Jahren, dem montierbaren Sitzmöbel *Sofabank* oder dem modulen Schrankprogramm *Container*. »Es wird viel zuviel Überflüssiges entworfen«, meint der Norddeutsche mit dem Faible für Formreduktion.

Heide, der unter Kollegen als »Ästhetik-Pedant« gilt, verfolgt konsequent seine Vorstellung vom unkonventionellen und mobilen Wohnen, wie z. B. bei einer Anfang der 90er Jahre vorgestellten *Containerküche*, die nach dem Prinzip rollbarer Bücherregale in großen Bibliotheken funktioniert. Für **Bulthaup** hat Heide ein Buch über *Die Küche als Lebensraum* geschrieben und gestaltet. Großes Aufsehen erregt der Universaldesigner immer wieder mit seinen Messeständen, die er jeweils in ausgefeilte Corporate-Identity-Konzepte einbindet.

HEWI

Kunststoffgriffhersteller

Als die Knopf- und Kunststoffabrik HEWI Ende der 50er Jahre Türgriffe aus Polyamid auf den Markt brachte, war das ein Wagnis. Der Eisenwarenhandel, damals wichtigster Vertriebsweg für Türgriffe, reagierte verhalten. Erst ein Generationenwechsel brachte den Durchbruch. Mitte der 60er Jahre trat Rudolf Wilke in das Familienunternehmen ein. Der Sohn des Firmengründers hatte sich in seinem Ingenieurstudium mit Kunststoffen beschäftigt. Er war deshalb in der Lage, die Vorbehalte der Händler zu entkräften, und entwickelte materialgerechte Produktformen und Herstellungsverfahren. Ein Großauftrag – die Ausstattung der neuen Universitätsgebäude in Marburg – beschleunigte diese Entwicklung. Der Architekt wollte, daß sämtliche Elemente der Innenausstattung, vom Türgriff über den Toilettenpapierhalter bis zum Kleiderhaken, in Form und Farbe zueinander passen sollten. Dafür war Plastik wie geschaffen. Rudolf Wilke entwickelte daraufhin den Türgriff *111* (Abb. S. 31). Dieses Urmodell hatte eine einfache, keineswegs neue, aber dem Material angemessene U-Form (gerades Mittelstück und zwei 90-Grad-Bögen), erfüllte also eine Grundbedingung guten Designs.

Wilke machte sie zum Ausgangspunkt für ein komplett neues Sortiment, ein Paradebeispiel für Systemdesign, dessen simple Formensprache wieder und wieder kopiert wurde. Man schrieb 1968, eine Zeit, in der sich »Pop-Farben« durchsetzten und Designer wie Anna Castelli Ferrieri den Werkstoff Plastik hoffähig machten. Die neuen HEWI-Produkte mit ihrer kräftigen Farbigkeit und ihren glänzenden Oberflächen fanden schnell Verbreitung. Inzwischen hat der in Hessen ansässige Hersteller, der längst international präsent ist, das Sortiment stark ausgeweitet und Buntheit zur Philosophie verfeinert. Ob Möbel, Badausstattungen oder Produkte für Behinderte: HEWI hat für seine Innovationen eine beeindruckende Zahl von Designpreisen vorzuweisen, wie z. B. für *Rudi Raupe*, einen lustigen Kleiderhaken für Kinder.

Es besteht ein Mißverhältnis zwischen der Zahl von nur wenig mehr als 200 Studenten, die in Ulm ihren Abschluß machten, und dem enormen Einfluß, den die Hochschule für Gestaltung auf das Design der zweiten Hälfte des 20. Jahrhunderts ausübte. Gegründet wurde die »HfG« als »Volkshochschule« für »Reeducation«. So nannte man damals das Vorhaben, den Deutschen Demokratie beizubringen. Inge Scholl, deren Geschwister von den Nazis ermordet wurden, wollte dafür ein Zentrum schaffen und fand Unterstützung bei Intellektuellen und früheren **Bauhaus**-Studenten wie **Max Bill**. Bill entwarf das Gebäude der Hochschule, deren erster Direktor er wurde. Als sie 1955 eröffnet wurde, sprach **Walter Gropius** die Begrüßungsworte, auch dies ein Hinweis auf die Kontinuität zum Bauhaus. Verbindungslinien waren der **Funktionalismus**, die grundsätzlich rationale Herangehensweise, die zur Verdammung von Schnörkeln führte, aber auch der Idealismus, der Fortschrittsglaube, die Berücksichtigung sozialer Faktoren, schließlich der interdisziplinäre Ansatz und die kosmopolitische Perspektive als Mittel gegen nationalen Provinzialismus. Fast jeder zweite Student kam aus dem Ausland, ebenso wie viele der 20 festen und rund 200 Gastdozenten. Bill und sein Nachfolger **Otl Aicher** waren Schweizer, der letzte Direktor **Tomás Maldonado** Argentinier. Der Vorkurs, den jeder Student durchlaufen mußte, bedeutete eine Reminiszenz an die berühmte Vorgängerin ebenso wie der schmerzliche Prozeß der Auflösung, in beiden Fällen herbeigeführt durch politische Pres-

sion und Mittelkürzungen. Die innere Struktur der »HfG« war jedoch neu und schloß Kunst und Kunstgewerbe von vornherein aus. Man begann mit den vier Fakultäten Information, Industrielle Konstruktion, Produktgestaltung und Visuelle Kommunkation. Später kam eine Filmabteilung hinzu.

Als Maldonado 1957 das »Ulmer Modell« proklamierte, verschrieb man sich einer empirisch-positivistischen Ausrichtung. Fächer wie Physik, Psychologie und Semiotik erschienen auf dem Lehrplan. Man erarbeitete erste Ansätze einer Designtheorie und einer fundierten Methodik der Gestaltung. Studien über Strukturphänomene und modulare Systeme waren damals absolutes Neuland. Berühmt geworden ist die Entwicklungsgruppe um **Hans Gugelot**, dem Leiter der Abteilung Produktgestaltung, und zwar besonders wegen der Zusammenarbeit mit **Braun**, bei der es gelang, das Ulmer Konzept der »Produktsysteme« in die Praxis umzusetzen. Weitere Firmen, mit denen man erfolgreich arbeitete, waren u. a. **Junghans**, Kodak, **Lufthansa** sowie die Porzellanfabrik Waldershof, für die **Hans Roericht** ein stapelbares Service entwickelte.

Die enorme Bedeutung dieser kleinen Akademie, die nur wenige Jahre existierte, erklärt sich v. a. aus der Vielzahl der Persönlichkeiten, die ihre neofunktionalistischen Ideen weitertrugen, sei es Aicher, Bill, Gugelot, Maldonado, **Herbert Ohl** oder **Walter Zeischegg**.

»Wir wissen, daß Häßlichkeiten im kleinen zu denen im großen führen.«
Max Bill

v.l.n.r.
Hochschule für Gestaltung in Ulm, 1947
Stapelbarer Aschenbecher von Walter Zeischegg für Helit, 1967
Tempo-Halter, 1956

JENAER GLAS

Glashersteller

»Jenaer Glas« ist in Deutschland ein stehender Begriff. Ende der 30er Jahre entwarf **Wilhelm Wagenfeld** für Schott in Jena Gefäße aus feuerfestem Glas, einem Werkstoff, den die Firma um 1900 selbst entwickelt hatte. Besonders die dickwandigen Kochschüsseln fehlten bald in kaum einem deutschen Küchenschrank. Diese wahren Massenprodukte gehören zu Wagenfelds unauffälligsten Entwürfen und genügen dem Anspruch der Multifunktionalität: aus Deckel wird Pfanne, aus Pfanne wird Servierteller. Einige Jahre zuvor hatte er bereits ein Teeservice aus demselben Material entworfen und damit die Teestunde versachlicht. Das klare Industrieglas wirkt hier kühl, modern und leicht. Der Korpus der namenlosen Teekanne vermittelt den Eindruck einer sich organisch spannenden Glasblase. Schott, ein Glaskonzern, der so erfolgreiche Innovationen wie Kochflächen aus Glaskeramik und einen Umsatz von drei Milliarden Mark vorweisen kann, knüpft wieder an alte Designtraditionen an, z. B. mit der zylindrischen Kaffeekanne *Boliv* eines jungen Designerduos.

Schott Jenaer Glas GmbH, Jena

1884 als Schott & Genossen in Jena gegr.; feuerfestes Glas entwickelt (1887)

1930 Zusammenarbeit mit **Wilhelm Wagenfeld**

1948 Umwandlung in volkseigenen Betrieb (VEB)

1991 Zusammenführung von Schott Mainz und Jenaer Glaswerken

Produkte

1931 Teeservice von Wilhelm Wagenfeld

1936 erste Fernsehkolben

1974 Keramikkochflächen

1999 Tasse *Zylindro III*

Eierkocher von
Wilhelm Wagenfeld, 1931
Teeservice *Mikado*
von Gerhart Reich, 1999

Modedesigner

»Wenn ich die Männerkollektion entwerfe«, sagt Wolfgang Joop, »bin ich selber der Mann, den ich mir dabei vorstelle.« Der Hamburger Modemacher, der Anfang der 80er Jahre seine erste eigene Kollektion vorstellte und wie **Jil Sander** weit aus der deutschen Modeszene herausragt, ist eine ebenso unverwechselbare Erscheinung wie seine Kollektionen. Die Methode, zurückhaltenden »klassischen« Stil und personenzentriertes Marketing zu mixen, hat sich der Talkshowprofi von US-amerikanischen Modeschöpfern wie Donna Karan und Calvin Klein ausgeliehen. Da überrascht kaum, daß Jeans zu seinen einträglichsten Produkten zählen. 1998 überstieg der Umsatz von Joop-Produkten eine halbe Milliarde Mark. Die wird, wie mittlerweile branchenüblich, zu großen Teilen über Lizenznehmer eingespielt, die unter seinem Namen Parfums, Brillen oder Strickwaren vertreiben dürfen. Joop, der seinen Berufsweg als Kunstpädagoge begann, betrachtet den Kontakt zu Künstlern und Fotografen als wichtige Inspirationsquelle.

1944 geboren in Potsdam
1961 Psychologie- und Kunstpädagogikstudium
1975 wird selbständiger Designer
1982 erste Prêt-à-porter-Kollektion
1985 erste Männer-Kollektion
1987 Joop GmbH gegründet
1998 Übernahme durch Wünsche AG

Produkte
1987 Parfum *Femme*
1989 Schuhe in Lizenz
1990 Parfum *Nuit d'été*
1997 Bodywear in Lizenz

Herbstkollektion 1999

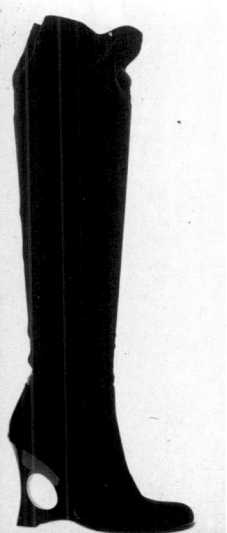

JUNGHANS

Uhrenhersteller

Im Schwarzwald, wo die Kuckucksuhr erfunden wurde, hat ein deutscher Uhrenhersteller demonstriert, wie man die japanische Konkurrenz übersteht. Junghans, ein Unternehmen, das sich über 3000 Patente gesichert hat, verteidigte seine Marktposition vor allem durch die Entwicklung der »problemlosen Armbanduhr«. Die 1990 eingeführte Weltneuheit macht qua Funksteuerung, Solarzelle und integriertem Chip jegliche Bedienung überflüssig. Seit technischer Erfindergeist mit modernem Marketing gekoppelt ist, hat auch der Begriff »Design« Eingang in die Firmendiktion gefunden. Bereits in den 50er Jahren hatte dieses traditionsreiche, aber Neuem gegenüber stets aufgeschlossene Familienunternehmen mit der **Hochschule für Gestaltung Ulm** zusammengearbeitet. Die damals von **Max Bill** im strengen Stil des Neofunktionalismus gestalteten Wand- und Armbanduhren werden heute wieder geschätzt und teilweise neu aufgelegt. Für Scott Lauffer, den Leiter einer Abteilung, die seit Ulmer Zeiten »Produktgestaltung« heißt, stehen Funktion und Qualität weiterhin im Vordergrund. Bei den Vorzeigeprodukten des Hauses, den Funk-Solar-Uhren fürs Handgelenk, ist die Solarzelle als leicht geriffelte Scheibe unauffällig ins Zifferblatt integriert, eine zurückhaltende und elegante Lösung.

Junghans Uhren GmbH, Schramberg

1861 gegründet von den Brüdern Erhard und Xaver Junghans

1903 weltweit größte Uhrenfabrik

1942 Forschungszentrum für Zeitmessung gegründet

1951 erste Automatikuhr

1957 Übernahme durch die Firma Diehl

1985 erste funkgesteuerte Tischuhr

1993 erste Funk-Solar-Armbanduhr

Produkte

1903 Taschenuhr *J1*

1955 *Flieger-Chronograph* (1999 Reedition)

1957 Küchenuhr

1959 Wanduhr
beide von **Max Bill**

1962 Armbanduhr *Max Bill* (1993 Reedition)

1995 Damenarmbanduhr *Mega-Solar Ceramic*

Funkarmbanduhr *Berlin*, 1998

KAHLA

Porzellanhersteller

Das ehemalige »Kombinat Feinkeramik« hat den Untergang der DDR überlebt. Nach einer gescheiterten Privatisierung Anfang der 90er Jahre brachte der Einstieg von Günther Reithel, einem ehemaligen Manager bei **Rosenthal**, die positive wirtschaftliche Wende. Branchenkenner Raithel kombinierte technische Investitionen und die Straffung der Betriebsabläufe mit einer Vision: durch eine designbewußte Produktentwicklung und ein rundum geliftetes Erscheinungsbild, darunter ein verändertes Logo, sollte es gelingen, den Neubeginn als Chance zu nutzen. Der Erfolg gibt ihm recht: über die neun Designauszeichnungen, die Kahla in nur fünf Jahren anhäufte, staunte selbst die Konkurrenz im Westen. Dafür sorgte vor allem Kahlas Hausdesignerin **Barbara Schmidt**, die für die **Formgebung** der meisten Produkte verantwortlich zeichnet. Allein ihr Geschirr *Allround* wurde mit drei Preisen bedacht. Kreis und Welle sind tragende Gestaltungselemente. Das weiße Haushalts- und Hotelporzellan ist, wie der Name sagt, ein variables und umfangreiches Programm. Schmidts ebenfalls preisgekröntes Geschirr *Update* besteht dagegen nur aus wenigen Basisteilen. Beide Geschirre werden mit verschiedenen Dekors angeboten, die bei Kahla häufig von externen Gestaltern stammen.

Kahla Porzellan GmbH, Kahla

1844 gegründet von Jacob Eckhardt

1927 Übernahme von **Arzberg** macht Kahla zu einem der größten Porzellanhersteller Europas

1949 Verstaatlichung in der DDR

1993 Übernahme durch Günther Raithel

Produkte

1994 Geschirr *Aronda* von **Barbara Schmidt**

1995 Hotelporzellan *Sereno* von **Wolf Karnagel**

1998 Geschirr *Update Piercing* und *Update Tattoo* von Barbara Schmidt (mit Cornelia Müller)

Service *Update* von Barbara Schmidt, 1998

Ferdinand KRAMER

Architekt und Möbeldesigner

1898 geboren in Frankfurt a. M.

1919 Architekturstudium in München; kurzer Aufenthalt am **Bauhaus** in Weimar

1925 Architekt und Designer am Hochbauamt der Stadt Frankfurt unter **Ernst May**

1938 Emigration in die USA

1952 Rückkehr nach Frankfurt; Baudirektor der Johann Wolfgang Goethe-Universität in Frankfurt (bis 1964)

1985 gestorben in Frankfurt

Mit 18 Jahren lag der Soldat Kramer im Schützengraben vor Verdun und wurde später wegen Befehlsverweigerung in eine Irrenanstalt gesperrt. Nach geglückter Flucht führte ihn sein Architekturstudium in München in Intellektuellenzirkel. Wegen seiner linken Ansichten nannte man ihn den »Roten Ferdinand«. Was ihn nicht hinderte, Möbel für einen befreundeten Baron zu entwerfen. Das **Bauhaus**, an dem er kurz studierte, fand er enttäuschend, schloß dort aber tiefe Freundschaften, z. B. mit **Gerhard Marcks**.

Ab Mitte der 20er Jahre arbeitete Kramer unter Stadtbaumeister **Ernst May** für das »Neue Frankfurt«, realisierte Bauten aus Beton, Eisen und Glas, darunter ein Altersheim (gemeinsam mit **Mart Stam**), eine Zentralgarage mit Tankstelle sowie einige Wohnblocks mit typisierten Grundrissen, sämtlich 50 Quadratmeter kleine Wohnungen »für das Existenzminimum«. Seine Hauptaufgabe bestand darin, passende Möbel und Hausrat für die kommunalen Neubauten zu entwerfen, wie jene schlicht-kantigen

Regen- und Sonnenschirm
Rainbelle, 1951

Typenmöbel, die preiswert und zweckmäßig sein sollten (und von erwerbslosen Tischlern gefertigt wurden). Kramer entwickelte auch einen kleinen leistungsfähigen Kohleofen, Lampen, Türklinken, raumsparende Sitzbadewannen sowie Einrichtungen für städtische Kindergärten. Berühmt geworden ist der *Kramerstuhl*, ein modernes Sitzmöbel in Bugholztechnik. Nebenbei cozierte der Aktivist zu Fragen der »funktionellen Architektur« an der Kunsthochschule Frankfurt. Kramer wollte zeit seines Lebens die Welt vereinfachen. Dies zeigen Konstruktionen wie die zusammenklappbare Tellerablage aus Metall, der kombinierte Kleider- und Wäscheschrank, aber auch jene *Knock-Down-Möbel* zum Selbstmontieren (!) und die Wegwerfschirme aus beschichtetem Papier, die er im amerikanischen Exil entwickelte.

Kramer, der wegen seiner politischen Ansichten und seiner jüdischen Frau Berufsverbot bekam, mußte in Amerika von vorne anfangen, faßte dort aber nie Fuß. Nach Frankfurt zurückgekehrt, beteiligte er sich am Wiederaufbau der Goethe-Universität.

Produkte
1924 Wohnungseinrichtung für Lilly Reich
1925 *Typenmöbel* für kommunale Wohnungen (»Neues Frankfurt«)
1926 *Kramer-Ofen*
1928 *Kramerstuhl*
1929 Kleider-Wäsche-Kombinationsschrank beide für Thonet
1942 *Knock-Down-Möbel* zum Zusammenbauen
1943 zerlegbare Gartenmöbel *Put-Away*
1951 Tisch aus Wellpappe

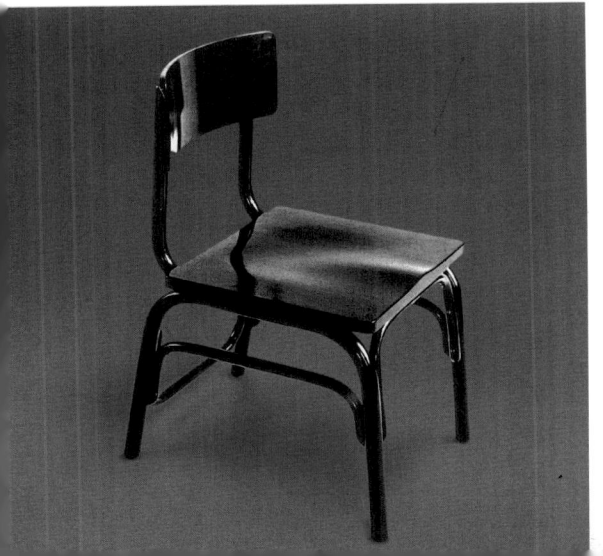

Kramerstuhl für Thonet, 1928

Axel KUFUS

Möbeldesigner

Der Kellerfensterschrank, den er gemeinsam mit der Bildhauerin Ulrike Holthöfer entwarf, ist ein Grund, weshalb Axel Kufus immer noch mit dem **Neuen Deutschen Design** in einem Atemzug genannt wird. Der mit Metallgitterfenstern versehene Betonkasten steht langbeinig auf unbearbeiteten Ästen. Mit solch sperrigen Objektcollagen hatten junge Designer Mitte der 80er Jahre dem herrschenden **Funktionalismus** die Stirn geboten. Kufus, heute Professor für Produktdesign, hatte gerade sein Designstudium an der Hochschule der Bildenden Künste in Berlin begonnen, damals ein Zentrum der Designrevolte. Der Weg, den Axel Kufus letztlich einschlug, war jedoch entscheidend durch seine vorausgegangene Ausbildung bestimmt. Der Schreiner mit Meisterbrief gilt heute als eine Art deutscher Jasper Morrison: Seine Entwürfe verraten eine profunde Kenntnis der Werkstoffe und ihrer Eigenschaften, gepaart mit Sinn für ökologische Materialeinsparung und einer Beschränkung auf schlichte, stille Formen – ein Funktionalismus auf höherer Ebene, den man »Utilism International« nennen könnte, so der Name einer Firma, die Kufus gemeinsam mit Morrison und **Andreas Brandolini** betreibt. Seine Produkte tragen denn auch meist recht lakonische Namen wie das Regalsystem *FNP* oder der *Tisch*.

Tisch, 1987

KUNSTFLUG

Studio für Ausstellungs- und Produktdesign

Sie gaben dem **Neuen Deutschen Design** den Namen mit einer Ausstellung, die die Gärungsprozesse an deutschen Designhochschulen erstmals resümierte. Dabei waren **Heiko Bartels**, **Hardy Fischer** und **Harald Hullmann**, die Gründer des Studios Kunstflug, Industriegestalter vom alten Schlag: Fischer und Hullmann erhielten ihren ersten Designpreis für die Kabine eines LKWs. Allerdings sammelten sie Ende der 70er Jahre Erfahrungen in Italien, wo fundamentale **Funktionalismus**-Kritik bereits gang und gäbe war. Zurück in Düsseldorf, trafen sie auf eine Atmosphäre des Aufbruchs, einen Nachhall der Punk-Revolte. Schon der selbstironische Name Kunstflug spiegelt dies wider. Die Gruppe verband diesen subkulturellen Impuls mit postmodernen Thesen und Ideen des italienischen »Anti-Designs«: Produkte sollten nicht länger funktionsabbildende Behälter sein, sondern »Darstellung von symbolhaften Gehalten und bildnerischen Themen«. Insbesondere die durch Digitalisierung bedingte Miniaturisierung machte dies möglich. Dies setzte die Gruppe in polemischen Ausstellungen und in Objekte um, wie den *Kaffeebaum*, einen Geschirrständer in Form eines Baumstammes, oder das *Geröllradio*, das wie ein Stein aussieht und aus dem die elektronischen Innereien wie Grashalme herauswachsen.

1980 gegründet von **Heiko Bartels**, **Hardy Fischer**, **Harald Hullmann** und **Charly Hüskes** in Düsseldorf

1983 Ausstellung *Neues Deutsches Design* in Krefeld

1986 Ausstellung *Gefühlscollagen – Wohnen von Sinnen* in Düsseldorf

1996 Retrospektive in Düsseldorf

Produkte

1983 *Bauernstuhl*

1984 *Kaffeebaum*

1986 *Geröllradio*

1987 Fahrkartenautomat

1989 Hocker *Max Schrill*

Seite 229
l. Deckelvase für Alessi, 1992
r.o. *Bauernstuhl*, 1983
r.u. Toaster, 1986

Mehrzweckmöbel für das Studentenwohnheim Glasgow, 1990

Karl LAGERFELD

Modedesigner

Seite 231

l. Herbstkollektion 1997
r. Herbstkollektion 1996

Er gilt als unberechenbar. Doch in seinen Kollektionen hält sich der gebürtige Hamburger stets an zwei Leitlinien: Luxus und Exklusivität. Karl Lagerfeld, der Sohn eines schwedischen Bankiers, ging mit 14 Jahren nach Paris, um eine Schule für Diplomatenkinder zu besuchen. Zwei Jahre später reichte er eine Modezeichnung bei einem Wettbewerb ein und bekam einen Preis. So eroberte sich der Schnellsprecher, Workaholic und Alleskönner einen Platz im Atelier von Pierre Balmain, wo er drei Jahre lang in die Haute Couture eingeführt wurde. Danach wechselte er zu Jean Patou, für den er zwei Haute-Couture-Kollektionen pro Jahr entwarf. Anfang der 60er Jahre machte sich Lagerfeld selbständig. Das Pelzhaus Fendi erlebte seinen großen Durchbruch, als Lagerfeld für die Familie zu arbeiten begann. Er erfand nicht nur das bekannte FF-Logo, sondern revolutionierte auch die Behandlung der Pelze. Was einst ein edles, aber steifes und schweres Kleidungsstück war, verwandelte er in etwas Leichtes, angenehm zu Tragendes. Der Pelz wurde modetauglich. Wie groß Lagerfelds Repertoire ist, zeigt allein die erstaunliche Tatsache, daß er gleichzeitig für Modehäuser wie Chloé, Charles Jourdan, Fendi und Krizia arbeitete.

Seine Position als einer der wichtigsten Impulsgeber im Modezirkus festigte der Zopfträger Lagerfeld vor allem durch seine einflußreiche Stellung als Chefdesigner des Hauses Chanel, für das er seit Beginn der 80er Jahre die Haute Couture entwirft. Unter seinem Namen erscheinen mittlerweile Parfums, Uhren und andere Modeaccessoires sowie Wohntextilien. Außerdem hat sich der Kosmopolit inzwischen mit künstlerischer Fotografie einen Namen gemacht. Daß man bei ihm tatsächlich nie vor Überraschungen sicher ist, bewies er einmal mehr durch seine Zusammenarbeit mit dem Versandhaus Quelle.

LAMY

Schreibgerätehersteller

Als die Firma 1996 beim *Bundespreis Produktdesign* mit ihrem Kugelschreiber *Spirit* (Abb. S. 44) mal wieder unter den Auserwählten war, hat das niemanden verwundert. Ist Lamy doch deutscher Branchenprimus, nicht nur nach den Umsatzzahlen, sondern auch in Sachen Design. Das war nicht immer so. Über drei Jahrzehnte war das Familienunternehmen kaum aufgefallen, bis Mitte der 60er Jahre der Designer **Gerd A. Müller**, der vorher für **Braun** gearbeitet hatte, den dort praktizierten Purismus auf Füller und Stifte übertrug. Einen Füllhalter aus Edelstahl und Kunststoff versah er mit einer leicht bauchigen Form und einer Farbkombination aus Schwarz und Silber, bis heute die Hausfarben der Firma. Das Schreibgerät trug den futuristischen Namen *Lamy 2000* und war die Initialzündung für den erfolgreichen Versuch, Innovation, Funktionalität und Firmenkultur auf einen visuellen Nenner zu bringen. Dieser Anspruch ist umfassend, reicht von der klaren Botschaft der Werbeanzeigen bis zur technoiden Architektur des neuen Entwicklungszentrums. Jede Produkteinführung soll eine Weltneuheit sein, wie beim Kinderfüller *ABC*, dem ersten wirklich kindgerechten Füllhalter, funktional (würfelförmige Abschlüsse als Wegrollbremse) wie emotional (Ahornholz mit rotem Kunststoff verleiht ihm Spielzeugcharakter).

Seit den 90er Jahren ist **Wolfgang Fabian** Lamys Hausdesigner, der auch *Spirit* die Form gegeben hat, bei dem das gelochte Gehäuse aus einem einzigen Metallstück gearbeitet ist.

Füllhalter *ABC* von
Bernt Spiegel, 1987

LEICA

Kamerahersteller

Wenn die Fotografin Gisèle Freund sagte, »so viele lernten anders sehen durch die Leica«, war das wörtlich gemeint. Die erste Kleinbildkamera der Welt machte Fotografen beweglich und ermöglichte dadurch den Schnappschuß, eine Revolution für Dokumentarfotografie und Fotojournalismus. Daß der Hersteller Leitz die neue Kamera mit erstklassigen Objektiven ausrüstete, machte sie ebenso zur Legende wie ihre sprichwörtliche Robustheit. »Die Leica« war so ein Präzisionswerkzeug, das den Mythos vom deutschen Qualitätsprodukt nährte. Das Urmodell, obwohl kompromißlos technisch, hat die Form der Fotokamera geprägt. Die flache Quaderform (weitgehend bedingt durch das vom Kinofilm entliehene Format), das zentrale Objektiv und die auf dem Gehäusedach angeordneten Bedienungselemente schufen einen Typus (Abb.S.27). Ebenso wie beim Stahlrohrstuhl und beim Ford *T-Modell* war hier Industrielles in den Alltag eingebrochen. Leica setzte lange den Standard in der Profifotografie, bis die Entwicklung der Elektronik an der Nobelmarke vorbeilief und sie zu einem Hersteller für eine eingeschworene Fangemeinde wurde. Aufbauend auf dem legendären Ruf der Objektive wird nun durch innovative Produkte und ein neues Designbewußtsein das Image des Traditionsunternehmens aufgefrischt.

Kamera *Leica C1*
von Achim Heine, 1999

Burkhardt LEITNER

Messedesigner

Was er tut, nennt er »Corporate Architecture«. Wenn die Industrie sich präsentiert, sorgt Burkhardt Leitner häufig für den richtigen Rahmen. Er ist die deutsche Nummer eins im Messedesign, ein Spezialist für module und hochmobile Stand- und Regalsysteme. Mehr als ein Dutzend Varianten stellt er zur Auswahl: vom klassischen Raumtrenner und Regalen, die auch privat nutzbar sind, wie dem Modell *Junior*, bis zum aufwendigen System *Pila*, das sogar Treppen- und Galeriekonstruktionen ermöglicht. Leitner, der sich mit 20 Jahren selbständig machte, kurz darauf das erste Stecksystem entwickelte, sich in zwei Jahrzehnten eine internationale Firma aufbaute, diese dann verkaufte, um noch einmal neu anzufangen, kann nicht nur komplexe Hardware anbieten, sondern auch den theoretischen Überbau. Der Messeguru und Designpromotor will »Kommunikationsräume« konstruieren und zeigt in der eigenen Firma, wie man den profanen Alltag auf einfache Weise mit Kultur veredeln kann. So läßt er z. B. die Firmenpoststempel von Künstlern gestalten.

1943 geboren in Strelno

1966 entwickelt erstes Messebaustecksystem

1967 Leitner GmbH gegründet (1989 verkauft)

1993 Burkhardt Leitner constructiv GmbH gegründet

1998 *Bundespreis Produktdesign* für *Constructiv Clic*

Produkte

1994 Messebausysteme *Constructiv Junior, Primus, Joker* und *Max*

1995 Messebausysteme *Constructiv Pila, Pano*

1997 Messebausystem *Constructiv Clic*

1998 Messebausysteme *Constructiv Pila Office* und *Pila Boy*

Messe- und Informationsstand
Constructiv Clic, 1997

Peter MALY

Innenarchitekt und Möbeldesigner

Sein Kollege Verner Panton sah in ihm den »Perfektionisten«. Peter Maly würde kaum widersprechen, führt er doch keinen geringeren als Johann Sebastian Bach als Vorbild für seine eigenen Raumkompositionen an. In Böhmen aufgewachsen, arbeitete er, dessen gestalterisches Talent bereits seinem Zeichenlehrer auffiel, nach seiner Ausbildung als Tischler und Innenarchitekt für die Hamburger Zeitschrift *Schöner Wohnen*, Deutschlands größtes Einrichtungsmagazin.

In den 60er Jahren machte er die Leser mit neuen Wohnideen vertraut, die damals häufig aus Skandinavien kamen. Parallel zur Redaktionsarbeit entstanden erste Entwürfe, z. B. für **Tecta** und **Cor**, eine Firma, für die er später auch Messestände und Showrooms entwarf – der Start einer dritten Karriere. In den 70er Jahren machte Maly sich selbständig. Waren es anfangs v. a. die dänische Möbelschule und Pop-art, die seinen Vorstellungen vom zeitgemäßen Wohnen entsprachen, so entdeckte er später das **Bauhaus**. Seitdem sind abgezirkelte Formen fester Bestandteil jedes Entwurfsprozesses, wie beim Sessel *Zyklus*, einem Kultmöbel der 80er Jahre, das auch als Filmrequisite Furore machte, oder bei seinen Teppichen für **JAB Anstoetz**, die er mit Punkten, Geraden und Quadraten strukturierte. Selbst wenn Maly sich stark von der Geometrie leiten läßt, so geht es ihm doch vor allem um Bequemlichkeit und Funktionalität. »Der Stuhl ist für den Hintern gemacht, nicht für den Kopf«, hat er einmal polemisch gegen das Diktat des Zeitgeistes eingewandt. Schon bei der ersten Skizze denkt Maly an Proportionen, räumliche Zusammenhänge und an Langlebigkeit. Denn in Zeiten knapper werdender Ressourcen, so der Prediger ökologischer Verantwortung, sollten Möbel wieder vererbt werden. Für Peter Maly ist auch Stillstand eine Leistung. Denn »schneller Wechsel ist der Tod jeder sinnvollen Entwicklung«.

Ingo MAURER

Leuchtendesigner

Seite 239
Leuchte *Zettel'z*, 1997

Als Ingo Maurer Mitte der 60er Jahre begann, Lampen zu entwerfen, galt er schnell als Enfant terrible, kein Wunder in einem
Umfeld, in dem die »gute Form« noch unantastbar war. *Bulb*, die
Birne in der Birne, war sein erstes Produkt: ein Popobjekt à la
Claes Oldenburg mit verchromtem Fuß und Kristallglasschirm in
übergroßer Glühbirnenform. Nachdem Maurer sein Grafikstudium abgeschlossen hatte, war er in die USA ausgewandert, wo
er neue Kunstformen wie Pop-art und andere Avantgarde-Bewe-
gungen im Original erlebte. Nach seiner Rückkehr im Jahre 1966
gründete er die Produktionsfirma Design M, die sich auf experimentelle Lampen spezialisierte und in Deutschland als eine der
ersten überhaupt den Begriff Design im Namen führte. Nicht nur
damit war er seiner Zeit voraus, sondern auch mit den mal hin-
tergründig-skurril, mal eher lyrisch klingenden Namen, die er seinen Objekten gab. Diese Sprachspiele sind keine aufgesetzte Attitüde, sondern entsprechen seinem konzeptionellen Ansatz.
Maurer entwirft Meta-Lampen, die nicht nur das Licht, sondern
auch ihre Bedeutung reflektieren. Das trifft für *Bulb* ebenso zu
wie für ein Erfolgsmodell der 80er Jahre: *One From The Heart*,
eine Stehlampe in Herzform, deren Licht durch einen Spiegel
zurückgeworfen wird. Daß er häufig als »Licht-Poet« bezeichnet
wird, mag an der Leichtigkeit liegen, mit der Maurer immer neue
Metaphern findet. *Zettel'z* ist eine Deckenlampe, aus deren
Schirm viele dünne Drähte herausragen. Daran können Notizzettel festgeklemmt werden. So ergibt sich ein improvisierter zwei-
ter Schirm und zugleich eine Art Schwarzes Brett, das über dem
Eßtisch schwebt. Interaktiv und damit typisch Maurer sind auch
die geflügelten Birnen *Birds Birds Birds*. Sie beginnen erst zu
leuchten, wenn man durch Berührung die Erdung hergestellt hat.
Maurer versteht sich besonders auf die Poesie der Materialien,
seien es Lagen versilberten Papiers wie bei der Hängelampe *Oh*

Produkte

1966 Tischleuchte *Bulb*; Aufbe-
wahrungssystem *Uten-Silo*
(mit Dorotheé Becker)

1970 *Light Structure*
(mit Peter Hamburger)

1983 Hängeleuchte *Willydilli*

1984 Niedervoltlichtsystem
Ya Ya Ho;
Klappliege *Tattomi*
(mit Jan Armgardt) für
Mobilia und De Padova

1989 Stehleuchte
One From the Heart

1990 Wandleuchte *Zero-One*

1992 Leuchte *Lucellino*

1993 Hängeleuchte *Oh Mei Ma*

1994 Hängeleuchte *Hot Achille*;
Tisch- und Wandleuchte
Los Minimalos Uno

1996 Wandleuchte *Bo-jek*;
Tischleuchte *Mozzkito*

1997 Hängeleuchte *Wo bist Du,
Edison ...?* mit Hologramm;
Hängeleuchte *Zettel'z*

Mei Ma, Gänsefedern wie bei der fliegenden Glühbirne *Lucellino* (Abb. S. 4) oder das von ihm häufig verwendete Drahtgitter, das in sich Eigenschaften verbindet, die für zahlreiche seiner Entwürfe typisch sind: Es ist leicht, flexibel und transparent. Während seine Leuchten in den 70ern eher zum kunsthandwerklichen tendierten, wie *Hana 1*, eine Hängeleuchte aus Bambus und Reispapier, die zum ersten großen Erfolg wurde, rückten in den 80er Jahren technische Raffinesse und industrielle Materialien in den Vordergrund, ohne daß die Entwürfe ihren experimentellen Charakter verloren.

Der große Durchbruch war das so oft kopierte Niedervolt-Halogensystem *YaYaHo*, ein Quantensprung in der Beleuchtungstechnik. Die fadendünnen Seile und Kabel, die den Raum von Wand zu Wand durchziehen, tragen Leuchten, die auf Lichtpunkte reduziert sind. Es ist ein nahezu immateriell erscheinendes Lichtsystem, ähnlich abstrakt wie der »Lichtbaustein« von **Bega** und ebenso konsequent funktional wie die Strahler von **Erco**. Das avantgardistische und extrem flexible System wird nicht nur von Unternehmen und Kulturstätten genutzt, wie dem Centre Pompidou in Paris oder dem dänischen Kunstmuseum Louisiana, sondern hat auch Eingang in die Wohnzimmer gefunden. Wer es kauft, bekommt eine Bauanleitung mitgeliefert und wird zum eigenen Lichtregisseur. Ingo Maurer hat damit ein neues Paradigma entwickelt. Die immaterielle Leuchte *YaYaHo* erinnert an die virtuelle Welt der digitalen Netze, die keine Starrheit und keine Mechanik mehr kennt. Mit *Wo bist Du, Edison...?*, einer Hängeleuchte aus den späten 90er Jahren, setzt Maurer erneut auf den Doppelsinn und zitiert sich dabei selbst. Ein in der Leuchte integriertes 360-Grad-Hologramm stellt eine Glühbirne dar: eine High-Tech-Variante seiner ersten Leuchte *Bulb*.

Automobilhersteller

In den späten 90er Jahren überraschte Deutschlands bekannteste Automarke mit einer Designoffensive. Dazu gehörten Neuentwicklungen wie die *A-Klasse* und der Kleinstwagen *Smart*, aber auch der *SLK*, ein puristischer Beitrag zum Thema Roadster. Die Firma Mercedes-Benz, deren Namensgeber Carl Benz das Automobil erfunden hat, gehörte zu den ersten, die vor dem 1. Weltkrieg mit aerodynamischen Wagen wie dem *Simplex* aufwarteten. In den 20er Jahren erlangten Automobile der Stuttgarter Marke Statussymbolcharakter. Dies lag nicht zuletzt an den Modellen *S* (Sport), *SS* (Super Sport) und *SSK* (Super Sport kurz), die Rennwagenelemente übernahmen, etwa die langgezogene Kühlerhaube und die verchromten, daraus austretenden Auspuffrohre. Eine stilistische Weiterentwicklung war der Mercedes *500 K* von 1936: Technisch ideenreich, mit üppig fließenden Linien, aber dennoch robust wirkend, ist er so etwas wie der Inbegriff der deutschen Vorstellung von Karosseriedesign. Vater dieses extrem gestreckten Traumwagens, der in Farben wie Weinrot oder Himmelblau an die exklusive Kundschaft ausgeliefert wurde, war der Karosseriebauer **Friedrich Geiger**. In den 30er Jahren festigte sich der Mythos der Marke, auch weil sich nun der Glaube an deutsche Überlegenheit damit verband. Metallisch glänzende Rennwagen – »Silberpfeile« – dominierten vor dem 2. Weltkrieg die Pisten. Die erste Neuentwicklung der Nachkriegszeit war der *180er* mit neuartiger »Pontonkarosserie«. Er hatte mit seinen Vorgängern äußerlich kaum mehr etwas gemein, mit einer Ausnahme: Die Form des Kühlergrills wurde beibehalten, obwohl sie eigentlich nicht mehr nötig war. Der große Grill wurde seitdem zum Erkennungszeichen der Marke und zur Chiffre für Tradition, wie auch die dazugehörige Kühlerfigur, der weltberühmte Stern im Kreis. Das berühmteste Modell der 50er Jahre ist das *300 SL Coupé*. Ihm verlieh Friedrich Geiger einige spekta-

Daimler Chrysler AG,
Stuttgart

1896 Karl Benz entwickelt den
Contra-Motor, Urvater
der Boxer-Motoren

1886 Karl Benz baut den
Patent-Motorwagen

1902 Mercedes als
Marke eingeführt

1926 Zusammenschluß der
Firmen Daimler und Benz

1936 erster Diesel-PKW

1950 Produktion von
Lastkraftwagen

1975 **Bruno Sacco** (seit 1958
in der Firma) wird Leiter
der Designabteilung
(»Stilistik«)

1987 Abteilung Advanced
Design entwickelt
Kompaktwagen

1994 Studie *A* wird *Best
Concept Car* in den USA

1998 Fusion mit Chrysler

Seite 245

o. Mercedes-Benz *300 SL
Coupé*, 1952
u. Mercedes-Benz *190 SL
Roadster*, 1955

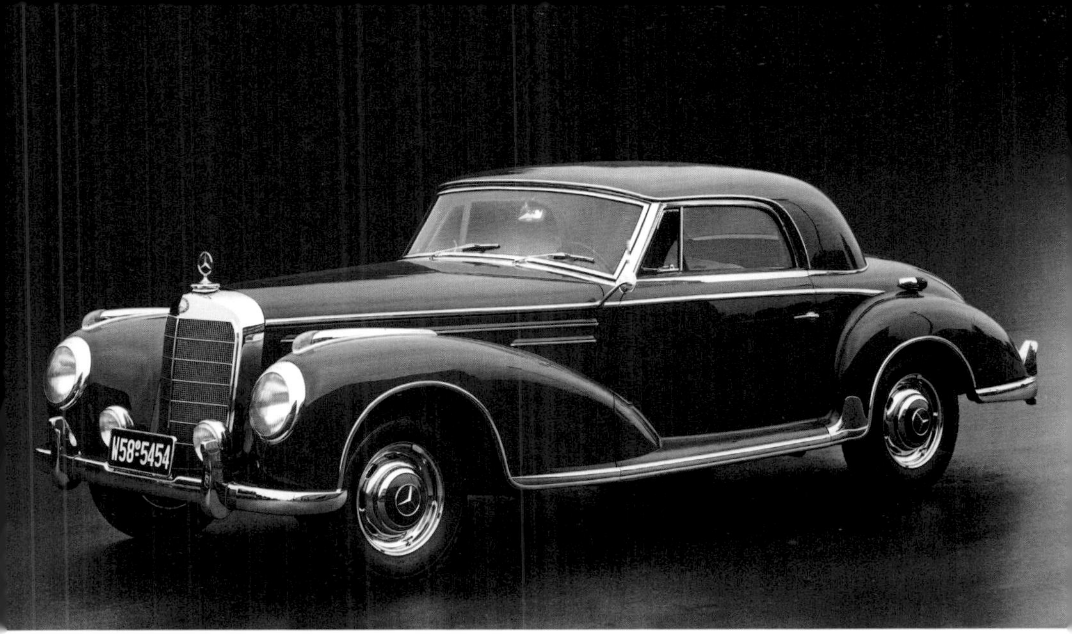
W58-5454

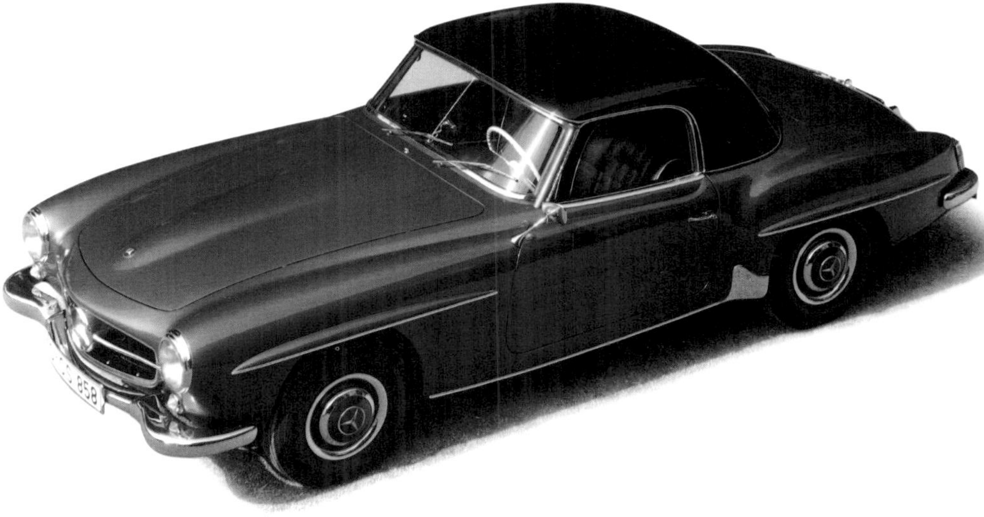

Seite 247

l.o. Limousine *220 S*
(Heckansicht), 1961

r.o. Mercedes-Benz *C 111-3*, 1970

u. Mercedes-Benz
SEC-Coupé, 1981

Mercedes-Benz *S-Klasse*, 1972

kuläre Attribute, wie die nach oben schwingenden Türen und die bogenförmigen Ausbuchtungen über den Rädern. Die plastische Karosserie, in der sich Elemente des damals aktuellen »organischen Designs« finden (wie es im Automobilbau erstmals 1947 beim *Cisitalia Coupé* von Pininfarina verwirklicht wurde), wurde noch kunstvoll per Hand zusammengefügt. Der *300 SL* (Abb. S. 38) basierte auf Ideen des Rennwagenkonstrukteurs Rudolf Uhlenhaut. Geiger, Uhlenhaut, Chefstilist Karl Wilfert, der Entwicklungsingenieur **Béla Barényi** und der Ende der 50er Jahre hinzugekommene junge Italiener **Bruno Sacco** bildeten ein Team, mit dem Mercedes über ein geballtes Know-how in Sachen Gestaltung verfügte. Und dennoch passierte Anfang der 60er Jahre der Sündenfall, als man, gebannt vom amerikanischen Markt, das Modell *220 S* mit Heckflossen versah. Wiedergutmachung leisteten die Männer um Wilfert mit dem *220 S Coupé*, das mit seinen perfekten Proportionen, insbesondere was die hintere Partie betrifft, zu den schönsten Zweitürern gerechnet wird. Weit innovativer war jedoch der Sportwagen *230 SL*, der auf den Ideen des Erfinders Barényi basierte. Der kantige, hyperfunktionale Wagen hatte eine so ungewöhnliche konkav-konvexe Dachkonstruktion, daß er dafür den Spitznamen »Pagode« bekam. Anfang der 70er

Seite 249

o. Mercedes-Benz *A-Klasse*,1998
l.u. Mercedes-Benz *SLK,* 1997
r.u. Frontansicht
S-Klasse (Detail), 1998

Jahre wurden einige Studien erarbeitet, bei denen die Stilisten weitgehend freie Hand hatten. Der Prototyp *C 111-3*, bereits unter Bruno Sacco, hatte jene scharfen Linien, die die Modelle der späten 70er und 80er Jahre bestimmten. Die Maxime war nun, daß »ein Mercedes stets wie ein Mercedes-Benz aussehen« mußte, um dadurch eine »Modellfamilie« zu kreieren. Dieses Prinzip bescherte Markenidentität und galt auch für die *190er*-Reihe (später *E-Klasse*), die 1982 eingeführt wurde und ein Novum war. Mit dem bis dahin kleinsten Mercedes faßte man erstmals in der oberen Mittelklasse Fuß. Der Einfluß von Saccos Prototyp *C 111-3* war dabei unübersehbar. Die betonte Keilform entsprach dem Stil der Zeit. Als Marktanteile verloren gingen, begann man das etwas behäbige Markenimage und die Modellpolitik zu überdenken. Bereits Ende der 80er Jahre beschäftige sich in der neuen Abteilung »Advanced Design« eine Gruppe von Kreativen mit automobilen Alternativen. Damals begann man moderat mit der Profilierung einzelner Modellreihen wie der *E-Klasse* und *C-Klasse* (die allein durch ihre vier elliptischen Scheinwerfer für Schlagzeilen sorgte).

Ende der 90er Jahre folgten dann radikalere Konzepte, die dem Stuttgarter Unternehmen – mittlerweile Deutschlands größter Industriekonzern und ein »Global player« – kaum jemand zugetraut hätte: Das zweisitzige Stadtauto *Smart* und die *A-Klasse*, Modelle, die auf ein junges Publikum zielten und die sich schon durch ihre ungewöhnlichen Proportionen und die postmoderne Optik vom Durchschnitt abhoben, wurden, wenn auch nicht ohne Pannen, mit erheblicher Marketingphantasie eingeführt. Zukünftig wird unter dem neuen Chefdesigner **Peter Pfeiffer** die »Modellfamilie« von Mercedes wohl noch multi-kultureller werden.

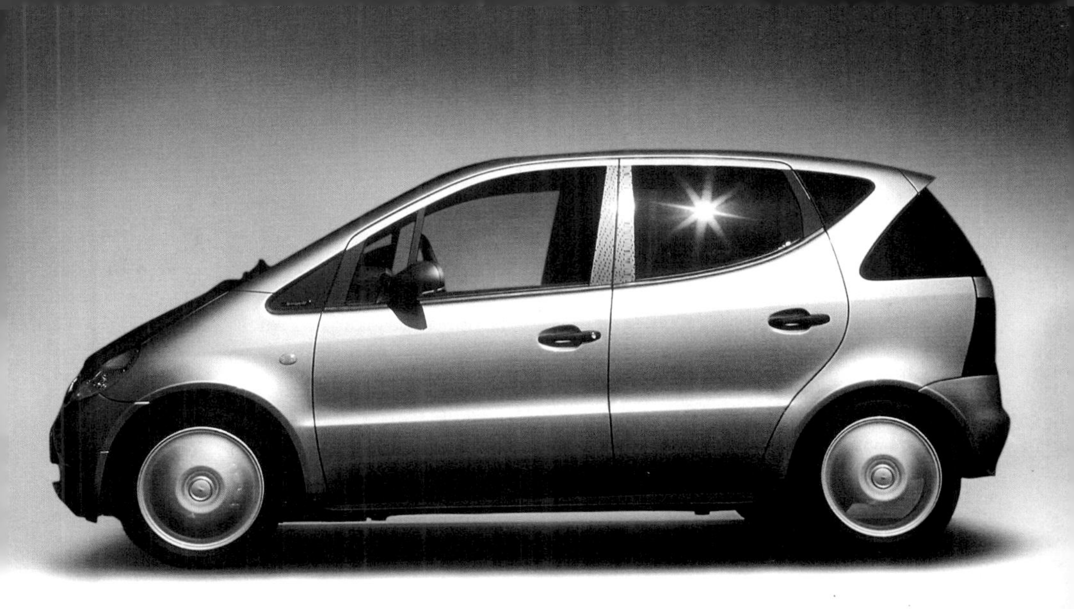

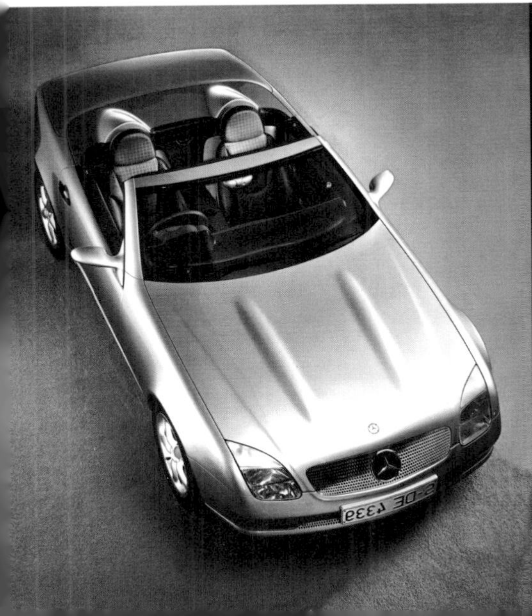

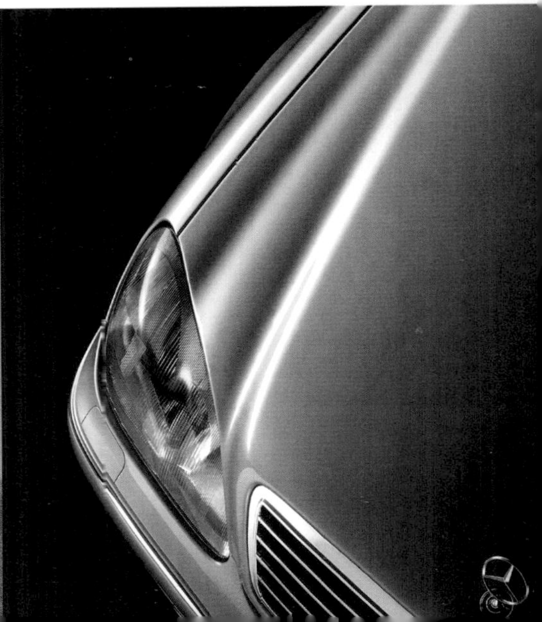

Ludwig MIES VAN DER ROHE
Architekt und Möbeldesigner

Seite 251
Stahlrohrstuhl *MR 10*, 1927

Der Beruf war dem Sohn eines Aachener Steinmetzes bereits in die Wiege gelegt. Um die Jahrhundertwende besuchte er die Dombauschule, arbeitete später in Berlin als Möbelzeichner in der Werkstatt von **Bruno Paul**, bevor er, erst 22 Jahre alt, in das Architekturbüro von **Peter Behrens** eintrat. In diese Zeit fallen erste Entwürfe für Wolkenkratzer aus Stahl und Glas. Seine späteren Stahlgitterbauten mit großflächiger Verglasung wie etwa das Seagram Building in New York aus den 50er oder die Berliner Nationalgalerie aus den 60er Jahren zählen zu den Höhepunkten moderner Architektur.

Ähnlich, nämlich ebenfalls ohne jegliche »triviale Verzierung«, ging Mies – der sich irgendwann den Künstlernamen van der Rohe zugelegt hatte – auch seine Möbel an. Sie entstanden ausnahmslos als Nebenprodukt seiner Bauaufträge. Designgeschichtlich relevant sind v. a. seine Arbeiten für das von ihm geleitete Projekt der Stuttgarter **Weißenhofsiedlung** im Jahre 1927, der zwei Jahre später von ihm konzipierte und ausgestattete deutsche Pavillon für die Weltausstellung in Barcelona sowie die etwa zur selben Zeit entworfene Villa im mährischen Brünn (Brno), die die Unternehmerfamilie Tugendhat bei ihm bestellt hatte. Bei der Vorbereitung auf das Weißenhof-Projekt hatte er **Mart Stam** die bahnbrechende Idee des hinterbeinlosen »Freischwingers« abgeschaut (später Ursache für jahrelangen juristischen Streit), mit dem seine Weltkarriere begann. In seinem Entwurf steckte außerdem **Marcel Breuers** damals erst zwei Jahre alte Idee, Stahlrohr statt Holz zu verwenden. Mies van der Rohe verband beide Innovationen zu einer gelungenen Synthese, die den Vorteil hatte, daß sein »Freischwinger« wirklich schwang, bedingt v. a. durch die Rundungen der Kufen (Abb. S. 43). Als »monumentales Objekt« bezeichnete er seinen repräsentativen *Barcelona-Sessel* aus dem Weltausstellungspavillon, der es zwar nie zum Mas-

senprodukt brachte (der Architekt möblierte damit später zahlreiche seiner eigenen Gebäude), aber zum frühen Klassiker, den
man – nicht zuletzt in den USA – aufgrund des großen Namens
kaufte. Bemerkenswert war hier die Verwendung von Bandstahl,
der zwar schwer war, aber die elegante Scherenform erst ermöglichte. Mies verband das kalte Material mit Leder – auf dem
Barcelona-Sessel lagen ursprünglich weiße Kissen aus Glacé-
leder –, eine edel wirkende Kombination, die man bei ihm immer
wieder findet. Das revolutionäre Raumkonzept dieses Pavillons
fand seine direkte Fortsetzung in der Tugendhat-Villa, und zwar
so konsequent, daß macher bezweifelte, man könne darin wohnen. Hier variierte der Grandseigneur des **Funktionalismus** seine
bisherigen Möbelkonzepte. Trotz der relativ geringen Zahl der
Entwürfe, die tatsächlich in Produktion gingen, waren sie stilbil-
dend. Dies zeigt nicht nur die Unzahl der Plagiate und die letztlich
erfolgreiche Vermarktung durch die Firmen **Thonet** und Knoll,
sondern auch die Weiterführung seiner Ideen durch bedeutende
Designer wie Franco Albini, Poul Kjærholm oder auch die Anti-
Designer von Archizoom. Obwohl Mies van der Rohe üblicher-
weise in Verbindung mit dem **Bauhaus** gesehen wird, hatte er
seine entscheidenden Designarbeiten bereits abgeschlossen
und einen eigenständigen Stil entwickelt, bevor er 1930 dort Direktor wurde.

Am Bauhaus legte er das Schwergewicht auf die Architektur
und war zudem vollauf damit beschäftigt, das drohende Ende des
Projekts abzuwenden. Versuche, sich mit der Diktatur zu arrangieren, scheiterten. 1938 emigrierte er in die USA, wo er die Ar-
chitekturabteilung des Illinois Institute of Technology leitete (und
neu plante). Bis zu seinem Tod war er als gefragter Architekt in
aller Welt tätig und galt, neben Marcel Breuer und **Walter Gropius**, als Großmeister des »International Style«.

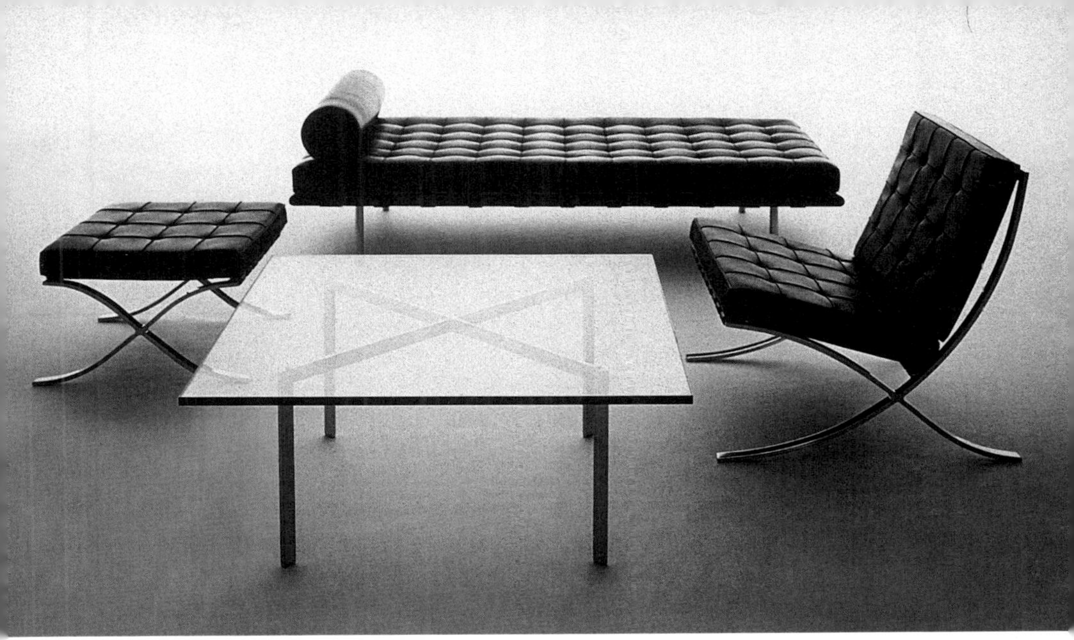

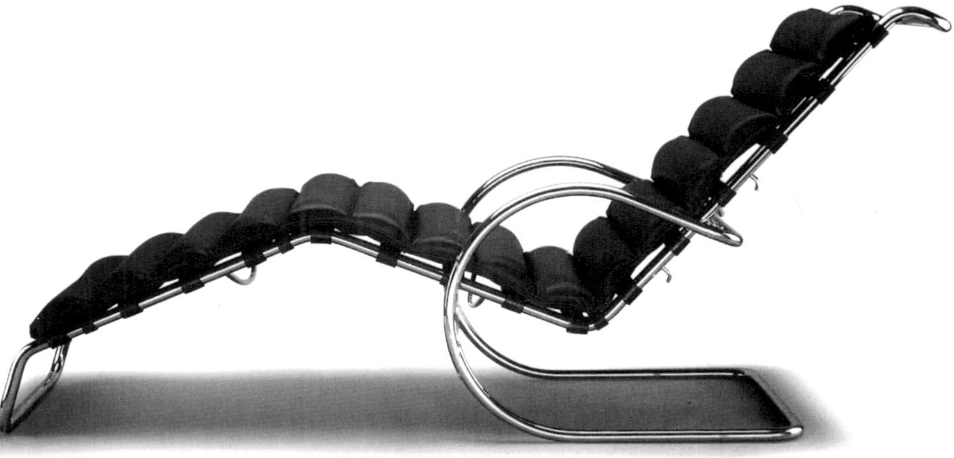

MOLL DESIGN

Studio für Produktdesign

Reiner Moll & Partner,
Schwäbisch Gmünd

1971 gegründet von Reiner Moll

1991 *Designteam des Jahres*
(Designzentrum NRW)

Produkte

1978 Stuhlprogramm *61*

1979 Stuhl *Binar*

beide für **Wilkhahn**

1989 elektronische Strick-
maschine und Geschirr-
spüler für **Bauknecht**

1991 Badmöbel-Programm
Select

1993 Waschtisch *Virage*

beide für **Villeroy & Boch**

1994 Friseurstuhl *Mando*

1997 Küche *Vis à vis* für Leicht

Unter den Gewinnern renommierter Designpreise sind sie re-gelmäßig zu finden. Aber sie wissen genau, daß es ihren Klienten nicht vorrangig um Preise geht, sondern um Markterfolg. Deshalb beschäftigt sich das elfköpfige Team um **Reiner Moll** stets mit den Rahmenbedingungen eines Auftrags. Als es um einen Kühl-schrank für **Bauknecht** ging, wurde die Produktgeschichte des Herstellers untersucht, aber auch veränderte Eß- und Kaufge-wohnheiten. Dies schlug sich u.a. in den b-förmigen Türfächern nieder, die den heute üblichen großen Verpackungsformaten ent-sprechen und zudem eine sinnliche Nuance in die ansonsten kühle Ästhetik bringen.

Der Name Moll steht für Innovation sowie Langlebigkeit der Produkte. Für einen Laboreinrichter entwickelte man z.B. eine modulare, extrem flexible Ausstattung, für einen Küchenherstel-ler ein Anbausystem mit höhenverstellbaren Arbeitsplatten. Die Wannen und Becken, die Moll für den Stammkunden **Villeroy & Boch** entworfen hat, sind von klassischer Strenge, wie der Waschtisch *Virage*, der seinen Reiz aus dem Gegensatz von Kreis und Viereck gewinnt und den man auf die zur Verfügung ste-hende Länge zuschneiden kann. Moll Design setzt bewußt auf Stilverzicht. Denn Gestaltungstrends, weiß Reiner Moll, entste-hen sowieso nicht im Studio, sondern »in der Subkultur«.

Seite 255

l.o. Bürostuhlprogramm *61*
für Wilkhahn, 1978

r.o. Lichtbandsystem *Maxos*
für AEG Lichttechnik, 1997

u. Waschtisch *Virage*
für Villeroy & Boch,1993

Tortenheber *Planum*, 1997

Nils Holger MOORMANN

Möbelhersteller

Das Wirtschaftsmagazin *Econy* bescheinigte ihm »kreativ-chaotisches Marketing«. **Nils Holger Moormann**, Produzent puristischer Möbel und Gegner von Kleidungskonventionen, ist in Europas Designszene längst eine feste Größe. Dabei kam er als Quereinsteiger in die Branche. Anfang der 80er brach er sein Jurastudium ab und sattelte kurz entschlossen um. Nach fünfjähriger Durststrecke brachte eine *Schuhkippe* den Durchbruch: Dieser neuartige, nur 16 Zentimeter flache Schuhschrank, der seinen Inhalt mit einem Griff offenbart, war ein enormer Verkaufserfolg und ist in seiner Einfachheit exemplarisch für die Moormannsche Produktphilosophie. Ebenso wie das Regal *Zoll D*, ein Modulsystem aus Aluminiumblech, das den höchsten deutschen Designpreis bekam. Die »Grundidee des Designs«, schrieb die Jury, »ist die denkbar größte Reduktion beim Material, bei der Verarbeitung und bei der Verbindung der Teile«. Moormann ist dafür bekannt, daß er auch junge unbekannte Designer ernst nimmt. Deshalb kommen viele Vorschläge unangefragt ins Haus.

Moormann Möbel-, Produktions- und Handels GmbH, Aschau im Chiemgau

1982 als Designhandel gegründet von Nils Holger Moormann

1984 Produktion von Möbeln unter eigenem Namen

1996 *Bundespreis Produktdesign; Deutscher Preis für Kommunikationsdesign*

1997 *Internationaler Design-Preis des Landes Baden-Württemberg*

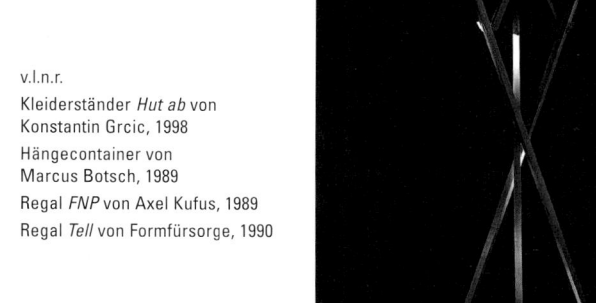

v.l.n.r.

Kleiderständer *Hut ab* von Konstantin Grcic, 1998

Hängecontainer von Marcus Botsch, 1989

Regal *FNP* von Axel Kufus, 1989

Regal *Tell* von Formfürsorge, 1990

In die Entwicklung neuer Produkte wird nicht nur Geld, sondern auch immer noch »viel Herzblut« investiert. Dabei ist auch schon der eine oder andere Klassiker herausgekommen, wie **Wolfgang Laubersheimers** *Verspanntes Regal* aus Stahlblech. Eines der bestverkauften Möbel im Sortiment ist das Regal *FNP* von **Axel Kufus**, eine minimalistische und dennoch flexible Konstruktion aus Hartfaserplatten, der man die Denkarbeit ansieht, die hineingesteckt wurde. Das gilt für fast alle Moormann-Möbel, z. B. auch für den superleichten Sperrholztisch *Spanato* oder die Leiter *Step*, die **Konstantin Grcic** erdacht hat, um das Leben der Bibliothekare zu erleichtern. All diese Möbel aus Blech, Sperrholz oder Spanplatten haben eine sehr trockene Ästhetik – ungefähr so trocken wie ein guter, teurer Wein.

Produkte

1984 *Schuhkippe* von Hanspeter Weidmann; *Verspanntes Regal* von **Wolfgang Laubersheimer**

1989 Regal *FNP* von **Axel Kufus**; *Hängecontainer* von Marcus Botsch

1990 Regal *Tell* von **Formfürsorge**

1993 Sideboard *Zoll D* von Lukas Buol und Marco Zünd

1996 Tisch *Spanato* von Jakob Gebert

1998 Bibliotheksleiter *Step* von **Konstantin Grcic**

Alexander NEUMEISTER

Produktdesigner

»Ich bin höchst mißtrauisch gegenüber der populären Version des allgemeinen Designers, der heute eine Blumenvase entwirft und morgen ein Flugzeug«, meint Alexander Neumeister, der selbst das Gegenteil eines Generalisten ist. Der Absolvent der **Hochschule für Gestaltung Ulm** hat sich auf Schienenfahrzeuge spezialisiert. Alexander Neumeisters Studio gilt auf diesem Gebiet – neben dem des Franzosen Roger Tallon – weltweit als erste Adresse. Sein Repertoir reicht von Niederflur-Stadtbahnen über Regionalzüge bis zu Konzepten für »Hotels auf Schienen«. Seine berühmtesten Produkte sind die Magnetschwebebahn *Transrapid* sowie die Hochgeschwindigkeitszüge *Shinkansen 500* und *ICE*, denen er ecken- und kantenlose Silhouetten gab.

Darin erschöpft sich aber keineswegs seine Leistung, die er angesichts der Größe dieser Projekte mit der erstaunlichen Zahl von nur sechs Mitarbeitern bewältigt. Nebenbei engagiert sich Neumeister, der seit Jahren ein zweites Studio in Brasilien unterhält, für den Designtransfer in Länder der »Dritten Welt«. Dank konsequenter Weiterentwicklung der nächsten *ICE*-Generationen *ICE 3* und *ICT* (mit Pendeltechnik) gehören die deutschen Züge zu den komfortabelsten Massenverkehrsmitteln. Kontinuierliche Verbesserung ist das Ziel des Teamarbeiters Neumeister. Er nennt das »innovatives Optimieren«, ein Prinzip, das er bei einem Japan-Aufenthalt gelernt hat. Für ihn war die Begegnung mit der fernöstlichen Kultur, in der seiner Ansicht nach »bereits alles verwirklicht war, was man uns im Studium zu vermitteln versuchte«, ein »notwendiges Korrektiv« der Ulmer Lehren. Seitdem ist geduldiges Weiterentwickeln ein entscheidendes Charakteristikum seiner Arbeit. Manchmal geht er aber dennoch völlig neue Wege, wie etwa bei der Bodenseefähre *Euregia*. Sie hat eine markante Trägerkonstruktion und sieht kaum noch aus wie ein gewöhnliches Schiff.

OPEL

Automobilhersteller

Bis zum ersten Jahr des neuen Jahrhunderts kündigte Opel unter seinem Chefdesigner Hans Seer nicht weniger als 26 neue Modelle an, eine »Produktoffensive«, die zu dieser Traditionsmarke durchaus paßt. Entstanden aus einer Nähmaschinen- und Fahrradfabrik, entwickelte sich Opel bald zu einem der fortschrittlichsten deutschen Automobilwerke und machte nicht nur durch feurige *Raketenwagen* Furore, sondern auch durch den Verkauf des Unternehmens an General Motors. Die Modelle der 30er Jahre lehnten sich an US-Vorbilder an, während die Namen der Marine entliehen waren: *Kadett*, *Kapitän* und *Admiral*, Modellreihen, die bis weit in die Nachkriegszeit Bestand hatten. Der *Kapitän*, 1951 mit ausladenden Kotflügeln und einem Kühlergrill im Cadillac-Stil ausgestattet, war einer der deutschen Traumwagen der Nachkriegszeit und auch in seiner gestreckten, weniger voluminösen Nachfolgeversion ein erstaunlicher Verkaufserfolg. Als erstes Modell mit europäisiertem Outfit gilt der Opel *Rekord* von 1960, der bereits eine Pontonkarosserie besaß. Als Anfang der 60er Jahre mit dem neuen Opel *Kadett* die kleinere Version des *Rekord* herauskam, waren dessen linealgerade Linien – gepaart mit Verzicht auf Verzierung – ein weiterer Schritt in diese Richtung. Die sachliche 60er-Jahre-Linie wurde auch auf die *Kapitän*- und *Admiral*-Modelle übertragen. Neue Käufergruppen sprach man mit dem superflachen Opel *GT* an, dem ersten hauseigenen Sportwagen, der durch seine aufklappbaren »Schlafzimmeraugen« und einen frechen Werbespruch auffiel (»Nur Fliegen ist schöner«). Opel verstand sich auf ein geschicktes, zielgruppengerichtetes Marketing. Avantgardistisches Design war deshalb die Ausnahme. Zu diesen Ausnahmen zählt das *Kadett-Coupé* von Bertone aus den 80er Jahren. Schließlich gehört dazu auch der *Calibra*, ein Modell von Seer, mit dessen hoher Gürtellinie und flacher, bogenförmiger Fensterpartie der Altmeister bereits den emotionalen Stil der 90er Jahre vorwegnahm.

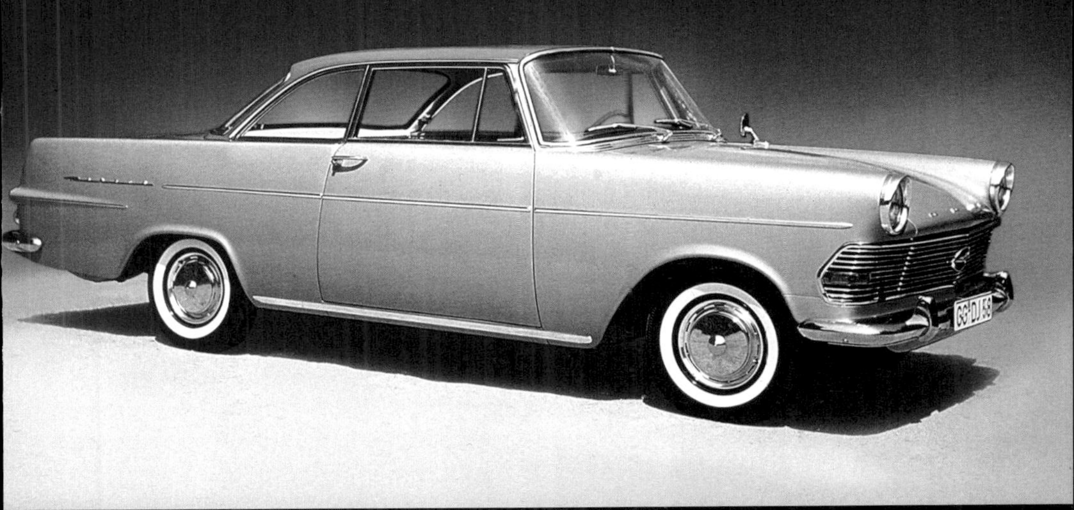

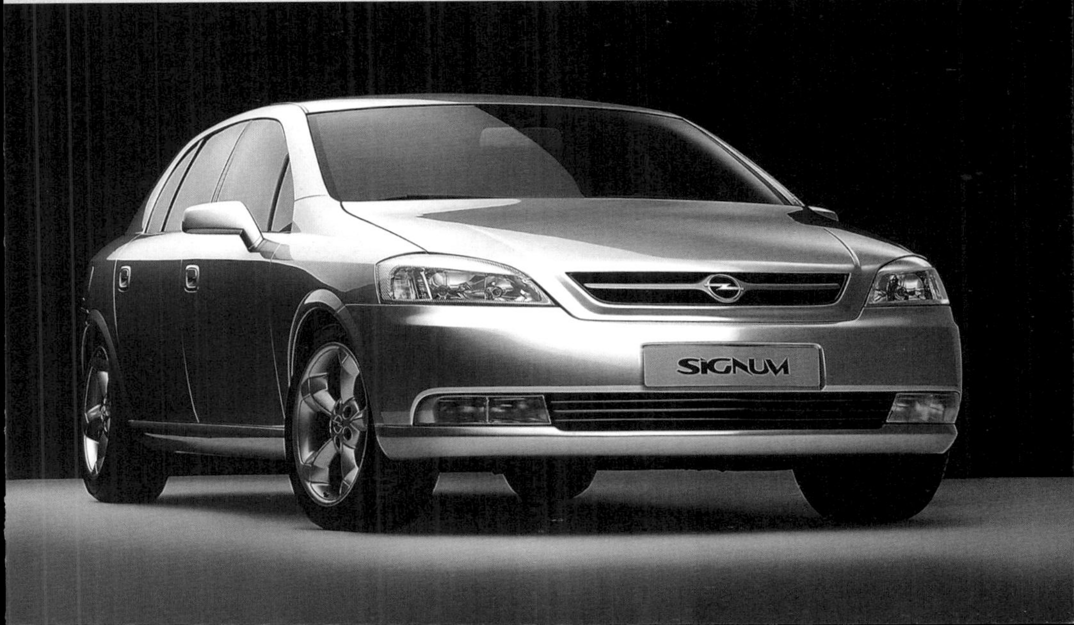
SIGNUM

PENTAGON

Studio für Möbeldesign

Seite 263

l.o. Regal *Diwan* von Meyer Voggenreiter und Reinhard Müller, 1988

r. *Verspanntes Regal* von
Wolfgang Laubersheimer, 1984

l.u. *Schlauchregal* von Reinhard
Müller, 1986

Mitte der 80er Jahre, als deutsche Designer immer noch huldvoll nach Ulm blickten und mit Vanitas-Rufen die Postmoderne zu bannen suchten, verblüffte die Designergruppe Pentagon mit Möbeln, bei denen sie Materialien wie rohen Stahl, Holz und Stein zu puren Formen und einer erfrischend ungeschliffenen Ästhetik kombinierten. Dabei schlug sich Pentagon auf keine Seite der Designfronten. Inspiriert von Arte Povera und den Readymades Marcel Duchamps waren ihre Arbeiten praktische – und häufig ironische – Reflexionen über eingefahrene Sichtweisen und Wohngewohnheiten. **Meyer Voggenreiters** Bücherregal *Mai 68* besteht z. B. aus drei mit Fuß- und Haltebügeln versehenen Weinkisten vom Sperrmüll. Unfähig allein zu stehen, müssen sie sich solidarisch in die Arme fallen, ein Wink zur Subkultur der 60er Jahre und deren Ideale (Abb. S. 22). **Wolfgang Laubersheimer** lieferte dagegen mit seinem *Verspannten Regal* ein erstaunlich einfaches Möbel, das zum bekanntesten Produkt der Gruppe wurde. Die Entwürfe von **Gerd Arens**, Wolfgang Laubersheimer, Meyer Voggenreiter, **Reinhard Müller** und **Ralph Sommer** trugen individuelle Handschriften. Oft lagen ihnen Handlungsideen zugrunde, die im Prozeß der Gruppenausstellungen zu Rauminstallationen ausgebaut wurden. Kein Zufall also, daß die Gruppe bereits zwei Jahre nach ihrer Gründung auf die *Documenta 8* nach Kassel eingeladen wurde. Ihr temporäres *Café Casino* war mehr als nur ein Künstlercafé. Pentagon arbeitete dort in einer 100-Tage-Performance und machte es kommunikativ und kulinarisch zum Dreh- und Angelpunkt der Avantgardeausstellung. Aufsehenerregend war sowohl die modulare Architektur als auch das integrierte Mediennetzwerk auf digitaler Basis, eines der ersten Internet-Cafés. Dieses Konzept wird, nachdem sich Pentagon auflöste, von Meyer Voggenreiter und Uwe Wagner unter dem Projektnamen **Casino Container** weiterentwickelt.

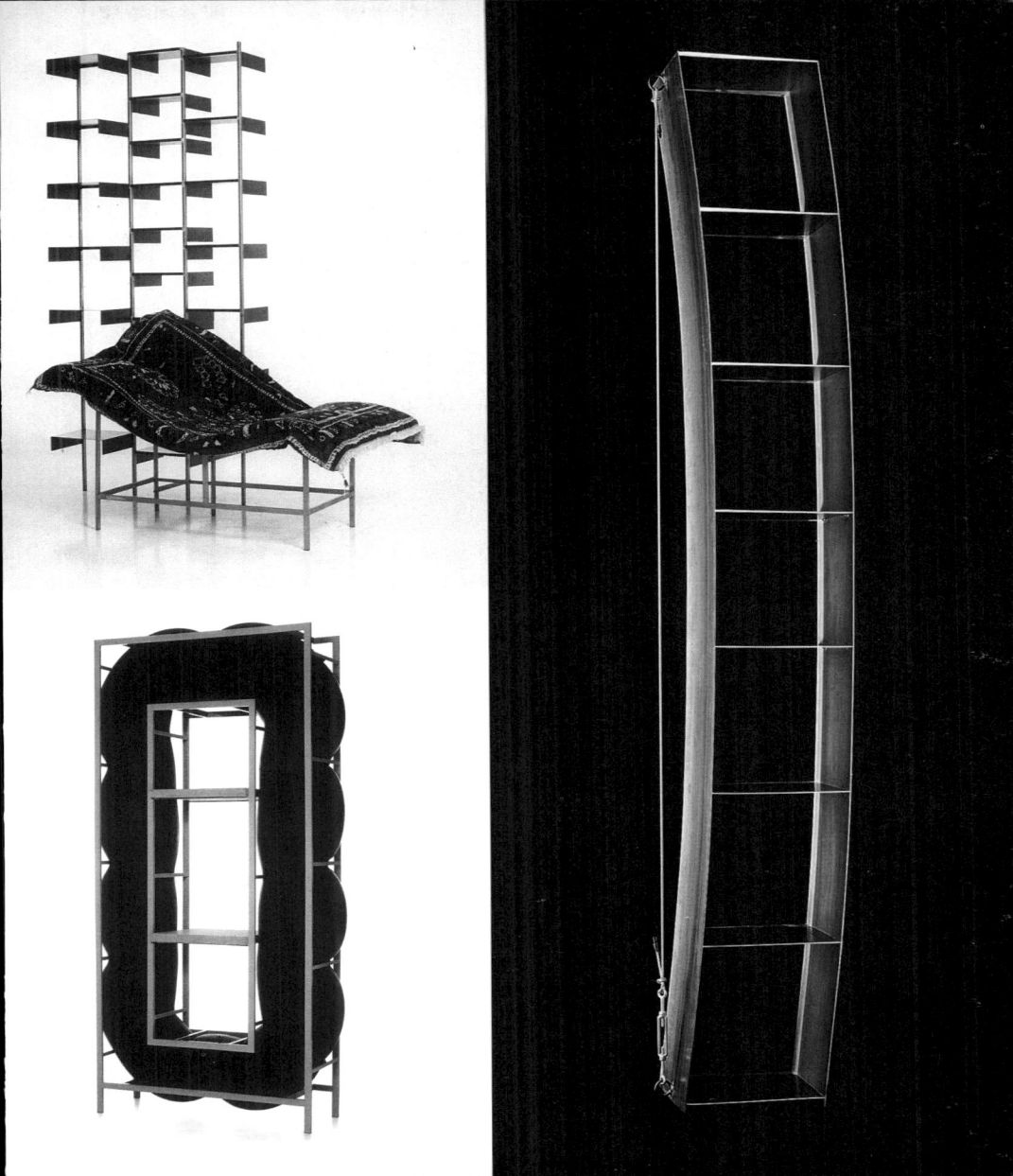

PHOENIX
Studio für Produktdesign

In alten Kellern und Waschküchen sehen Wasserhähne noch wie Wasserhähne aus. Nun hat sich Phoenix dieser archetypischen Grundform wieder angenähert: Der Wasserhahn *Arco* ist ein schlichtes gebogenes Rohr, auf dem ein einfacher Bügelgriff reitet. Die für **Hansgrohe** entwickelte minimalistische Armatur fügt sich schlüssig ins Corporate Design des Herstellers und ist auch dadurch typisch für Produkte aus dem Hause Phoenix. Das Gründerduo **Andreas Haug** und **Tom Schönherr**, früher Kollegen bei **Frogdesign** (dessen Stammkunden Hansgrohe sie inzwischen übernommen haben), will seinen Auftraggebern keine expressive Handschrift aufdrängen. Sie bieten statt dessen jeweils aufgabenbezogene Lösungen, die sich an bestimmten Zielgruppen orientieren. Für jedes Projekt wird ein Modell in Lebensgröße hergestellt, auch ein Hinweis auf Designtugenden alter Schule. Egal ob Mobiltelefon, Stereoanlage oder Badewanne, alle Entwürfe sind zum Anfassen, ein Service, der es dem Kunden leichter macht, konkrete Wünsche zu artikulieren. Der intensive Dialog führt häufig zu innovativen Produkten. So entstand für den Fernseh- und Hifi-Hersteller **Loewe** mit dem TV-Gerät *Ergo* und der Hifi-Anlage *Legro* ein technisch und ästhetisch aufeinander abgestimmtes audio-visuelles System, ein Schritt in die Zukunftswelt der integrierten Medien. Für **Lamy** gestaltete man die Serie *Accent*. Das sind Füllhalter und Kugelschreiber, bei denen der Käufer aus unterschiedlichen Griffstücken die eigene Wahl treffen kann. Das Angebot reicht von Birnbaumholz über Edelkarz bis zu rot eloxiertem Aluminium. Regelmäßig gönnt sich das schwäbische Designbüro eine kreative Verschnaufpause: Auf der *Phoenix Academy* werden jährlich zu einem selbstgewählten Thema freie Gedankenexperimente in Konzepte verwandelt. Heraus kommt so Fantasievolles wie Dachspielplätze und »Rutschskulpturen« für Stadtkinder.

Phoenix Product Design,
Stuttgart

1987 gegründet von Andreas
Haug und Tom Schönherr

1988 erste *Phoenix
Design Academy*

1998 *Lucky Strike Design Award*

Produkte

1989 PC-Gehäuse *Olystar 80*
für **AEG**

1990 Badserie *Allegroh*
für **Hansgrohe**

1995 *Pharo Duschtempel 115*
für Hansgrohe; TV-Gerät
Ergo für **Loewe**

1997 Badserie *Axor Steel* für
Hansgrohe; NEC *Notepad*

1998 Schreibgeräteserie
Accent für **Lamy**

Seite 265

l. Füller *Accent*
für Lamy, 1998

r.o. Wasserhahn *Arco*
für Hansgrohe, 1991

r.u. Mobiltelefon *CP-870 DECT*
für Grundig, 1998

PLAYMOBIL

Spielzeughersteller

Ein Kunststoffhersteller, der neben Booten und Regalen auch Spielzeug wie Kaufmannsläden und Hula-Hoop-Reifen im Angebot hatte, suchte in der Ölkrise der 70er Jahre nach einem profitablen Produkt. Entwicklungschef Hans Beck war aufgefallen, daß es auf dem Spielzeugmarkt zwar jede Menge Fahrzeuge und Bausteine gab, aber keine handlichen Figuren. Becks »Männchen« waren die Lösung: Sie können stehen, sitzen, greifen, winken und den Kopf drehen und sind mit reichlich »Zubehör« ausgestattet. Ihre funktionale **Formgebung**, die die Austauschbarkeit der Elemente gewährleistet, hat ein auffallendes Kennzeichen: den für die Marke Playmobil typischen Kugelkopf. In dieser Kugel mit ihrem stilisierten Gesicht kommt jene Kombination aus Abstraktheit und Realismus exemplarisch zum Ausdruck, die den Wünschen der Kinder offenbar so gut entspricht. Mit den standardisierten System-Figuren, von denen bis Ende der 90er Jahre knapp anderthalb Milliarden (!) Exemplare verkauft wurden, ist das **Bauhaus** im Kinderzimmer angekommen.

Geobra Brandstätter GmbH & Co. KG, Zirndorf

1876 gegründet von Andreas Brandstätter

1954 Kunststoffprodukte eingeführt

1971 Entwicklung eines Serienspielzeugs (Kunststoff-Männchen)

Produkte

1958 Hula-Hoop-Reifen

1974 Playmobil-Figuren

1990 Kleinkindserie *1.2.3.*

1997 ferngesteuerter *RC-Train*

u. Erste Playmobil-Figuren von Hans Beck, 1974

Automobilhersteller

Der Fahrzeugingenieur **Ferdinand Porsche** hatte über 1000 Patente und war sowohl an der Entwicklung von Flugzeugmotoren, Rennwagen sowie am Bau von Wehrmachtspanzern beteiligt. In den 20er Jahren wurde er Chefkonstrukteur bei **Mercedes-Benz** in Stuttgart. Dort gründete er später ein eigenes Konstruktionsbüro, das schließlich den **Volkswagen** entwarf. Porsche, »Betriebsführer« des Wolfsburger Werks, wurde von den Alliierten interniert. Nach der Freilassung konstruierte er mit seinem Sohn »Ferry« das erste Auto, das den Familiennamen trug, den Porsche *356*, ein Sportwagen, der stark an den VW erinnerte und nicht nur das Prinzip des Heckmotors, sondern auch den 4-Zylinder-Boxermotor von diesem übernahm. Dieses Modell, zuerst in einer offenen, später in einer Dachversion, war mit 40 PS und 140 km/h keineswegs ein Kraftpaket, überzeugte aber durch die gelungene Karosserie. Sie kam aus der Werkstatt von **Erwin Komenda**, seit dem VW-»Käfer« im Hause Porsche verantwortlich für Blechtechnik und -gestaltung, ein Meister der gebärdigten

Dr. Ing. h. c. F. Porsche AG, Stuttgart

1930 **Ferdinand Porsche** gründet Konstruktionsbüro in Stuttgart

1931 **Erwin Komenda** verantwortlich für Karosserien

1948 Bau des Typs *356* durch Ferdinand Porsche und dessen Sohn »Ferry«

1950 Beginn der Produktion; Ferdinand Porsche gestorben

1955 James Dean stirbt bei einem Unfall in einem Porsche *550 Spyder*

Porsche *356 Coupé*, 1948

Stromlinie. Komenda schuf den neuen Typus des geschlossenen Coupés, dessen »Fließheck« zum Inbegriff des Sportwagens wurde. Mit dem Nachfolgemodell *911* setzten Komenda und Enkel Ferdinand »Butzi« diese Tradition fort. Besonders die abfallende Haube mit den typischen Froschaugen und der von der Oberkante der Windschutzscheibe bis zur Stoßstange durchgezogene Bogen – verbunden mit einer linealgeraden Gürtellinie – machten dieses Modell zu einem kongenialen Entwurf, in dem die Stilmerkmale des Ur-Porsche erhalten blieben, der aber ähnlich sachlich-technisch wirkte wie z. B. der **BMW** *1500*. Dies war der Grundstein einer Markenidentität, die durch Design geprägt ist, ein Vorteil, der keineswegs immer als solcher gesehen wurde. Versuche der 70er und 80er Jahre, sich vom eigenen Mythos zu emanzipieren, brachten das Unternehmen an den Rand der Existenzkrise. Weder das Modell *914*, ein hochmoderner mit VW entwickelter »Volksporsche«, noch der *928er* erfüllten die Erwartungen. Was in Stuttgart-Zuffenhausen über zwei Jahrzehnte häufig als formales Korsett wahrgenommen wurde, erweist sich jedoch heute als entscheidender Marktvorteil. Die typischen Porsche-Merkmale sind scheinbar zeitlos.

In den 90er Jahren – die Renommierfirma arbeitet wieder hochprofitabel – sind die knapp 40 Mitarbeiter der Designabteilung damit beschäftigt, immer neue Versionen des Dauerbrenners *911* vorzulegen, wie z. B. die Studie *911 GTI*, ein bulliges Mittelding zwischen Sport- und Rennwagen, das vom Hausdesigner Anthony R. Hatter stammt. Um so stolzer präsentierte Designchef **Harm M. Laagay** den neuen *Boxster*, mit dem es doch noch gelang, eine zweite eigenständige Modellreihe zu etablieren. Dieser auf dem legendären *550 Spyder* basierende Wagen ist nicht nur gut motorisiert, sondern verfügt auch über das schnellste Faltdach der Welt.

POTT

Besteckhersteller

Der Familienbetrieb wurde in Solingen, dem deutschen Shef-
field, gegründet. Als ihn **Carl Pott** junior Anfang der 30er Jahre
übernahm, verfolgte er eine völlig neue Linie, die einer Zeit der historischen Anleihen entgegenlief. Gleich eines seiner ersten Bestecke – mit dem schlichten Namen *2716* – machte international
Furore. Dieses Eßwerkzeug war von spartanischer Einfachheit.
Doch obwohl das Modell 1937 auf der Pariser Weltausstellung
prämiert worden war, lehnten viele Fachhändler Potts Produkte
ab. An seinen vom **Bauhaus** beeinflußten Ideen hat er dennoch
festgehalten – und den Lohn dafür bekam er in den 50er Jahren,
als Modernität gefragt war. Pott entwickelte z.B. das Bordbe-
steck für die **Lufthansa**. Zusätzlich wurden Entwürfe von **Hermann Gretsch** und **Wilhelm Wagenfeld** ins Sortiment aufgenommen. In neue Messer-, Gabel- und Löffeltypen investierte der
Unternehmer oft Jahre an Entwicklungszeit. Carl Pott entwarf
den Großteil seiner Modelle selbst, für die er eine ungeheure Zahl
internationaler Designpreise erhielt. Heute wird der Katalog
durch Arbeiten junger Designer erweitert. Auch wenn sie sich,
wie z.B. Ralph Krämer mit seinem preisgekrönten Käsemesser
Picado, ein Quentchen mehr Freiheit nehmen – sie werden doch
am Pottschen Purismus gemessen.

Dieter RAMS

Produkt- und Möbeldesigner

1932 geboren in Wiesbaden

1947 Architekturstudium an
der Werkkunstschule
Wiesbaden (bis 1953)

1948 Tischlerlehre (bis 1951)

1954 arbeitet für **Braun** (bis
1997, ab 1961 Leiter der
Produktgestaltung)

1957 Möbelentwürfe für **Otto
Zapf** (heute SDR)

1981 Professur für Industriedesign in Hamburg

1987 Präsident des **Rats für
Formgebung** (bis 1997)

Der junge Innenarchitekt mit schwarzer Hornbrille und ameri-
kanischem Kurzhaarschnitt war seit Mitte der 50er Jahre bei der
Firma **Braun** angestellt und stieg bald zum Leiter der Abteilung für
Produktgestaltung auf. Was er dort mit einem engagierten Team
zuwege brachte, war nicht mehr und nicht weniger als »die praktischen Gestaltungsprinzipien, die am **Bauhaus** und an der **Hochschule für Gestaltung Ulm** aufgestellt wurden« auf gänzlich neue
Konsumprodukte zu übertragen. Berühmtheit erlangten seine
Phono- und TV-Geräte, durch die Rams zur Symbolfigur der deut-
schen Designrenaissance der 60er Jahre wurde. So war z. B. das
System *Audio 1* ein vollkommen neues Produkt, sowohl hinsicht-
lich der Transistortechnik und der Hifi-Qualität wie auch in seiner
Konzeption und äußeren Gestaltung. *Audio 1* bestand aus einzel-
nen, zueinander passenden Modulen – Receiver, Plattenspieler,
Tonbandgerät und Fernsehgerät waren aufeinander abgestimmt.
Das revolutionäre Doppelprinzip – Trennung von funktionalen
»Bausteinen« mit identischer Ästhetik, die dadurch individuell

v.l.n.r.

Hifi-Anlage *Audio 1* für Braun, 1962
Regalsystem *606* für Vitsoe, 1960
Tischfeuerzeug *TRG 2*, 1968

Seite 273/274

Radio-Plattenspieler
Phonosuper SK 4 (mit Hans
Gugelot) für Braun, 1956
Taschenrechner *ET 44* für Braun
(mit Dietrich Lubs), 1977

kombinierbar sind – war von den Ulmer Dozerten **Hans Gugelot** und **Herbert Lindinger** entwickelt und beim Phonosystem *Studio 2* von Dieter Rams umgesetzt worden, der dadurch zum Pionier der modernen »Stereoanlage« wurde. Das aufgeräumt-technische Design, dessen Geometrie der Knöpfe und Skalen zum Mythos wurde, hat der »Ingenieur-Gestalter« Rams später auch auf andere Geräte angewandt, darunter Rasierapparate, Küchenmaschinen und Taschenrechner. Außerdem arbeitete Rams damals auch für die Möbelfirma **Vitsoe**, für die er u. a. das Regalsystem *606* entwarf, ein Klassiker, der bis heute im Programm ist.

Dieter Rams, selbst eine Art Prototyp, der zur Emanzipation des jungen Berufszweigs Design Entscheidendes beitrug, war auch die Inkarnation (oder das Stereotyp) des typisch deutschen **Funktionalismus**, gegen dessen Ordnung-muß-sein-Prinzip die nächste Generation rebellierte. Der Vater des Braun-Designs, dem ungezählte internationale Ehrungen zuteil wurden, hat seinen Weg beharrlich weiterverfolgt.

Produkte

1956 Radio-Plattenspieler
Phonosuper SK 4
(mit **Hans Gugelot**)

1959 *Miniaturradio*
beide für Braun

1960 Regalsystem *606* für Vitsoe

1962 *Weltempfänger T 1000*;
Hifi-Anlage *Audio 1*

1968 Tischfeuerzeug *TRG 2*

1969 Entsafter *Multipress MP 50*

1984 *RHa Arbeitsplatzleuchte*
(mit Andreas Hackbarth)
für **Tecnolumen**

1985 Türgriffe *RGS 1, 2* und *3*
für **FSB**

Sender
UKW
MW
LW
Phono
ein aus
BRAUN
Höhen
Tiefen
Lautstärke
16
78
0

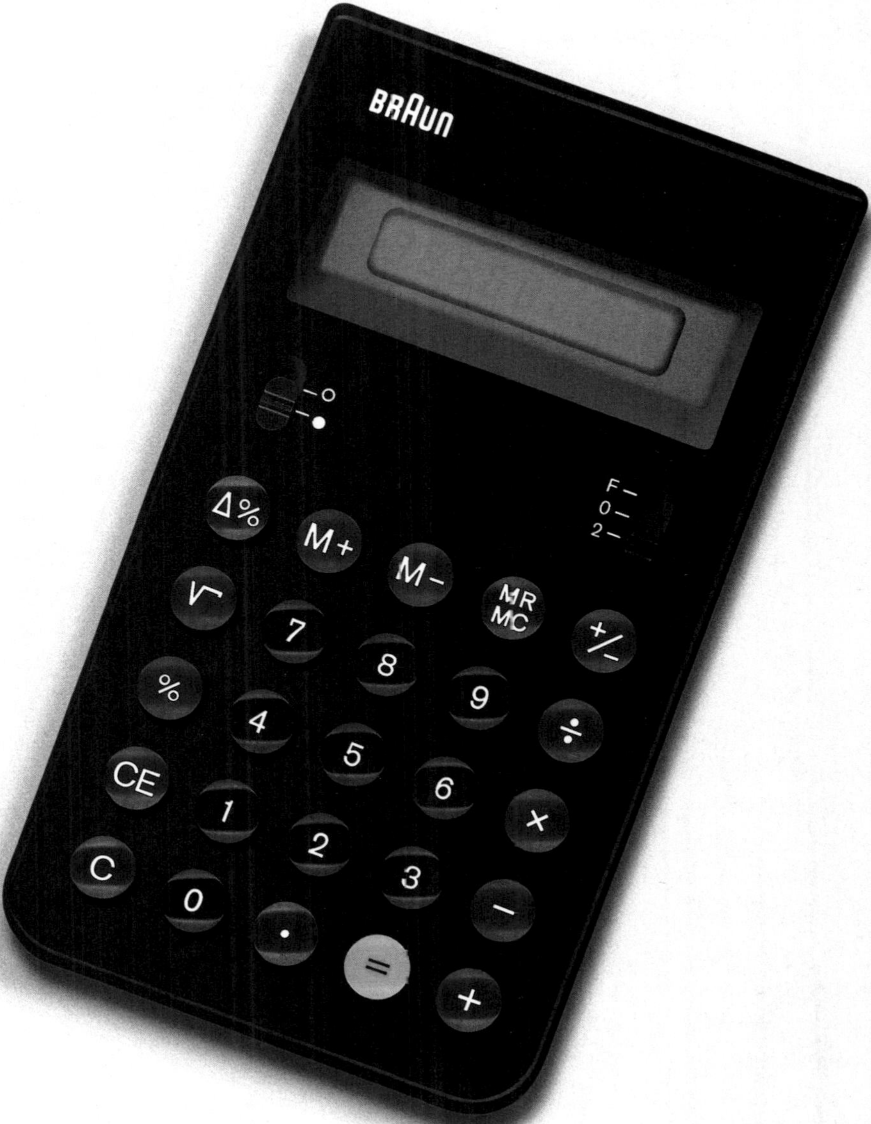
BRAUN
F
0
2
Δ%
M+
M−
MR
MC
√
7
8
9
+/−
%
4
5
6
÷
CE
1
2
3
×
C
0
·
=
−
+

RASCH

Tapetenhersteller

Für die *Bauhaustapeten* wurde ein Wettbewerb unter den Studenten ausgeschrieben. Lehrer wie **Josef Albers** und **Joost Schmidt** trafen die Auswahl. 150 verschiedene Tapeten – 14 Muster in jeweils fünf bis 15 Farbreihen – gingen schließlich in Produktion. Aber nur drei Händler wollten das neue Sortiment bestellen. Der Tapetenfabrikant Emil Rasch, auf dessen Idee es zurückging, schaltete daraufhin Anzeigen in großen Zeitungen, die zum Erfolg führten. Während der NS-Zeit war Rasch der einzige, der den Namen der verfemten Schule weiter verwenden durfte. Mit ihrer matten Oberfläche und den feinen Linien, Rastern und Flecken stellten die *Bauhaustapeten* einen neuen Typus neutraler Wandgestaltung dar, der dem funktionalistischen Einrichtungsstil entsprach. Praktischer Vorteil: sie konnten ohne Verschnitt geklebt werden. Nach dem 2. Weltkrieg verfolgte die Firma Rasch ihre progressive Linie weiter, legte z. B. *Künstlertapeten* auf. Zu den beliebtesten Tapeten der 50er Jahre zählten die zeittypischen »abstrakten« Muster der englischen Designerin Lucienne Day (Abb. S. 26). Auch in den 60er und 70er Jahren ging Rasch mit dem Zeitgeist. Die Kollektion *Avantgarde* des Essener Grafikers Klaus Dombrowski empfand die Farben und Formen der amerikanischen Pop-art nach und führte großflächige Muster in die deutsche Wohnung ein. Ende der 80er Jahre machte Rasch die Designwelle endgültig stubenfähig.

In der Kollektion *Zeitwände* durften deutsche und internationale Designer, darunter Ron Arad, **Ginbande**, Ettore Sottsass und Borek Sipek, die Tapete postmodern interpretieren. Wenn die Kollektion auch schneller in die Museen als an die Wohnungswände der designorientierten Kundschaft gelangte, konnte Rasch damit doch seinen Ruf als innovativer Marktführer festigen. Begleitet wurde die Einführung der *Zeitwände* zudem von einer viel beachteten Anzeigenkampagne, bei der mehr oder weniger namhafte Designer vor unbeklebten weißen Wänden posierten.

Richard RIEMERSCHMID

Maler, Architekt, Möbel- und Produktdesigner

Als er um 1900 bei einem Kerzenhalter auf die übliche Verzierung verzichtete, fanden Kritiker das »unnatürlich«. Dabei war Richard Riemerschmid selbst ein Verfechter von Materialtreue und Natürlichkeit. Seine einfachen Stühle, bei denen die Maserung des Holzes häufig voll zur Geltung kam, standen im krassen Gegensatz zur herrschenden Repräsentationssucht. Nach seinem Kunststudium schuf Riemerschmid Möbel, Teppiche und Gläser, die stark von Arts & Crafts inspiriert waren, arbeitete später als Architekt und entwarf Produkte für Firmen wie die Porzellanmanufaktur in Meißen und die Deutschen Linoleumwerke.

Sein 1899 vorgestelltes Besteck gilt als der erste Versuch, Messer und Gabel eine moderne Form zu geben. Damals hatte Riemerschmid Gefallen am Jugendstil gefunden, und er schuf mit den Münchner Kammerspielen ein Meisterwerk dieser Epoche. Der aus derselben Zeit stammende *Musikzimmerstuhl* mit einer zur Diagonale mutierten Armlehne – machte ihn bekannt. Für manchen war dieser Stuhl so etwas wie die Geburt des moder-

Teegeschirr, 1912

nen Möbels: Design im modernen Sinne, für die der Avantgardist und Produktreformer die innovativen und praktischen Voraussetzungen mitbrachte. Richard Riemerschmid, Mitbegründer der **Vereinigten Werkstätten** und des **Deutschen Werkbunds**, setzte Standards für das Design des frühen 20. Jahrhunderts. Simple, klare Konstruktionen, deren Verbindungen nicht kaschiert wurden, machten von Anfang an seine Handschrift aus, sowohl bei Einzelstücken als auch später beim preiswerteren, industriell gefertigten Mobiliar, das er werbeträchtig *Maschinenmöbel* nannte. Später arbeitete er in den **Dresdner Werkstätten** und schuf dort unter **Karl Schmidt** die Gartenstadt **Hellerau**, eines seiner Schlüsselwerke. Nach dem 1. Weltkrieg gehörte er nicht mehr zur Avantgarde, hatte aber noch zahlreiche kreative Ideen. In den 20er Jahren baute er als einer der ersten in Deutschland Fertighäuser aus Holz und konstruierte zukunftsweisende Ausstellungsvitrinen aus Glas. Noch im hohen Alter experimentierte der Neuerer Riemerschmid mit Schichtholz und Aluminium.

Produkte
1899 *Musikzimmerstuhl;* Besteck für die Vereinigten Werkstätten
1904 Porzellan für Meißen
1905 *Maschinenmöbel* für die **Dresdner Werkstätten**
1910 Bodenbelag für die Deutschen Linoleumwerke
1912 Teeservice aus Metall für die Deutschen Werkstätten

Schreibtisch *Herrenzimmer*, 1905

RIMOWA

Kofferhersteller

In der Kölner Kofferfabrik Rimowa hatte man in den 30er Jahren erstmals mit dem neuen Werkstoff Aluminium experimentiert, dessen geringes Gewicht ihn für Gepäckhersteller interessant machte. 1950, ein Jahr nach der Währungsreform, brachte man den ersten deutschen Alukoffer auf den Markt: das Modell *Topas*, bis heute der Klassiker im Sortiment. Um dessen Stabilität zu erhöhen, hatte Juniorchef Richard Morszeck das Modell mit parallel verlaufenden Rillen (bzw. Schwellen) auf den Seitenflächen ausgestattet. Auf die Idee hatte ihn das legendäre Flugzeug *Ju 52* gebracht, dessen Wellblechverkleidung einen ähnlichen Streifeneffekt erzeugte. Dieses konstruktive Detail gab der neuen Koffergeneration eine zusätzlich technische Anmutung.

Die Assoziationen Flugzeug, Fernreise und Exklusivität hafteten den praktischen Metallkoffern von vornherein an. Zudem stifteten die Streifen (ähnlich wie bei **Adidas**) auf zwanglose Weise eine unverkennbare Markenidentität, die heutzutage selbst bei Nylonprodukten durchgehalten wird.

Kofferserie *Topas* von
Richard Morszeck, 1950

Schokoladenhersteller

Den Slogan »Quadratisch, praktisch, gut« kennt in Deutschland jedes Kind und weiß auch, was gemeint ist, obwohl von Schokolade nicht die Rede ist. Die Firma Ritter hat die quadratische Schokolade zu ihrem Markenzeichen gemacht und so via Verpackungsdesign Marktanteile erobert. Die längengleichen Seiten sind ein einfaches Unterscheidungsmerkmal gegenüber der klassischen Tafel, aber keineswegs das einzige. Das als Reiseschokolade eingeführte Format war auch dicker (also weniger zerbrechlich). Außerdem bot Ritter als erste Marke eine große Vielfalt von Geschmacksrichtungen an (eine ähnliche Entwicklung wie beim Speiseeis), darunter Ausgefallenes wie Kokos und Fruchtjoghurt. Die Sorten wurden durch auffallende, flächige Farben symbolisiert, ein poppiges System, das die Hülle (aus glänzendem Kunststoff und ohne Alufolie) zum Kult- und Sammelobjekt werden ließ. Schließlich machte das Aufknicken der Tafel auf ganzer Länge, ein Mechanismus bei dem die Verpackung aufreißt, die Schokoladeninnovation praktisch perfekt.

Alfred Ritter GmbH & Co., Waldenbuch

1912 gegründet von Alfred und Clara Ritter

1932 Marke *Sport-Schokolade* mit quadratischem Riegel

1970 Fernsehwerbung

1974 verschiedenfarbige Verpackungen für Sorten

1976 Knickpackung

1991 recyclefähige Verpackung

Produkte

1932 *Sport-Schokolade* (ab 1960 *Ritter-Sport*)

1982 *Ritter Sport Mini*

1995 *Ritter Sport XXL*

l. *Sport-Schokolade*, 1932
r. Vollmilchtafel, 1995

ROSENTHAL
Porzellanhersteller

Seite 283

l.o. Obstschale von Wilhelm Wagenfeld, 40er Jahre

r.o. Besteck *Kurve* von Tapio Wirkkala, 1972

l.u. Glas *Ai* von Michael Böhm, 1970

r.u. Glas von Björn Wiinblad, 1960

Im Jahr 1960 eröffnete in Nürnberg das erste *Rosenthal Studio-Haus*. Man bekam dort sowohl die Produkte der bekannten Porzellanmarke wie auch solche ihrer Konkurrenten. Das Prinzip gilt bis heute: *Rosenthal Studio-Häuser* – die erste Designladenkette der Welt – verkaufen, was von einer Jury als gutes, »originales« Design ausgewählt wurde. Die Produkte der damals gleichzeitig eingeführten *Studio-Linie*, allesamt von namhaften Designern gestaltet, sind allerdings nur hier zu haben. Rosenthal war die erste Firma, die den Designerkult, der in den 80er Jahren voll einsetzte, schon vorher zelebrierte, wobei man den Bogen von der klassischen Moderne eines **Walter Gropius** über skandinavische und italienische Designer bis zu Einzelgängern wie **Luigi Colani** spannte (Abb. S. 34). Früh hatte man die hohe Wertschöpfung von Designprodukten sowie deren ästhetische Langlebigkeit erkannt, machte gleichzeitig aber auch Geschäfte mit technischem Porzellan. Rosenthal, eine Firma, die mit ihren Designpreisen ein kleines Museum füllen kann, wird – ähnlich wie **Braun** – mit guter Gestaltung gleichgesetzt.

Die Porzellanfabrik war in der Gründerzeit des späten 19. Jahrhunderts entstanden und hatte bis zum 2. Weltkrieg stark expandiert. Bis dahin hielt man sich stilistisch an herrschende Strömungen (noch vor dem 1. Weltkrieg war eine »Kunstabteilung« eingerichtet worden). So entstanden um die Jahrhundertwende vom Jugendstil beeinflußte Geschirre sowie während der 20er und 30er Jahre auch einige Produkte im Geist neuer Sachlichkeit. Die Firma setzte erstmals gestalterisch Akzente, nachdem Junior **Philip Rosenthal**, ein Nonkonformist, Demokrat und Visionär, in den 50er Jahren das Heft in die Hand nahm und eine umfassende Reform der Produktpolitik sowie der Corporate Identity einleitete, deren Grundsätze noch immer gelten, auch nach der Übernahme durch den britischen Wedgwood-Konzern. Das

Service *Form 2000* von 1954, das von Richard Latham stammt, einem Mitarbeiter von Raymond Loewy (damals der Papst des Produktdesigns), war der Startschuß zu einer wahren Designoffensive. Die *Studio-Häuser* und die *Studio-Linie* bildeten später die dazugehörigen Marketinginstrumente.

Bereits in den 50er Jahren hatte auch der finnische Glasgestalter Tapio Wirkkala für die Firma gearbeitet. Wirkkala, der den nun dominierenden, weichen skandinavischen Stil repräsentierte (von ihm stammen u. a. die Vasen *Pollo* und das *Besteck Kurve*), stand stellvertretend für das neue, ambitionierte Projekt: die Legierung von Kunst und Design. Dies trifft ebenso auf seinen Landsmann Timo Sarpaneva zu, der in den 70er Jahren das Service *Suomi* entwarf, ein Paradebeispiel für ein »Künstler-Service«, einem Rosenthal-Konzept, bei dem bekannte Künstler, in diesem Fall HAP Grieshaber und Eduardo Paolozzi, die Form durch ein Dekor zu ihrem Objekt machen, von dem eine limitierte Auflage produziert wird. So veredelte z. B. Victor Vasarely das Geschirr *Duo* von Ambrogio Pozzi. Der Op-art-Künstler gestaltete später auch Ladenfassaden mit einem Mosaik aus Tausenden von Porzellanteilchen und lieferte Beiträge für die *Relief-Reihe*, einer Serie dreidimensionaler, von Künstlern gestalteter Porzellanwerke.

Mit der Zeit erweiterte Rosenthal sein Angebot um Glas, Besteck und Möbel (Motto: »Ein Unternehmen fürs Wohnen«). Dabei deckt der weltweit führende Anbieter hochwertiger Geschirre allein im Porzellansegment inzwischen ein äußerst breites Spektrum ab: von der Rokoko-Kanne *Sanssouci* und Versaces schwelgerischen *Russian-Dream*-Dekoren bis zum schlichten Service *Moon* des englischen Designers Jasper Morrison und funktionalen Schreibtischutensilien *Scrittura*, einer Kollektion des Italieners Enzo Mari in strengem Weiß und Schwarz.

ROTRING

Schreibgerätehersteller

Bereits in den 20er Jahren verzeichnete man einen großen Erfolg durch die Einführung des Tintenkulis in Deutschland. Die Firma schaffte es danach immer wieder, mit Neuheiten zu glänzen, darunter der *Mehrfarbstift* (heute *Multipen*) in den 30er Jahren oder der Tuschefüller *Rapidograph* (Abb. S. 39) in den 50er Jahren, lange Zeit ein Muß an allen Zeichentischen dieser Welt. Man spezialisierte sich auf Zubehör für technisches Zeichnen und hielt hier auf manchem Gebiet nahezu ein Monopol. Später wurde diese komfortable Position mit einem Symbol verbunden (das dann auch Firmenname wurde): der rote Ring, ein bestechend einfaches Logo, das als geometrische Figur zudem auf das Produktsegment verweist. Als Mitte der 80er Jahre klar wurde, daß der Computer auch die Zeichentische und -stifte verdrängen würde, mußte sich Rotring neu orientieren. Die kulminierende Designwelle, das positive Beispiel eines Konkurrenten wie **Lamy** und ein Zufallstreffer, den man kurz zuvor mit dem leicht geschwungenen Patronenfüller *Art Pen* gelandet hatte, mögen die Entscheidung beeinflußt haben, sich künftig nicht allein technisch, sondern auch ästhetisch zu profilieren. Das erste Produkt, das von einem externen Designer für Rotring entwickelt wurde (nämlich dem Hamburger Studio von Michael Suxdorf) war das Modell *600* (heute *Newton*), ein Feinminenstift (später auch als Füllhalter und Kugelschreiber erhältlich), dessen achteckiger, nackter Metallkörper den High-Tech-Anspruch visualisierte.

Rotring Werke Riepe GmbH, Hamburg

1928 gegründet von Wilhelm Riepe

1965 roter Ring wird Markenzeichen

1998 Übernahme durch die Firma Sanford, USA

Produkte

1928 Tintenkuli mit Rohrspitze

1936 *Mehrfarbstift*

1953 Tuschefüller *Rapidograph*

1979 Druckbleistift *Tikky*

1984 Füllhalter *Art Pen* von Bernhard Bruhn

1989 Druckbleistift *600* (heute *Newton*) von Michael Suxdorf

1994 erster Füllhalter *Millenium* in kleiner Serie

1999 Füllhalter *Initial*

Seite 289

l. Füllfederhalter und Kugelschreiber *Initial* von Heinrich Stukenkemper, 1999

r. Dokumentenstift *Rollerball Xonox*, 1995

Tintenkuli von Wilhelm Riepe, 1928

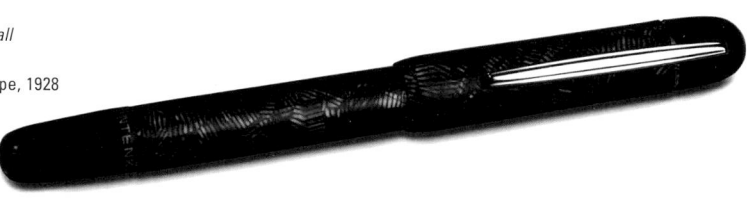

Jil SANDER

Modedesignerin

Sie ist eine der erfolgreichsten Modemacherinnen, eine Ausnahmeerscheinung insbesondere in Deutschland, wo seit der Erfindung des Rucksacks kaum ein Modetrend kreiert wurde. Als Jil Sander 1994 eine Zweigfirma in den USA eröffnete, war das auch eine Art Rückkehr in jenes Land, in dem alles begonnen hatte. Anfang der 60er Jahre hatte sie ein Jahr als Austauschschülerin in Kalifornien verbracht, danach für deutsche und amerikanische Frauenzeitschriften über Modethemen geschrieben, bevor sie Ende der 60er Jahre in ihrer Heimatstadt Hamburg eine Boutique eröffnete. Anfang der 70er Jahre zeigte Sander ihre erste Kollektion. Daraus ist schließlich ein an der Börse notierter Konzern geworden (1997 ca. 200 Mio. DM Umsatz).

. Weil sie selbst keine Kleider mochte, trug sie Hosen. Jil Sander macht Mode für selbstbewußte Frauen, die sich nicht verkleiden müssen. Sie beharrt z.B. darauf, daß »man sexy aussehen kann, ohne sich wie eine Sexbombe aufzutakeln«. Als Hanseatin für kühles Understatement prädestiniert, verband sie die Einfachheit männlicher Mode mit der weiblichen Vorliebe für edle und natürliche Stoffe wie Kaschmir, Leinen oder Seide. Sie verfolgte ein, wenn man so will, typisch deutsches Prinzip des Weniger-ist-mehr, das letztlich aber eher an Armani erinnert. »Angesprochen wird«, verrät die Hohepriesterin des strengen Schicks, »wer traditionelle Formen schätzt, konservative Einschränkungen jedoch ablehnt.« Das Paradox der Mode, ständig Neues anzubieten und sich dabei doch treu zu bleiben, scheint für sie gelöst.

Für diese Souveränität wurde sie bereits in den 80er Jahren mit Auszeichnungen überhäuft. Ihre Kleider werden in Mailand hergestellt, wo Sander sie auch fast ein Jahrzehnt lang präsentierte, bis ihre Shows nach Paris verlegt wurden. Die ungekrönte Königin der deutschen Modeszene, die bereits Ende der 70er Jahre ihre eigene Kosmetikmarke lancierte, pflegt einen internationalen Stil, sowohl ästhetisch als auch geschäftlich.

Richard SAPPER

Produkt- und Möbeldesigner

Obwohl Richard Sapper selbst bis Ende der 90er Jahre in Stuttgart Industriedesign unterrichtete, sagt er: »Eine Idee zu haben, das kann man nirgends lernen.« Sapper hat es nie an Einfällen gemangelt: Espressokannen, Wasserkocher, Hifi-Geräte, Möbel, Leuchten, Fahrräder – für vielerlei Objekte erfand er neuartige, raffinierte Lösungen. Der gebürtige Münchner, der Philosophie, Grafik, Ingenieurwesen und Volkswirtschaft studiert hat, ging bereits 1958 nach Italien, wo er die Designlandschaft über 40 Jahre hinweg entscheidend mitgestaltete. Zunächst arbeitete er beim großen Gio Ponti, bevor er für die Kaufhauskette La Rinascente tätig wurde, die für das italienische Design ein ähnliches Symbol darstellt wie Braun für das deutsche. Der von La Rinascente ausgelobte *Compasso d'Oro*, Italiens bedeutendster Designpreis, ging allein achtmal an den Wahl-Mailänder, zuletzt für das Alufahrrad *Zoombike*, das so leicht ist wie ein Regenschirm und sich auch zusammenfalten läßt. Zwischen 1958 und 1977 entwarf er gemeinsam mit Marco Zanuso einige spek-

Seite 293

o. Radio *TS 502* (mit Marco Zanuso)
für Brionvega, 1964

l.u. Espressokanne *V-39*
für Alessi, 1978

r.u *Sapperchair*
für Knoll, 1979

Tischuhr *Static* für Lorenz, 1960

takuläre Produkte, darunter die Fernseher *Algol*, *Doney* und *Black* für die damals sehr experimentell ausgerichtete Firma Brionvega, die Digitaluhr *Rocket* und den Kinderstuhl *K 1340* aus Polyäthylen für den Kunststoffmöbelspezialisten Kartell. Der bekannteste Sapper-Entwurf ist aber die Niedervolt-Halogenleuchte *Tizio*, die der Artemide-Chef Ernesto Gismondi bei ihm bestellte. Seit den vom kühlen High-Tech faszinierten 80er Jahren fehlt sie in keinem gestylten Büro und ist exemplarisch für seine so dezidiert technische Handschrift und den Sinn für das besondere Extra. Das schätzen auch Konzerne, wie z. B. der Autohersteller Fiat, dessen Berater Sapper einige Jahre war, die US-Computerfirma IBM, für die er Anfang der 90er das elegante Notebook *Thinkpad 700 C* entwarf, sowie Italiens berühmteste Designmarke Alessi, für die er einen optischen und akustischen Küchenklassiker schuf: Der Wasserkessel *9090* zeigt kochendes Wasser statt mit schrillem Pfeifen durch einen harmonischen Dreiklang an.

Computer *Leapfrog*

Winfried SCHEUER

Produktdesigner und Designkritiker

»Design ist nicht die Soße zum Essen, sondern das Kochen selbst«, behauptet Winfried Scheuer selbstbewußt. Scheuer, der seit vielen Jahren in London lebt und arbeitet, war nicht immer dieser Meinung. Als Absolvent des renommierten Royal College of Art war er ursprünglich ein Protagonist der Postmoderne, mutierte aber zu einem Vertreter der »Neuen Einfachheit«, deren Ursprung mit Namen wie Jasper Morrison und **Konstantin Grcic** verbunden ist. Seit Mitte der 80er Jahre entwirft Scheuer Uhren, Lampen und kleinformatige Objekte fürs Haus, die immer einen besonderen Dreh haben, wie die Tischlampen *2 CV* mit Kippschirm, der Zeitungsständer *Match* in Form eines vergrößerten Streichholzschachtelhalters oder die Wanduhr mit T-förmigem Stundenzeiger. Seit Mitte der 90er Jahre arbeitet der gebürtige Schwabe auch für **Authentics**. Dabei entstanden unterschiedliche Objekte, wie ein stapelbarer Früchtekorb auf der einen und ein handförmiger Garderobenhaken auf der anderen, nun doch wieder eher postmodernen Seite.

1952 geboren in Calw

1981 Designstudium in Stuttgart und London abgeschlossen; arbeitet im Studio **Schlagheck & Schultes** (bis 1983)

1986 Designstudio in London

Produkte

1995 Garderobenhaken *Take five* für **Authentics**

1996 Zeitschriftenhalter *Match* für Emform

1998 Leuchten *Edison* für Aero

l. Leuchte *Edison* für Aero, 1998
r. Wanduhr für Aero, 1994

SCHLAGHECK DESIGN

Studio für Produktdesign

Der Kunstschmied **Norbert Schlagheck** arbeitete nach seinem Studium an der Essener Folkwang-Schule als Gestalter für die Firma **Siemens**, deren Designabteilung er mit aufbaute. Produkte aus dieser Zeit sind unauffällig-praktische Elektrogeräte wie Bügeleisen und Staubsauger, die damals in vielen deutschen Haushalten angeschafft wurden, aber auch spezielle Entwicklungen wie der Hochleistungsstrahler *AL 41* (der 1965 auf der Ausstellung **Gute Form** in London als Vorzeigeprodukt präsentiert wurde) und jene ziffernlose, umwerfend schlichte Normaluhr, die in Deutschland jeder kennt, der einmal Eisenbahn fuhr (Abb. S. 33). Seit Ende der 60er Jahre betrieb Schlagheck mit dem Kollegen **Herbert H. Schultes** fast zwei Jahrzehnte lang eines der erfolgreichsten Designbüros der Bundesrepublik. Während dieser produktiven Zeit entstanden technisch anspruchsvolle Entwürfe für Computer, Kameras, Uhren und medizinisches Gerät, aber auch Sportausrüstungen, wie Surfsegel oder Skibindungen, und Alltägliches, wie der Gummistiefel *Elefantenschuh*.

Schlagheck/Schultes galten als Musterduo des deutschen Industriedesigns, deren Qualität schon daran abzulesen ist, daß ihnen viele Kunden über Jahrzehnte treu blieben. Einer davon ist der Film- und Kamerahersteller Agfa, für den sie bereits 1970 eine kompakte Super-8-Kamera entwarfen und später die *Agfamatic Pocket*, eine Taschen-Fotokamera, deren Objektiv bei Nichtgebrauch durch einen Schiebemechanismus geschützt ist (ein Prinzip, das später auch von anderen Herstellern verwendet wurde). Mitte der 90er Jahre folgte *Easy*, die erste »Film mit Linse«-Kamera zur Wiederverwendung. Dieses Produkt kam schon aus der Hand der nächsten Schlagheck-Generation. Nachdem Schultes Mitte der 80er Jahre ausgestiegen war, führte Norbert Schlagheck das Büro mit seinen Söhnen weiter, die es inzwischen übernommen haben.

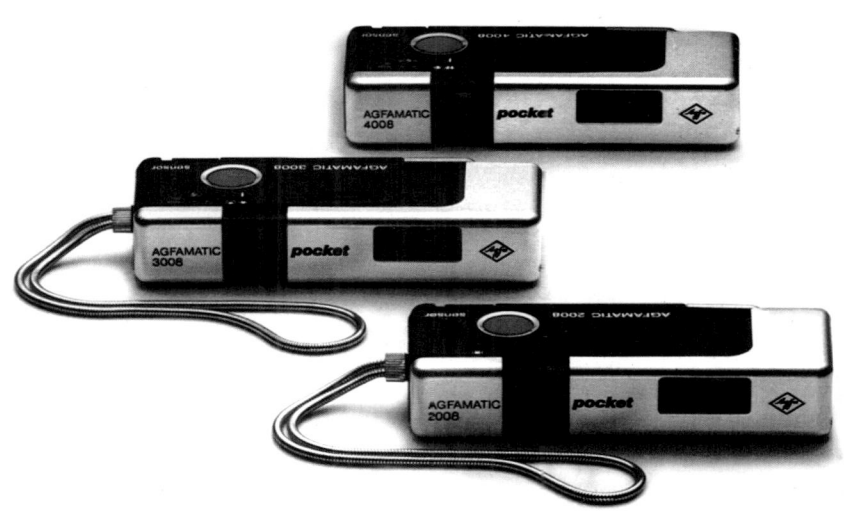

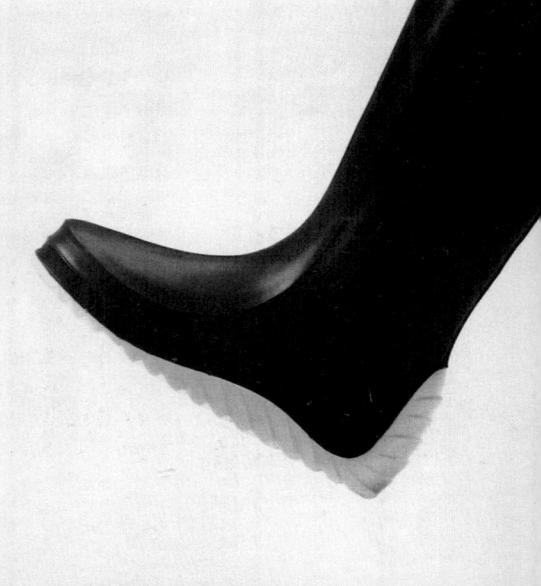

Peter SCHMIDT

Grafiker und Verpackungsdesigner

1937 geboren in Bayreuth

1955 Lithografenausbildung

1958 Grafikdesignstudium
in Kassel

1972 Studio für Packungsdesign

1986 Peter Schmidt Veit
Mahlmann Design
gegründet (mit Schwer-
punkt auf Flakons und
Corporate Design)

Produkte

1967 Logo für **Jil Sander**

1988 Logo *Jacobs-Kaffee*,
Suchard und **WK**; Flakon
Cool Water für Davidoff

1990 Parfumflakon *Berlin*
für **Joop**

1994 Erscheinungsbild Raab-
Karcher

1995 Logo für Kooperation von
Hugo Boss mit dem
Guggenheim Museum,
New York

Seite 299

l.o. Flakon *Hugo*, 1996

r.o.. Flakon *Hugo Woman*, 1997

l.u. Flakon *Cool Water*, 1988

r.u. Flakon *Woman Pure*
für Jil Sander, 1979

Handstaubsauger *Black Line*
für AEG, 1984

Obwohl seine Entwürfe in vielen deutschen Haushalten einen Ehrenplatz haben, kennen seinen Namen nur Eingeweihte. Peter Schmidt, ein Pionier des neuen Verpackungsdesigns der 70er und 80er Jahre, scheut das Rampenlicht. Dabei ist er ähnlich prominent wie die Firmen, für die er Logos und CI-Manuals erstellte, darunter Aigner-Taschen, Deinhard-Sekt, Jacobs-Kaffee, **KPM**-Porzellan, Suchard-Schokolade und das weltbekannte Markenzeichen der Modemacherin **Jil Sander**, mit der Schmidt eine lange Freundschaft verbindet. Mit dem neuen Erscheinungsbild von Raab-Karcher, eines bis dahin in der Öffentlichkeit weitgehend unsichtbaren Öl-, Tankstellen- und Baumittelkonzerns, schaffte er die Quadratur des Kreises: Das Logo – ein aus neun Winkeln zusammengesetztes Quadrat – symbolisiert die disparate Struktur des Unternehmens und stellt sie als positive Bündelung selbständiger Einheiten dar. Schmidts eigentliche Domäne, die ihn auch international bekannt machte, ist aber die Gestaltung einer demokratisierten Luxusware: Flakons für Parfum und deren Verpackung. Schmidts Anspruch ist, den Duft visualisieren, d. h. für jede Marke die adäquate Hülle zu finden. Für Davidoff schuf der deutsche Lalique deshalb dunkel getönte Flaschen, für Jil Sander dagegen strenge, gläserne Quader.

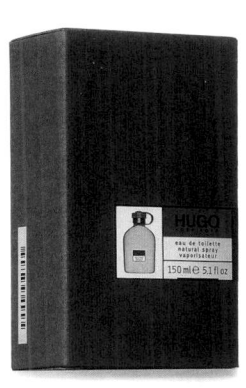

SIEGER DESIGN

Studio für Produktdesign

Von ihm stammen Waschtische, Wannen, Seifenablagen, Durchlauferhitzer und ganze Bäder. Wenn es so weitergeht, dürfte es irgendwann schwerfallen, im Bad überhaupt ohne Design von **Dieter Sieger** auszukommen. Auf solche Omnipräsenz hat am Anfang nichts hingedeutet: Nach der Schulzeit folgte eine Maurerlehre, bevor Sieger Architektur studierte. Bis heute hat er ein paar hundert Häuser gebaut und als passionierter Hobbysegler auch die eine oder andere Luxusjacht konstruiert und ausgestattet. Sieger, der das Familienunternehmen mit seinen Söhnen führt, residiert – im Gegensatz zur häufig kühlen Ästhetik der von ihm entworfenen Gebäude – im kunst- und designdurchsetzten Ambiente eines barocken Wasserschlosses. Seine dritte Karriere begann Anfang der 80er Jahre.

Der Vielbeschäftigte entwarf nun mal streng-moderne, mal lasziv-luxuriöse Sanitärartikel. Auf Siegers erstes Produktdesign, das module *Lavar-Set*, folgten die geometrisch abgezirkelten und mehrfach preisgekrönten Kunststoffarmaturen *Domani* und schließlich Ende der 80er Jahre symbolisch-skulpturale Wasserhähne, die an Memphis-Entwürfe erinnern und Namen tragen wie *Zeus* oder *Metamorphose 3*. An Exzentrizität übertroffen wurden sie noch von der Einlochbatterie *Obina*, die auch in Gold und Platin zu haben ist. Damit nicht genug: Im Hause Sieger ist man inzwischen vom Bad ins Wohnzimmer vorgedrungen und hat Produkte wie Teppiche, Leuchten, Gläser und Geschirr vorzuweisen. Das Service *Cult* für **Arzberg** mag dabei mit seinem klassizistischen Retrostil durchaus Chancen haben, seinem unbescheidenen Namen gerecht zu werden. Einen spektakulären Erfolg feierte man mit einer Milchglasserie, deren Dekore von namhaften Designern stammen und die unter der Marke der Glasfabrik Ritzenhoff vertrieben werden. Inzwischen hat man die hervorragend funktionierende Marketingidee auch auf Weingläser übertragen.

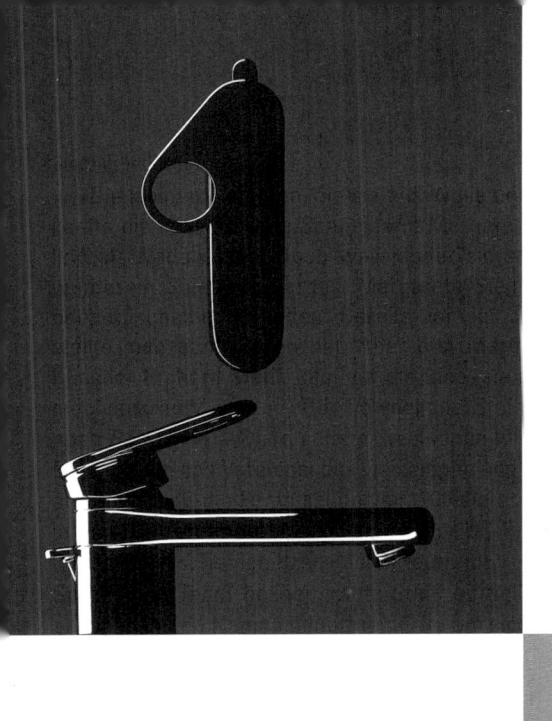

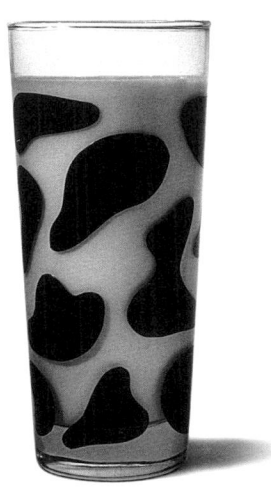

SIEMENS

Elektrogeräte- und Computerhersteller

Bereits kurz nach der Jahrhundertwende hatte man die Vision einer »elektrischen Küche«. In den 20er Jahren verhieß ein »Bratrohr« die Zukunft des Haushalts, das seinem Namen ebenso gerecht wurde wie der »Trommelwascher« Marke Protos, deren verkleidungslose Faß-Formen und metallisch-glänzenden Oberflächen einer strengen industriellen Ästhetik folgten, die durchaus dem sich durchsetzenden Stil der Neuen Sachlichkeit entsprach - und für die Kinostars wie Lil Dagover Werbung machten. Die neuen Geräte konnten sich – mit Ausnahme des Bügeleisens – jedoch nur wohlhabende Haushalte leisten. Erst nach dem 2. Weltkrieg wurden elektrische Haushaltsgeräte zum Massenartikel. Jetzt produzierte das expandierende Unternehmen auch gleich die passende Einbauküche. Die elektrischen Haushaltshelfer sind es, womit Verbraucher den Namen Siemens identifizieren. Seit den 50er Jahren wurde die Produktgestaltung professionalisiert. Hausdesigner der ersten Stunde, wie **Norbert Schlagheck**, gaben damals den Geräten eine funktional-unaufdringliche

Gestalt, die zum Gesamtbild der Firma paßte, in der Ingenieure den Ton angaben. Siemens, mit annähernd 400.000 Beschäftigten heute einer der größten deutschen Konzerne, war einer der Motoren der deutschen Industrialisierung. Erfinder Werner Siemens betrieb um 1850 mit dem Mechaniker Johann G. Halske eine Werkstatt in einem Berliner Hinterhof, die sich zum führenden Hersteller von Telegrafen und Dynamos entwickelte und sich später mit seinem größten Konkurrenten, der **AEG**, der Markt aufteilte. Aktuell vertreibt Siemens die schwer vorstellbare Zahl von über 100.000 Produkten, darunter Transformatoren und Logistiknetzwerke, aber auch Medizinausrüstungen, Wasserkessel und Einbauherde. Zum Kerngeschäft zählen mittlerweile Telefone und PCs, Märkte, die heute ähnlich rasant wachsen wie der der Haushaltsgeräte nach dem 2.Weltkrieg und die einem multinationalen Unternehmen wie Siemens, das in 198 Ländern vertreten ist, eine globale Strategie abverlangen. Eine Zäsur in Sachen **Formgebung** stellte Mitte der 80er Jahre der Eintritt von **Herbert**

schnurloses Telefon *Gigaset 952*
Siemens Design, 1994

Seite 302
Tischtelefon *FeApp 36*
Siemens Formgestaltung, 1936

H. Schultes als Chefdesigner dar. Eine seiner ersten Amtshandlungen war die Überarbeitung des veralteten **Corporate Designs**. Der Bedeutungszuwachs von Design zeigt sich auch darin, daß mittlerweile eine selbständige Design & Messe GmbH mit über 100 Mitarbeitern gegründet wurde, die auch als Dienstleister für andere Firmen fungiert und sich als Ideenfabrik etabliert hat.

Schultes, ein lauterer Mann, der ökologischen Ideen anhängt und sich über den begrenzten Einfluß seiner Berufssparte im klaren ist, vertritt das vieldiskutierte Konzept »Design light«: d. h. einerseits Materialeinsparung (z.B. durch reduzierte Wandstärken) und andererseits Nutzung digitaler Intelligenz als immaterieller »Ersatzstoff«, ein Paradigmenwechsel, der dem Wandel des Unternehmens selbst entspricht. In den Mittelpunkt rückt die Gestaltung von Computern sowie Zukunftsprodukten wie Flachbildschirmen und Mobiltelefonen. Hier arbeitet Siemens auch mit externen Kräften wie z. B. **Schlagheck Design**. Zwar ist Langlebigkeit noch immer ein Wert in sich, aber für Schultes stehen auch Spaß und Prestige ganz oben auf der Agenda. Das Ergebnis sind Küchengeräte wie die *Focus-line*, die mit Schwarzglas und Aluminiumverblendungen Materialerotik verbreiten.

Mobiltelefon *SL 10*, Siemens Design, 1997

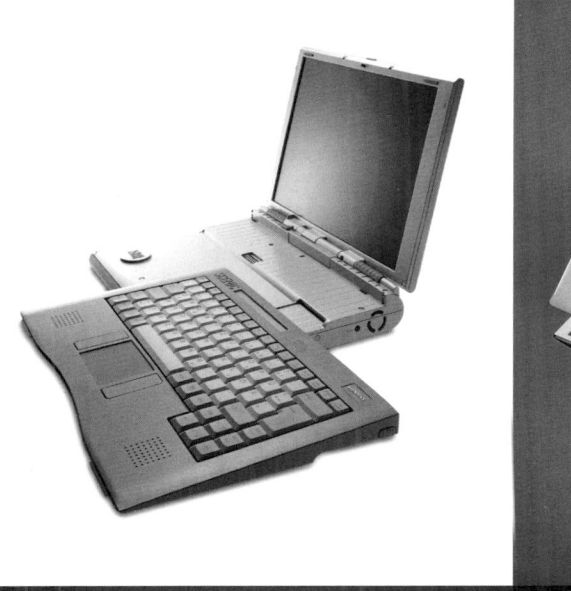
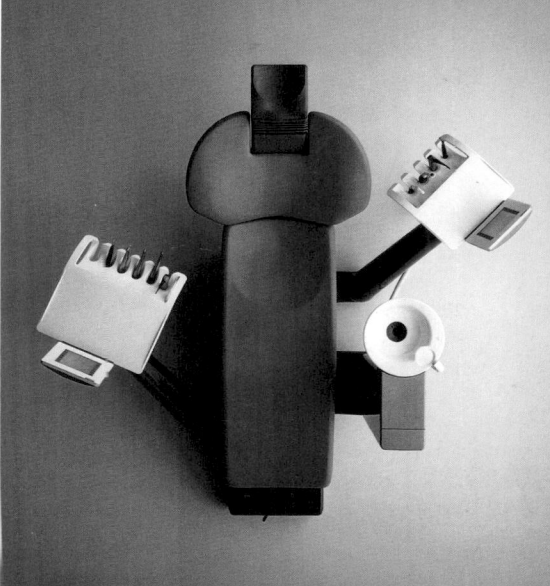

Erik SPIEKERMANN

Grafiker und Typograf

Seite 307
Schrift *Meta* (Entwurf), 1985

Zum gedruckten Buchstaben kam Erik Spiekermann, heute neben **Kurt Weidemann** Deutschlands gefragtester Schriftdesigner, weil er sich neben dem Studium der Kunstgeschichte mit einer Kleindruckerei über Wasser hielt. Heute betreibt er mit Fontshop ein florierendes Versandhaus für digitalisierte Alphabete. Nach einem längeren Aufenthalt in London und einer Assistenz beim CI-Pionier Wolff Olins gründete er in Berlin die Firma **Metadesign**, mittlerweile mit 80 Mitarbeitern die größte ihrer Art in Deutschland. Die versteht sich auf die strategische Planung komplexer Informationssysteme und hat sich an den Schnittstellen von Design, Marketing und Neuen Medien etabliert, um für die häufig prominenten Auftraggeber einen zeitgemäßen Kommunikationsstil zu entwerfen: Das reicht von klassischen Druckerzeugnissen über Internetauftritte bis hin zu Farbphilosophien, Messeständen und Werbekampagnen. Die global operierende Designagentur mit Filialen in London und San Francisco entrümpelt Überflüssiges und Widersprüchliches und gibt Leitmotive vor. So frisierten die Berliner Imagestrategen Mitte der 90er Jahre das Profil von **Audi**, indem sie nicht mehr einzelne Modelle bewarben, sondern das Unternehmen insgesamt mit Modernität, Dynamik und Aufgeschlossenheit verbanden und dafür eine gänzlich neue assoziative Internetästhetik entwickelten, die mit Rollbalken und zahlreichen, häufig stark angeschnittenen Kleinmotiven arbeitet, ein inzwischen intensiv kopierter Stil. Dazu entwarf die Spiekermann-Crew auch eine eigene Audi-**Typografie** sowie die exklusive Einrichtung der Audi-Filialen. Im Rundumdienstleister sieht Spiekermann den Designer neuen Typs. Großkonzerne wie Apple, Levi's, Nike und **Volkswagen** machen davon Gebrauch. Aber das beste Corporate Design ist nur so gut wie seine Verwender. Der Bundesadler, dem Metadesign im Auftrag der Bundesregierung eine Verjüngungskur verschrieb, ist immer noch nicht in jeder ministeriellen Amtsstube angekommen.

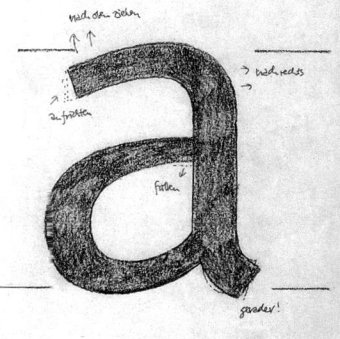

1. Version — 15. Januar '85

STABILO

Schreibgerätehersteller

Anfang der 70er Jahre, also noch vor dem Computer- und Kopierzeitalter, veränderte der zum »Highlighter« (oder »Textmarker«) umfunktionierte Filzstift unseren Umgang mit Texten. Seit *Stabilo Boss* eingeführt wurde, ein Kunststoffstift, dessen technische Innovation v. a. in der transparenten Leuchttinte steckte, wurde das althergebrachte Unterstreichen von Wörtern weitgehend durch das Überstreichen ersetzt. *Stabilo Boss* unterschied sich schon rein äußerlich: Waren die in den 60er Jahren aufgekommenen Filzstifte noch rund und länglich, hatte der neue Marker eine gedrungene, flache Form, ein völlig neuer Stifttyp, der zugleich massig, leicht und griffig war. Daß der Schaft in der jeweiligen Tintenfarbe leuchtete, wirkte ebenso modern wie die Neonfarben selbst, die die Popära in Schule und Büro einläuteten. Nun hat der oft kopierte Klassiker, an dem über die Jahre immer wieder leichte Veränderungen vorgenommen wurden, mit dem *Stabilo Luminator* einen Nachfolger bekommen, dessen technoides Outfit bereits Designweihen bekam.

Schwan-Stabilo
Schwanhäußer GmbH & Co,
Heroldsberg

1855 gegründet von Gustav Schwanhäußer in Nürnberg

1928 helle Kantenstreifen werden Markenzeichen

1961 Filzstifte eingeführt

1999 Preis *IF Produkt Design Award* für *Luminator*

Produkte

1925 Erfindung der Buntstifte

1956 Graphitstift für glatte Oberflächen

1968 Overheadstifte

1971 Textmarker *Stabilo Boss*

1998 Textmarker *Luminator* von Ewald Winkelbauer

l. Textmarker, 1971
r. Textmarker, 1998
beide Werksdesign

Stofftierhersteller

Die kleinen Elefanten, die sie aus Wolle und Filz fertigte, verkaufte die schwäbische Schneiderin Margarete Steiff ursprünglich als Nadelkissen. Doch weil Kinder sie so gerne mochten, wurde ein Spielzeug daraus. Margarete Steiff hatte das Spiel- oder Kuscheltier erfunden. Bereits vor der Jahrhundertwende stellte man auch Bären her. Aber erst Margaretes Neffe, der Künstler **Richard Steiff**, kam auf die Idee, sie mit einer Puppenmechanik auszustatten. Der bewegliche Stoffbär – der damals noch *Bärle* hieß – war die erste Spielpuppe für Jungen (Abb. S. 14). Es war auch das Verdienst des vielseitigen und weltoffenen Richard Steiff, daß die Firma schon vor 1900 die erste Niederlassung in den USA eröffnete. Als sich dann der US-Präsident Theodore Roosevelt als Tierschützer und Bärenfreund profilierte und den Spitznamen *Teddy* bekam, fragte Steiff offiziell im Weißen Haus an, ob man den Namen benutzen dürfe. Um sich von Plagiaten zu unterscheiden, bekam Teddy – diese Ikone des Niedlichen – schließlich noch einen Knopf ins Ohr gedrückt.

Margarete Steiff GmbH, Giengen

1877 als Filzfirma gegründet
1886 Serienproduktion beginnt
1897 Niederlassung in den USA
1902 Name *Teddy* eingeführt
1904 Knopf im Ohr eingeführt
1980 Firmenmuseum in Giengen

Produkte

1879 erstes Stofftier (Elefant)
1902 Stoffbär (*Bärle*) mit Puppenmechanik, Mohairplüsch und Knopfaugen
1951 *Mecki*-Puppe (nach deutschem Comic-Igel)
1999 Wildschwein *Bora*

l. Wildtiere, 1999
r. *Jahrtausendbär*, 1999

STILETTO

Möbel- und Leuchtendesigner

Er war Schlosser bei der Bundeswehr, studierte Maschinen-
bau, dann Visuelle Kommunikation, schließlich Bildhauerei. Zwi-
schendurch sah er sich in der Berliner Subkultur um. Stiletto,
Formphilosoph und Designverächter, dem es um das »Sichtbar-
machen des Vorhandenen« geht, bereicherte das rebellische
Neue Deutsche Design um einen Klassiker: *Consumer's Rest*
(Abb. S. 17), ein Sitzmöbel aus einem umfunktionierten Einkaufswagen (zu dem auch eine weniger bekannte Kinderversion sowie
ein Sofa und ein Tisch gehörten). Indem er einen profanen Gebrauchsgegenstand durch minimale Eingriffe veränderte (Auf-
trennung der Vorderfront plus Plastikeinlage) produzierte er ein
benutzbares Ready-made-Möbel und stellte Marcel Duchamp
damit auf den Kopf.

Der Berliner, der sich ironisch als »Designpraktiker« bezeichnet, hat in jüngster Zeit eine Reihe von Leuchten entworfen und
bleibt dabei stets der Glühbirne treu. Die einfachen und billigen,
weil aus bekannten Elementen zusammengesetzten Lampen
heißen *Revolver, Glühwürmchen* oder *Pflanzlicht.*

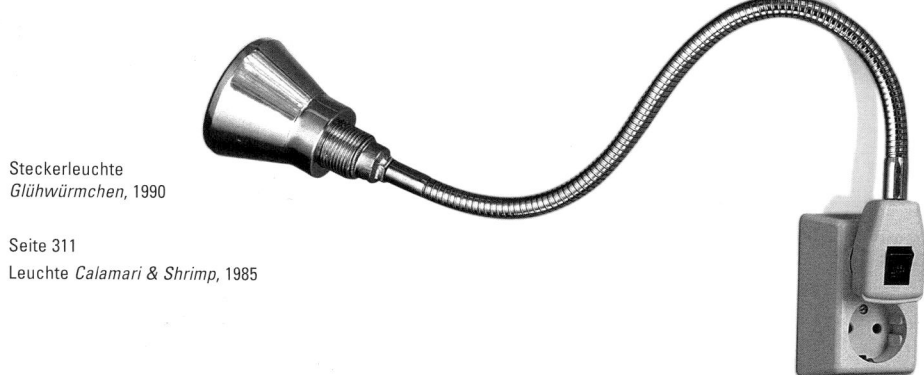

Steckerleuchte
Glühwürmchen, 1990

Seite 311
Leuchte *Calamari & Shrimp*, 1985

TEAMS DESIGN

Studio für Produkt- und Produktionsmitteldesign

Gründer **Hans Erich Slany** hat nicht nur zahllose Designpreise bekommen, sondern saß auch in ungezählten Jurys. Der Ingenieur, der ganze Industrieausrüstungen entwarf, war eine Zentralfigur des deutschen Nachkriegsdesigns. In der neuen Konsumwelt focht Slany für **Ergonomie** und gegen den Modebazillus. In der 1965 in London gezeigten Ausstellung **Gute Form** war er gleich mit einem halben Dutzend Produkten vertreten.

Das Studio Slany Design (das heute durch seine Ex-Mitarbeiter Reinhard Renner und Klaus Schön als Teams Design weitergeführt wird) war eines der ersten der Bundesrepublik. Zu seinen Dauerkunden zählen namhafte Firmen wie **Bosch**, Leitz und Leifheit, deren komplettes Sortiment man gestaltet. Dabei pflegt Teams Design nicht nur ein lupenreines Ethos, sondern kann auch spektakuläre Erfolge vorweisen. Beispiele sind die Topfserie *2000* für Silit (mit Glasschiebedeckel zum »energiesparenden Sichtkochen«) und das Kannen-Ei *Columbus* (mit einer Taste, die per Daumendruck den Deckel öffnet), eine der meistverkauften Isolierkannen Europas.

TECTA
Möbelhersteller

Als der in der DDR lebende Möbelfabrikant und Ingenieur Axel Bruchhäuser Anfang der 70er Jahre vorschlug, an das **Bauhaus**-Erbe anzuknüpfen und dessen zeitlose Möbel zu exportieren (das Bauhaus stand in der DDR), wurde er postwendend enteignet und mußte in den Westen flüchten. Nun suchte er Kontakt zu den Meistern des **Funktionalismus**, spürte **Mart Stam** in der Schweiz auf, besuchte **Marcel Breuer** in New York und fand El Lissitzkys Familie in sibirischer Verbannung. Von ihnen erwarb er erste Lizenzen, den Grundstock des Tecta-Programms. Dabei betätigte sich Bruchhäuser nicht nur als Archäologe der Moderne, sondern auch als Testamentsvollstrecker. Es wurde nun nachgeholt, worauf die Pioniere der Moderne vergeblich gewartet hatten. Zahlreiche Entwürfe wurden bei Tecta erstmals maschinell produziert, wie die Glasvitrine von Breuer und der *Fagus-Sessel* von **Walter Gropius**. Etwa 40 Mitarbeiter sind in den Tecta-Werkstätten beschäftigt und hüten manches Betriebsgeheimnis, z. B. in der Flechterei, in der auch Stoffe nach Bauhaus-Vorlagen gefertigt werden.

Die Bauhaus-Möbel, die die Firma bekannt machten, sorgen immer noch für 80 % des Umsatzes. Inzwischen hat Bruchhäuser auch ein eigenes Stuhlmuseum eingerichtet, das die Geschichte des Freischwingers zeigt. Konzeptionell ist man nicht beim Bauhaus stehengeblieben, sondern deckt längst weitere Facetten der klassischen Moderne ab, wie etwa das Metalldesign des Franzosen Jean Prouvé. Der alte und fast vergessene Prouvé war übrigens nicht wenig überrascht, als ihn der Deutsche in Paris wiederentdeckte. Die Zusammenarbeit dauerte bis zum Tod des Designers im Jahr 1984, und Prouvés Leitsatz »Man muß fühlen, was das Material denkt« hat man sich im Hause Tecta eingerahmt. Viele Möbel, Skizzen und andere Dinge aus dem Nachlaß Prouvés hat Bruchhäuser erworben und stellt sie auf dem Fir-

1994 *Schwebesessel D 36*,

Reeditionen: Klappsessel
D 4, Freischwinger *D 40*
von **Marcel Breuer** (1928);
Hängeleuchte von Gerrit
Rietveld (1920), Sessel und
Sofa *F 51* von **Walter Gro-
pius** (1920); Sessel *Der
rote Kubus* von Peter Keler
(1925); Sessel *Fauteuil du
grand repos* (1930) und
Eßtisch (1940) von Jean
Prouvé; Sessel *D 62* von El
Lissitzky (1928);
Freischwinger *D 42*
und *B 42* von **Ludwig Mies
van der Rohe**

Seite 317
l.o. Wiege nach Wassily Kandinsky,
Bauhaus Weimar, 1982

r.o. Leuchte *L 20 Anglepoise Lamp*
von George Carwardine, 1932

l.u. Stuhl *Einschwinger* von
Stefan Wewerka, 1982

r.u. Bauhausleuchte von
Otto Rittweger, 1924

mengelände in einem Bau von **Stefan Wewerka** aus. Auf den
Künstler-Architekten Wewerka – ein früher Rebell gegen das
funktionalistische Diktat – war er durch dessen schrägen *Dreibeinstuhl* gestoßen, ein Affront gegen die Regeln der »guten
Form«. Seitdem sind einige Wewerka-Entwürfe in den Tecta-Ka-
talog aufgenommen worden, wie der *Einschwinger*, ein Stahlrohrstuhl aus einem einzigen gebogenen Rohr. Andere aktuelle
Tecta-Möbel stammen von jungen Designern, wie Florian Bor-
kenhagens Schwenk-Regale, oder sind hauseigene Entwürfe. Als
experimentierfreudiger Möbelhersteller hat Tecta in Deutschland
– neben **Vitra** – eine ähnliche Aufgabe übernommen wie Cassina
in Italien, Knoll in den USA oder Källemo in Schweden. Bei Tecta
geht der Avantgardismus mit althergebrachten Handwerkstugen-
den Hand in Hand. Die originalgetreue Umsetzung der wiederauf-
gelegten Klassiker wird mit äußerster Akribie betrieben. Und man
spricht – ebenso wie die Meister der Moderne selbst – auch
nicht von »Design«, sondern vom »Gestalten«!

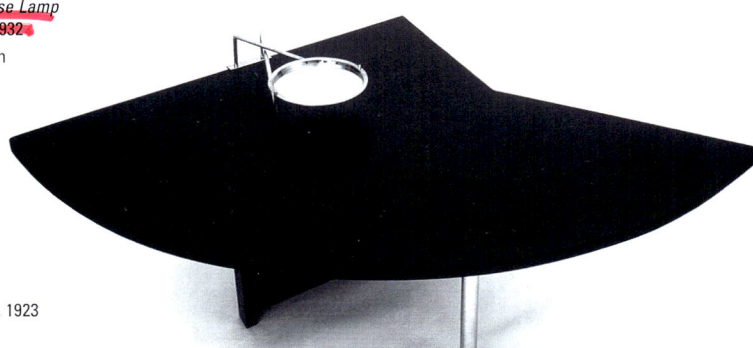

Tisch *M61* von El Lissitzky, 1923

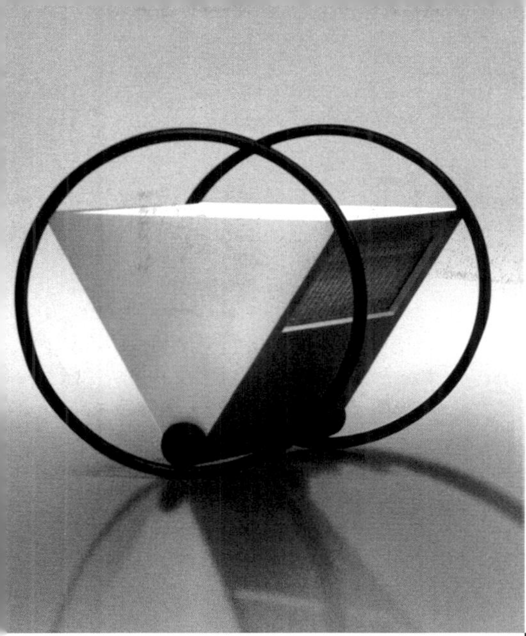
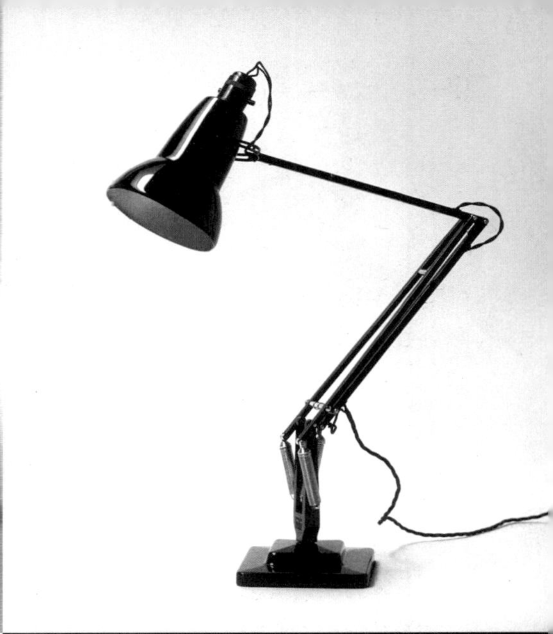
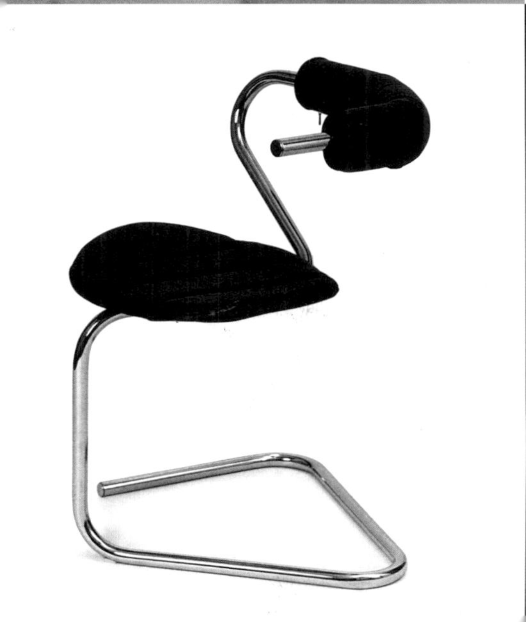
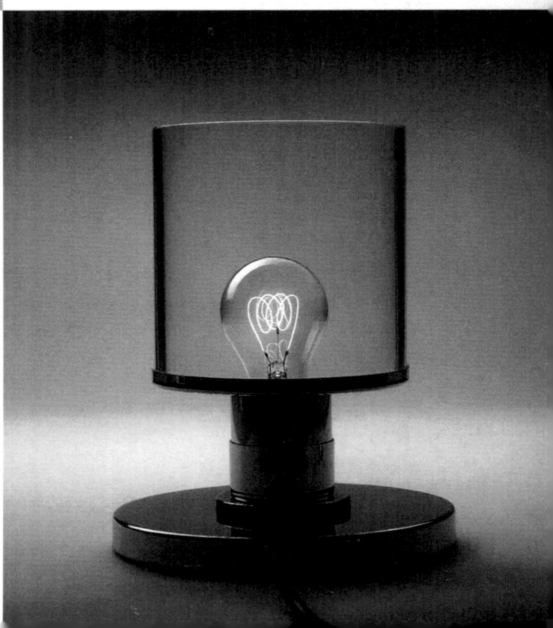

THONET

Möbelhersteller

Stuhl *Nr. 14*, 1859

In Preußen hatte der Tischler Michael Thonet vergeblich versucht, für seine Erfindung – die Herstellung von Möbeln aus gebogenem Holz – ein Patent anzumelden. Erst als er 1842 nach
Wien umzog und ein englischer Architekt, der ein Barock-Palais
umbaute, dabei – wohl als exzentrische Note – seine ultraleich-
ten Stühle verwendete, brachte das die nötige Publicity. Mit Tho-
nets Methode, dem Holz nicht für möglich gehaltene Formen auf-
zuzwingen, überwand er die Grenzen des Möbelhandwerks.
Bestes Beispiel ist jener schlichte »Konsumsessel« (heute Modell *Nr. 14*), der als Kaffeehausstuhl berühmt wurde und als Prototyp des Industriemöbels gilt. Er besticht bis heute durch seine
klare Gestaltung und konsequente Typisierung der Details. *Nr. 14*,
der in Einzelteilen verschickt wurde, bestand lediglich aus sechs
Holzteilen, zehn Schrauben und zwei Muttern. Bereits vor dem
2. Weltkrieg – die Firma unterhielt Filialen in allen großen Metro-
polen – waren über 50 Millionen Stück davon ausgeliefert worden. Gegen Ende des 19. Jahrhunderts wurde das Sortiment ständig erweitert: mit Tischen, Bänken und Schaukelstühlen, aber
auch mit Zeitungsständern, Kinderwiegen und Wendeltreppen,
vieles davon im üppigen Stil der Gründerjahre.

Als die Kunstavantgarde sich um 1900 vom übertriebenen
Pomp abwandte, nahm Thonet Arbeiten der »Sezessionisten« ins
Programm, geometrisch stilisierte Möbel wie die *Sitzmaschine*
von **Josef Hoffmann** oder **Otto Wagners** *Postsparkassenstuhl*.
Der Querschnitt des Bugholzes war hier nicht mehr rund, sondern
rechteckig. Der **Funktionalismus** der 20er Jahre veränderte auch
die Sicht auf die Bugholzmöbel. Le Corbusier richtete z.B. 1925
seinen erregend modernen Pavillon auf der Pariser Art-déco-
Ausstellung mit den Modellen *Nr. 9* und *Nr. 209* ein. Wenig später
wagte sich das Unternehmen an eine Innovation, die die Möbelwelt revolutionierte und doch eine logische Fortsetzung der bis-

herigen Technik war: Stühle aus gebogenem Stahlrohr. Thonet setzte sich früh mit dem **Bauhaus** in Verbindung und wurde zum führenden Hersteller für lackierte, vernickelte oder verchromte Stahlrohrstühle. Der erste Sessel (heute *S 533*; Abb.S.43) von **Ludwig Mies van der Rohe** ging Anfang der 30er Jahre in Produktion, mit einem federnden Sitz, der den Namen Freischwinger rechtfertigte. Diese Stuhlform ging auf den Holländer **Mart Stam** zurück. Ihre Popularisierung war aber nicht zuletzt **Marcel Breuer** zu verdanken, der sie mit Sitz und Rückenlehne aus wohnlichem Rohrgeflecht ausstattete. Die damit zusammenhängenden urheberrechtlichen Komplikationen beschäftigten jahrzehntelang die Gerichte. Mitte der 60er Jahre entwarf der Däne Verner Panton erneut einen Freischwinger für Thonet, ein Stuhl, der aus einem einzigen, S-förmig gebogenen Stück Sperrholz gefertigt war, auch dies ein Meilenstein der Designgeschichte.

In der Zeit nach dem 2. Weltkrieg, als man den Verlust der gesamten Produktionsanlagen zu verkraften hatte, knüpfte Thonet an seine progressive Tradition an: mit beachtenswerten Entwürfen wie dem Schalensessel *S 664* von Eddie Harlis in den 50er Jahren oder Gerd Langes modulem Stuhlsystem *Flex 2000* in den 70ern. Produkte aus den 90er Jahren wie **Peter Malys** schlichter Holzstuhl *737* mit Flechtwerk, **Wolfgang C. R. Metzgers** Tischsystem *S 1600* oder **Wulf Schneiders** Stuhlserie *209 F*, eine strenge Interpretation von Bugholz, zeigen, wofür Thonet heute steht: Man betreibt die behutsame Transformation der klassischen Werkstoffe ins technologische Heute. Da die zwischenzeitlich etwas verdrängte Avantgarde mittlerweile mythisch verehrt wird, sind Breuers, Mies van der Rohes und Stams Klassiker wieder die Flaggschiffe im Programm und das Unternehmen Thonet eine Institution der Möbelmoderne.

Der berühmteste Schriftzug der 20er Jahre war das Wort **Bauhaus**, das vertikal an der Fassade des Dessauer Schulgebäudes steht. Die serifenlosen Buchstaben sind ein Symbol für die Reinheit der Gestaltung. Die Schriftreform war seit der Jahrhundertwende in Deutschland diskutiert worden und hatte Entwürfe wie die *Behrens-Schrift* von **Peter Behrens** und **Rudolf Kochs** *Neuland* hervorgebracht (beide für Klingspor). Am Bauhaus waren es vor allem **László Moholy-Nagy** und **Herbert Bayer**, aber auch **Josef Albers** und **Joost Schmidt**, die sich intensiv mit der Buchstabenreinigung beschäftigten. Dabei hat sich das Schrift- und Erscheinungsbild der Schule häufig und manchmal radikal geändert. Moholy-Nagy war der Herausgeber der *Bauhausbücher*. Herbert Bayer, Leiter der Druckerei und Reklameabteilung, führte die Normung aller Drucksachen ein und entwickelte die Schrift *Universal*, die er als Vorstufe einer »Weltschrift« ansah und – als Versalien auf Quadratbasis – für die berühmte Fassaden-Schrift verwendete. »Ich kam aufgewühlt zurück«, schrieb der Typograf **Jan Tschichold** in seinen Erinnerungen über die erste Bauhaus-Ausstellung von 1923, bei der bereits Schriftexperimente zu sehen waren.

Zwei Jahre nachdem beim jungen Tschichold der Funke gezündet hatte, brachte er als Redakteur einer Druckerzeitschrift die Sondernummer *Elementare Typographie* heraus, ein programmatischer Titel, unter dem er die neuen entschlackten Schriften für die Praxis empfahl. Später gründete Tschichold mit

STÄNDIGER VERKAUF

ALLER ERZEUGNISSE

DES BAUHAUSES IN DESSAU

Kurt Schwitters den *Ring neuer Werbegestalter*, ein Sprachrohr der Schriftreform, das sich an Praktiker richtete (und Distanz zum Bauhaus hielt). Schwitters, Künstler, Publizist und Poet, hatte Anfang der 20er Jahre die Zeitschrift *Merz* herausgegeben, in der er (typo-)grafische Elemente des **Dadaismus** verwendete. Die erfolgreiche Schrift jener produktiven Epoche stammt von **Paul Renner**, einem Freund von **Ferdinand Kramer**, von dessen Vereinfachungsphilosophie er sich anstecken ließ. Das Hauptverdienst des Berufsschullehrers Renner ist die Entwicklung der *Futura*. Trotz ihrer streng geometrischen Konzeption war diese Musterschrift sehr vielseitig und wurde wegen ihrer guten Lesbarkeit schnell zum Typoklassiker. Innerhalb weniger Jahre wurde in den 20ern der Grundstein zur Neuen Typografie gelegt, eine Bezeichnung, die allerdings als Sammelbegriff für recht unterschiedliche Ansätze zu verstehen ist.

Die Mehrzahl ihrer hier genannten Vertreter ging während des »Dritten Reiches« in die **Emigration**. Nach 1945 wurden die Bauhaus-Prinzipien wiederbelebt, nicht zuletzt von **Max Bill** und **Otl Aicher**, der mit seinen schriftorientierten CI-Konzepten Pionierleistungen vollbrachte und sich mit dem *Rotis*-Alphabet ein typografisches Denkmal setzte. Ein weiterer Vertreter der alten Schule, für die Schrift vor allem klar und einfach zu sein hat, ist **Kurt Weidemann**, während dessen Antipode, der Kommunikator **Erik Spiekermann (Metadesign)**, Typografie zunehmend in virtuellen Raum stattfinden läßt.

> »*Typografie wurde zum ersten Mal nicht als eine isolierte Disziplin betrachtet.*«
> Herbert Bayer

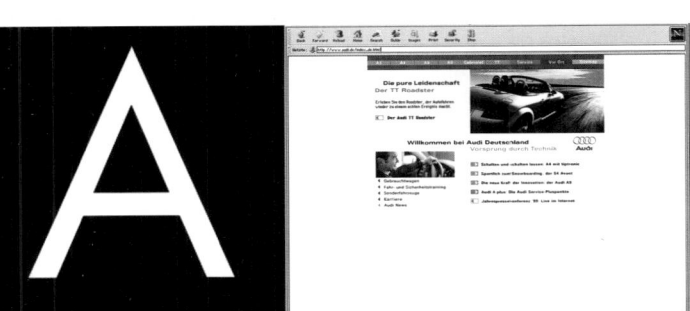

v.l.n.r.
Werbekarten von Joost Schmidt für das Bauhaus, 1925

Schablonenschrift von Joseph Albers, 1923-26

Schrift *Futura* von Paul Renner, 1928

Website für Audi AG von Metadesign, 1997

VITRA
Möbelhersteller

Seite 327

l.o. *Wiggle Side Chair*,
von Frank O. Gehry, 1992

r.o *W. W. Stool*,
von Philippe Starck, 1992

l.u. Stuhl *Ota Otanek*,
von Borek Sipek, 1988

r.u. *Coconut Chair*,
von George Nelson, 1957

Es paßt alles zusammen: das Firmengelände mit seiner auf-
regenden Architektur, das eigene inzwischen weltbekannte De-
signmuseum, die Kataloge mit ihrer zeitgemäßen Videoclip-
Ästhetik, die Werbekampagnen von Meinungsmachern aus der
Kunst- und Medienszene und – last but not least – das Produk-
tangebot selbst, dessen Internationalität einmalig sein dürfte.
Ende der 80er Jahre machte Vitra wieder einmal von sich reden,
als man eine »Edition« experimenteller Sitzmöbel auflegte, die in
kleiner Serie (oder als Prototyp) hergestellt wurden. Obwohl das
Projekt nur ein paar Jahre lief, schuf man sich dennoch eine Art
Walhalla des aktuellen Stuhldesigns mit Beiträgen von Ron Arad,
Ginbande (Abb. S. 32), Shiro Kuramata, Alessandro Mendini, Borek
Sipek, George Nelson, Gaetano Pesce, Ettore Sottsass, und Philippe Starck. Zu den überzeugendsten Entwürfen zählt – neben
Kuramatas Sessel aus Metallnetz und Arads *Well Tempered Chair*
aus gefaltetem Stahlblech – Frank O. Gehrys *Grandpa Chair*. Der
hat eine traditionelle Sesselform, besteht aber aus verleimten
Kartonschichten. Das Verpackungsmaterial, ein uramerika-
nischer Werkstoff, macht einen rauhen, industriellen Eindruck,
wirkt wegen seiner Unregelmäßigkeit aber auch künstlerisch-
improvisiert.

Bevor Gehry dieses imposante Möbelstück entwickelte,
hatte er sich bei Vitra bereits in seiner Funktion als Baumeister
eingeführt. Er entwarf das Gebäude für das Vitra Design Museum, das über eine der größten Stuhlsammlungen verfügt. Vitra
verfolgt hier eine Doppelstrategie: Die Ausstellungstätigkeit voll-
zieht sich im Rahmen einer Stiftung, die Unabhängigkeit garantiert. Unter der Direktion von **Alexander von Vegesack**, einer
ausgewiesenen Designkoryphäe, waren Wanderausstellungen
wie z. B. *100 Masterpieces* (eine Galerie bedeutender Stuhlent-
würfe) in Europa und USA erfolgreich. Natürlich färben diese Ak-

Produkte

tivitäten und die damit verknüpfte Kompetenz auf den Firmenna-
men ab. Gehrys exaltierter Museumsbau war der Beginn eines
Programms, in dessen Verlauf seit Beginn der 90er Jahre ein halbes Dutzend profilierter Architekten auf dem Firmengelände Akzente setzen konnten, darunter so konträre Vertreter ihres Stan-
des wie die Dekonstruktivistin Zaha Hadid und der Minimalist
Tadao Ando.

Die Fabrik wurde zum Ausflugsziel. Vitra schuf sich kein mo-
nolithisches Image wie aus dem Lehrbuch der **Hochschule für
Gestaltung Ulm**, sondern bedient sich genialer Heterogenität.
Auch wenn der Auftritt dadurch ein gänzlich anderer ist, hat man
eines mit Firmen wie **Erco** oder **FSB** gemein. Hinter der Design-
und CI-Strategie steht ein ambitionierter, aufgeschlossener Unternehmer: Rolf Fehlbaum zählt zu den Inspiriertesten seiner
Branche und hat das Unternehmen zu einem bedeutenden europäischen Möbelhersteller gemacht, der sowohl fürs Wohnen
als auch für Büros und öffentliche Räume Einrichtungen anbie-

Lounge Chair von Charles
und Ray Eames, 1956

Seite 329

Soft Pad Chair (*Aluminium Group*),
von Charles und Ray Eames, 1958

1992 Büromöbel *Spatio* von
Antonio Citterio und
Glen Oliver Löw

1993 Reedition *Grandpa Chair*
von Frank O. Gehry

1998 Flughafenbestuhlung
Airline von Norman Foster

Seite 331

o. *T-Chair* von Antonio Citterio und
Glen Oliver Löw, 1994, und
Bürostuhl *Persona* von Mario
Bellini und Dieter Thiel, 1984

u. System *Nexus* von Ginbande,
1990

Plychairs und *Plytable* von
Jasper Morrison, 1989

tet. Zu den Hausdesignern zählen u. a. die Italiener Mario Bellini
und Antonio Citterio. Fehlbaum setzt mit seinem Faible für moderne Gestaltung das Erbe des Vaters fort. Der legte Ende der
50er Jahre mit der Lizenzproduktion der Herman Miller Collection, d. h. Entwürfen von Charles und Ray Eames sowie George
Nelson, den Grundstein für den Aufstieg des Unternehmens.

Das nächste bahnbrechende Ereignis war der *Panton Chair*
von 1967. Der dänische Designer Verner Panton schuf damit den
ersten Kunststofffreischwinger aus einem Stück und verlieh dem
neuen Material eine nicht für möglich gehaltene Eleganz. Erstaunlich ist, wie es Vitra bis in die Gegenwart immer wieder gelingt, mit Ikonen aufzuwarten, sei es Jasper Morrisons reduktio-
nistischer *Plychair* oder Philippe Starcks anthropomorpher Stuhl
Louis 20, eines der meistverkauften Designermöbel des ausge-
henden 20. Jahrhunderts.

VOGT & WEIZENEGGER

Produktdesigner

Ihr Erfolg begann mit der Pleite ihres Auftraggebers. Oliver Vogt und Hermann Weizenegger blieben auf ihren Möbelentwürfen sitzen. Doch das Duo machte aus der Not eine Tugend und verkaufte seine Objekte – die sie *Familie Blaupause* nannten – nicht als fertiges Produkt, sondern als Bauanleitung (Blaupausen im Format 1:1). Eine Einkaufsliste lag ebenso bei wie ein Montageplan. Außerdem konnte jeder Käufer seine eigene Phantasie einfließen lassen, durch die Wahl des Materials oder andere Abänderungen nach eigenem Gutdünken. Dieses Konzept machte den Designer zum Ideenlieferanten und den Konsumenten zum Mitspieler. Vogt & Weizenegger gehen davon aus, das nicht jeder Entwurf völlig neu sein muß. Ihre Serie *Pure Glass*, die sie für **Authentics** konzipierten, war zwar für den Kunststoffhersteller ein Novum, ist aber das Ergebnis von Versuchen mit dem bereits in den 30er Jahren von **Wilhelm Wagenfeld** benutzten Werkstoff Borosilikat, einem besonders robusten, feuerfesten Industrieglas.

Ihre Experimentierfreude bewies V & W auch mit dem erfolgreichen Projekt *Imaginäre Manufaktur*. Seit über 100 Jahren fertigen Blinde und Behinderte in Berlin-Kreuzberg schlichte Haushaltswaren. Die Blindenanstalt darf jedoch keine Werbung machen und wurde ihre Produkte nicht mehr los. Vogt & Weizenegger riefen Designstudenten dazu auf, ein neues grafisches Erscheinungsbild und pfiffige Produkte zu entwerfen, die nun dort hergestellt und im angeschlossenen Laden verkauft werden. Daß die Berliner auch technisch auf der Höhe sind, bewiesen sie mit einer völlig neuen Türkonzeption. Die Tür ist dabei mit dem Gebäude nicht mehr fest verbunden, sondern wird nach dem Schraubzwingenprinzip einfach in die Maueröffnung geklemmt. Die Tür kann man wie andere Möbel auch kaufen, und sie zieht künftig mit ihrem Besitzer um.

Burkhard VOGTHERR

Möbel- und Produktdesigner

Ende der 60er Jahre gewann Burkhard Vogtherr den *Bundes-preis* **Gute Form**, Deutschlands höchste Designauszeichnung, die erstmals vergeben wurde (und die er sich mit **Hartmut Esslinger** teilte). Sein Entwurf: eine Phono-Anlage, bei der die Geräte in Kunststoffkugeln untergebracht waren. Das *Atomium* für die gute Stube machte die Branche auf den jungen Designer aufmerksam. Seine ersten Möbel entwarf er für **Rosenthal**, darunter auch eine futuristische Bett-Schrank-Zelle mit eingebautem Hifi-System. Nach einer Ausbildung zum Schreiner hatte Vogtherr zunächst Industriedesign studiert. Das neue Tätigkeitsfeld polte seine Perspektiven um. Das Faszinosum Stuhl ließ ihn nicht mehr los. Der Deutsche mit Wohnsitz im Elsaß wurde zu einem der internationalen gefragtesten Spezialisten für Sitzgelegenheiten jeder Art. Inzwischen arbeitet er für führende internationale Möbelhersteller wie Arflex, Bushy, Cappellini, Cor, Dietiker, Fritz Hansen und Wittmann. Anfang der 80er Jahre schaffte der Star ohne Allüren seinen Durchbruch in Italien: Arflex kaufte die markante *T-Line*, einen grafischen Stuhl, der nicht umsonst bevorzugt in TV-Talkrunden verwendet wird. Gerade Vogtherrs besonnene Formensprache ist wohl eine der wichtigsten Ursachen für seine vollen Auftragsbücher.

VOLKSWAGEN

Automobilhersteller

Seite 337

o. VW-Transporter und -Bus, 1961
u. *Volkswagen* (Prototyp), 1938

VW *New Beetle* (Prototyp), 1994

Der im Retro-Design gestaltete *New Beetle* soll den »Käfer«-Mythos ins 21. Jahrhundert befördern, ein Mythos, der auf einer unverwechselbaren Silhouette basiert, bei der Neuauflage wie beim Original. Kaum ein Auto ist so von Legenden umrankt wie der VW-»Käfer«. Im »Dritten Reich« wurde kolportiert, Adolf Hitler habe bei einem Treffen mit **Ferdinand Porsche** die Bogenform des *Volkswagens* auf einen Notizzettel gekritzelt. Vater der »Käfer«-Gestalt ist der Karosseriemeister **Erwin Komenda**, ein Porsche-Mitarbeiter, der dabei auf Vorbilder zurückgriff, die bereits Fließheck und Heckmotor aufwiesen. Komenda amerikanisierte diese Grundform, indem er den *Volkswagen* mit Stromlinien versah: mit »Zungen« an Haube und Heck, abgerundeten Holmen und voluminösen Kotflügeln mit integrierten Scheinwerfern. Erst nach dem Krieg ging der *Volkswagen* tatsächlich in Produktion.

Wenige Jahre später lief das VW-*Cabriolet* vom Band. Styling und Stoffverdeck lieferte die Karosseriewerkstatt Karman. Dieser frühe Freizeitwagen wurde zum ersten Wolfsburger Kultauto. In

1938

Seite 339

o. VW *Golf* von Giorgetto Giugiaro,
1974

u. *VW-Porsche 914*, 1969

kurzen Abständen folgten *Transporter,* VW-*Bus* und das Coupé *VW Karman Ghia*. Letzteres hatte Karmann auf eigene Faust beim Turiner Karosseriebauer Ghia bestellt und den skeptischen VW-Vorstand schließlich damit überzeugt. Der flache Zweisitzer mit Katzengesicht und Käfer-Technik kam sehr gut an, obwohl er nur schnittig aussah. Der VW-*Bus* (ebenfalls auf Käfer-Basis und mit dessen stilisierter Schnauze auf der Front) nahm das Van-Zeitalter vorweg. Der Bus, liebevoll »Bulli« genannt, wurde zum ersten Auto für Nonkonformisten: Freigeister wie der dänische Designer Verner Panton und der Unternehmer **Philip Rosenthal** fuhren ihn. Das Erfolgsgeheimnis des Käfers war die Verläßlichkeit, die in der über Jahrzehnte nur wenig veränderten Form ihr Symbol fand. Die Werbung spielte immer wieder darauf an, wie mit dem Endlosslogan: »Er läuft und läuft und läuft ...«

Trotz des Dauerläufers stellte sich bei VW, damals bereits Deutschlands größte Automarke, eine dringliche Frage: Was kommt danach? Versuche, mit dem *1500er* und dem *411er* das Käfer-Prinzip fortzuschreiben, verliefen unbefriedigend. Schließlich, die Bilanzen gerieten bereits in Schieflage (zudem hatte man gerade die Marken **Audi** und **NSU** übernommen), half ein Deus ex machina. Einer der erfolgreichsten Autostilisten, der Italiener Giorgetto Giugiaro, entwarf den VW *Golf*, ein Modell, das eine neue Wagenklasse begründen sollte. Das Prinzip – Schrägheck plus Frontmotor – stammte vom englischen Morris *Mini*. Giugiaro, berühmt für die Gabe, italienisches »Bel Design« mit strenger Geometrie zu vereinen, leistete mit dem *Golf* sein Meisterstück. Der kompakte Wagen trug mit seiner Heckklappe nicht nur den veränderten Kaufgewohnheiten Rechnung, sondern paßte auch in die aufs Sparen fixierte Ära der »Ölkrise«. Später wurde der *Golf* größer und zwar, anders als der Käfer, jeweils in Modellsprüngen. VW hatte bei Giugiaro aber noch mehr bestellt. Sowohl

sein *Scirocco*, ein dynamisches Fließheck-Coupé auf *Golf*-Basis, als auch der *Passat* begründeten wichtige Modellreihen. Zusammen mit dem auf dem Audi *80* basierenden *Polo* – dem kleinen *Golf* – trat VW mit seinen italienisch frisierten Modellen nun vom Kleinwagen bis zur Mittelklasse an.

Parallel zum Giugiaro-Intermezzo hatte man sich eine eigene Designabteilung zugelegt, die nun unter ihrem Chef **Herbert Schäfer** für die Folgemodelle sorgte. Die Volksautos, die in den 70ern und 80ern aus Wolfsburg kamen, mußten zumeist eines: deutsche Gediegenheit ausstrahlen. Wobei es bestimmte Typen wie das *Golf-Cabrio* durchaus zu Kultstatus brachten und einzelne Entwürfe, wie etwa die Steilheck-Version des *Polo*, Eleganz im kleinen zelebrierten. Mit der Übernahme der Marken Seat und Skoda wurde VW, mittlerweile Europas führender Autohersteller, Anfang der 90er Jahre zum Weltkonzern. Damit ging auch eine nun hausgemachte Designreform einher, die einem Quantensprung gleichkam. Die Gestaltung rückte – wie bei der Tochter

VW *Passat,* 1998

Audi – auf der Prioritätenliste weit nach oben, ein Schritt, mit dem die Globalisierung ästhetisch nachvollzogen wurde.

Diese Entwicklung war u. a. mit dem Designcenter Kalifornien verbunden, nun eine Kreativschmiede im Konzern, sowie mit **Hartmut Warkuß**, dem aktuellen Chefdesigner. Dessen Handschrift findet sich bei den Modellen der späten 90er Jahre, darunter auch der VW *Passat*, ein deutscher Klassiker unter den Kombis. Durch den neuen »International Style« made in Germany mit seinen hyperkompakten Karosserien, betont weichen Rundungen, hohen Taillen und dabei klaren, grafischen Silhouetten setzte VW einen Trend. Die optische Renovierung griff auch im Kleinformat: der *Lupo*, ein gedrungenes Stadtauto mit optimierten Verbrauchswerten, beweist, daß plane Flächen, Kulleraugen und eine feine Innenausstattung beinahe schon genügen, um makelloses Design abzuliefern.

1961 Limousine VW *1500* von Ghia (1962 als Kombi)

1968 VW *411*

1969 Sportwagen *VW-Porsche 914*

1973 Kombi *Passat* von Giorgetto Giugiaro (Folgemodelle 1980, 1988, 1993 und 1996)

1974 Kompaktlimousine *Golf* (Folgemodelle 1982, 1991 und 1997) und Sportwagen *Scirocco* von Giorgetto Giugiaro

1975 Kleinwagen *Polo* von Bertone

1979 *Golf Cabrio*

1983 Kleinwagen *Polo* mit Steilheck

1998 Kompaktlimousine *New Beetle*; Kleinwagen *Lupo*

VW *Lupo*, 1998

VORWERK

Teppich- und Staubsaugerhersteller

Die Künstlerin Rosemarie Trockel gehört ebenso dazu wie der französische Modernist Jean Nouvel, der Poppionier Roy Lichtenstein und der Theaterregisseur Robert Wilson. Sie und viele andere prominente Kreative haben im Teppichdesign debütiert. Obwohl wir einen beträchtlichen Prozentsatz unserer Blicke nach unten werfen, lag die moderne Teppichgestaltung lange am Boden. Solange bis die Firma Vorwerk – bis dahin bekannt für robuste Staubsauger und gediegene Auslegware – in den späten 80er Jahren in dieses Vakuum stieß. Vorwerk gewann – ähnlich wie vorher **Rosenthal** und **FSB** in ihrem Bereich – namhafte Künstler, Architekten und Designer. In Produktlinien wie *First Edition* und *Dialog Art Collection* findet man mittlerweile eine große Vielfalt des textilen Autoren-Designs. Schließlich reaktivierten Vorwerks Produktplaner mit der *Flower Edition* das aus der Mode gekommene Blümchenmuster mit zeitgemäßen Dessins, darunter auch ein Rosenteppich von Robert Wilson. Mit der Linie *Classic* betreibt man auch Geschichtsforschung: Vorwerk legt Entwürfe deutscher Gestaltungspioniere wieder auf, darunter Jugendstilmotive von **Peter Behrens** und **Richard Riemerschmid** (Abb. S. 18), aber auch Arbeiten von **Bauhaus**-Frauen wie Gertrud Arndt und **Gunta Stölzl**, die den modernen Teppich erfanden.

Vorwerk & Co., Hameln

1883 von Carl und Adolf Vorwerk in Barmen gegründet

1935 Beginn des Direktvertriebs

1972 Bildung eigenständiger Firmen für Staubsauger, Teppiche und Möbelstoffe

1988 erste Künstlerentwürfe für Teppichböden

Produkte

1929 Handstaubsauger *Kobold*

1988 *Dialog Art Collection* mit Künstlerentwürfen

1990 historische Teppichmuster von **Josef Hoffmann**, **Richard Riemerschmid** u. a.

1992 Designteppiche *Arterior*

1994 Bauhaus-Muster von Gertrud Arndt, **Gunta Stölzl** u. a. (*Frauen am Bauhaus*)

1998 Teppichkollektion *Flower Edition*

Seite 343

l.o. Teppich (*Dialog Art Collection*) von Peter Behrens, 1902

r.o. Teppich (*Flower Edition*) von Rosemarie Trockel, 1998

l.u. Teppich (*Classic Collection*) von Gunta Stölzl, Entwurf, 20er Jahre

r.u. Staubsauger *Kobold 131*, 1999

Teppichfrischer *VTF 733*, 1996

Wilhelm WAGENFELD

Produktdesigner

Er war Designer mit Leib und Seele und einer der ersten seiner Zunft. Berühmt geworden ist Wilhelm Wagenfeld v. a. durch jene Tischleuchte mit Glasfuß und weißem Schirm aus Opalglas, die er Mitte der 20er Jahre mit Karl J. Jucker am **Bauhaus** entworfen hat (Abb. S. 37). Sie wirkt so einfach wie eine Straßenlaterne und ist ein Symbol für den dort schon früh entwickelten **Funktionalismus** (deshalb wird sie auch einfach *Bauhausleuchte* genannt). Wenn Wagenfeld als beste Eigenschaft der Dinge »das Anspruchslose« nennt, meint er damit brauchbare, preiswerte und zugleich ansprechende Alltagsgegenstände.

Der gelernte Silberschmied hat eine Vielzahl solcher anspruchsvoll-anspruchslosen Gebrauchswaren aus Glas und Metall entworfen, die sich durchweg durch ihre hohe Gestaltungsqualität auszeichnen, wie die geknickten Tintenfässer für **Pelikan** oder das Besteck *Form 3600* für **WMF**. 1923 begann seine Zeit als Bauhaus-Schüler unter **László Moholy-Nagy** in der Metallwerkstatt, wo er mit **Marianne Brandt** zusammenarbeitete und deren

1900 geboren in Bremen

1919 Studium an der staatlichen Zeichenakademie in Hanau (bis 1922)

1923 studiert am **Bauhaus** in der Metallwerkstatt

1926 Lehrer an der Staatlichen Bauhochschule Weimar

1930 arbeitet für die Firma Schott (**Jenaer Glas**)

1935 künstlerischer Leiter der Vereinigten Lausitzer Glaswerke in Weißwasser

1948 Professor an der Hochschule der Künste in Berlin

1954 Werkstatt Wagenfeld in Stuttgart gegründet

1958 Mitherausgeber der Zeitschrift *Form*

1990 in Stuttgart gestorben

1994 Retrospektive

1998 Eröffnung des Wagenfeld-Hauses in Bremen

Kubusgeschirr für die Vereinigten Lausitzer Glaswerke, 1938

Leiter er nach dem Umzug des Bauhauses wurde. Während viele
Bauhäusler Deutschland nach 1933 verlassen mußten, konnte
Wagenfeld seine Arbeit fortsetzen, unterrichtete unter anderem
an der Kunsthochschule in Berlin. Für **Jenaer Glas** experimentierte er mit dem bis dahin als Billigmaterial geltenden Preßglas.
Die feuerfesten Deckelschüsseln, die er Ende der 30er Jahre entwarf, wurden ebenso zu Küchenikonen wie das stapelbare Vor-
ratsgeschirr *Kubus*. Nach dem 2. Weltkrieg knüpfte Wagenfeld
mit bekannter Sachlichkeit an die früheren Erfolge an und arbeitete nun auch für Firmen wie **Rosenthal** und **Braun**. Für den Pho-
nogerätehersteller entwarf er Mitte der 50er Jahre eine tragbare
Radio-Plattenspieler-Kombination, deren Front er mit schrägen
und weichen Linien versah. Sie wirkt heute überraschend modern. Einen seiner größten Erfolge feierte der Pragmatiker auf
deutschen Eßtischen: mit einer Butterdose sowie mit den taillier-
ten Pfeffer- und Salzstreuern *Max und Moritz*, die bei WMF in
Serie gingen.

Produkte
1924 Tischleuchte *WG 24*
1931 Türdrücker *WD 28 N*
1932 Teeservice für Jenaer
     Glas (Reedition 1997)
1938 *Kubusgeschirr* für die
     Vereinigten Lausitzer
     Glaswerke
1952 Besteck *Form 3600*
     (Reedition 1997)
1953 Salz- und Pfefferstreuer
     Max und Moritz
     beide für **WMF**
1954 Kofferradio *Combi*
     für **Braun**

Teekanne für Jenaer Glas, 1932

Kurt WEIDEMANN

Typograf und Grafiker

Er wird nicht selten als Deutschlands «Schriftpapst» tituliert und ist ein Freund spitzer Formulierungen. Für Kurt Weidemann, den Anwalt der rationellen Kommunikation, ist die Lesbarkeit das Non-plus-ultra einer Schrift. Kein Wunder, daß er gegenüber einem anarchischen Stil à la David Carson Vorbehalte anmeldet. »Das Leben«, so Weidemann, sei einfach »zu kurz, um Carsons Layouts zu entbuchstabieren.« Weidemann, der in den 50er Jahren – nach Schriftsetzerlehre und Typografiestudium – die Fachzeitschrift *Der Druckspiegel* leitete, war auch als freier Grafiker und Werbeberater tätig. Außerdem arbeitete er für Buchverlage wie Propyläen und die Büchergilde Gutenberg. Weidemann entwickelte die Schriften *Biblica*, *ITC Weidemann* und *Corporate A.S.E.* Einer seiner frühen CI-Kunden war der Pharmakonzern Merck, dem er Ende der 60er Jahre mit einem neuen Logo und dezidierten »Gestaltungsrichtlinien« zu einem prägnanten Erscheinungsbild verhalf. Weitere namhafte Kunden waren Coop und die Deutsche Bahn. Seit Mitte der 80er Jahre war Weidemann Berater bei **Daimler-Benz**. Für den deutschen Vorzeigekonzern entwickelte er die Hausalphabete Corporate *A*, *S* und *E* sowie eine komplexe visuelle Grammatik, die das seriös-funktionale Image der Renommiermarke transportierte. Heikelste Aufgabe: die Verbesserung des weltberühmten Sterns. Kurt Weidemann, ein Meister des feinen Unterschieds und der peniblen Regel, der um so zufriedener ist, je weniger man seine Eingriffe bemerkt, bekennt sich offen zu seiner vermeintlichen Einfallslosigkeit. Beim neuen Logo für die Deutsche Bahn hat er die Grundidee des alten einfach beibehalten. Für **Porsche** hat er den Schriftzug nur leicht gestreckt, so daß er schneller zu erkennen ist und schneller aussieht. Diese zielsichere Behutsamkeit erinnert ebenso an **Otl Aicher** wie der Satz des Dozenten Weidemann: »Wir müssen heute unsere Auftraggeber ausbilden, nicht nur gute Grafiker.«

1922 geboren in Eichmedien, heute Masuren

1953 Grafikstudium an der Staatlichen Akademie der bildenden Künste in Stuttgart

1965 Professor an der Kunstakademie in Stuttgart

1981 Berater für Corporate Design bei der Deutschen Bundespost, Shell und der Deutschen Bank

1987 Berater bei **Daimler-Benz**

1990 Corporate Design für **Porsche**

1991 Professur an der Hochschule für Gestaltung in Karlsruhe

Produkte

1979 Schriftenfamilie *Biblica*

1983 Schriftenfamilie *ITC Weidemann*

1989 Firmenschriftenfamilie *Corporate*

1993 Logo für Bankgesellschaft Berlin

Seite 347

l.o. Arzneiverpackung für Merck, 1972

r.o. Logo für Mercedes-Benz, 1988-1991

u. Schrift *ITC Weidemann*, 1983

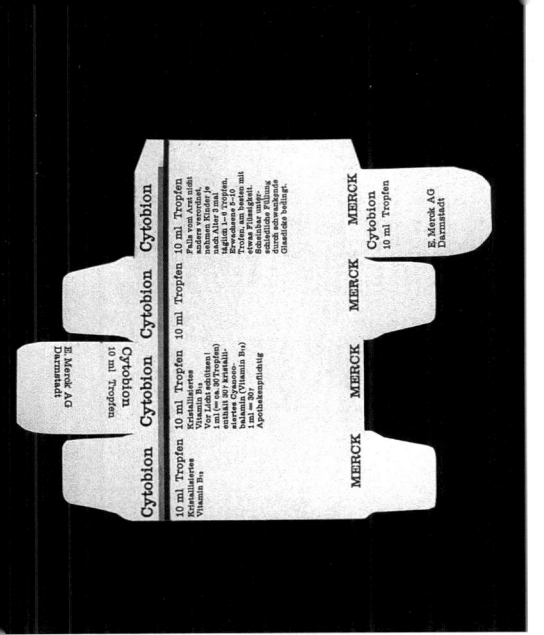

Mercedes-Benz

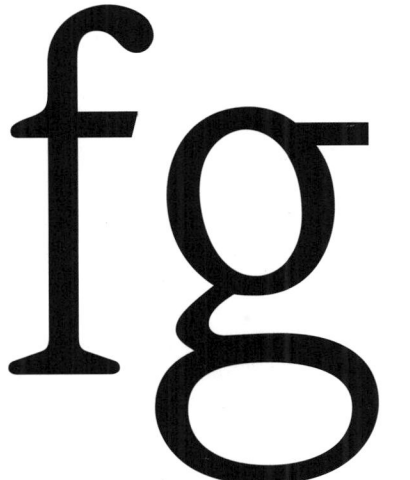

ABCDEFGHIJKLMN
OPQRSTUVWXYZ
abcdefghijklm
nopqrstuvwxyz
1234567890

Herbert Jakob WEINAND

Möbeldesigner und Innenarchitekt

Anfang der 80er Jahre beschäftigte er sich mit dem Bau von Filmkulissen, um dann die erste deutsche Design-Galerie zu gründen. Durch Ausstellungen wie *Betonmöbel* (mit **Andreas Brandolini** u. a.) oder *Griff in den Staub* (mit **Pentagon**) wurde Herbert Jakob Weinand zu einem Hauptakteur des **Neuen Deutschen Designs**. Neben viel beachteten Installationen konzentrierte er sich mit seiner Partnerin Renate von Brevern und einem Team junger Designer auf die Einrichtung von Restaurant-, Geschäfts- und Hotelräumen: stets innovativ und sensibel, was das ökologisch einwandfreie Material betrifft, aber ohne sich auf ein bestimmtes Stilvokabular zu fixieren. Die Inszenierung von Räumen ging Hand in Hand mit der Entstehung von Einzelstücken, wie dem Wäscheschrank *Bügelette* mit (in die Schranktür) integriertem Bügelbrett. Das Möbelstück fürs Hinterzimmer ist exemplarisch für Weinands reflektierten Umgang mit Funktion und ihrer spielerischen Verfremdung. Seit Anfang der 90er Jahre arbeitet Weinand für namhafte italienische Firmen wie Abet Laminati, Alessi und – als erster Deutscher – für Memphis. Für letztere entwarf er Glasobjekte und eine schlanke Kommode auf Vogelfüßen.

Einen Namen machte sich der Vielgefragte auch mit seinen Teppichen (viele davon entstanden in Zusammenarbeit mit dem Atelier Vermeersch in Gent, wo sie im Familienbetrieb handgetuftet werden). Sein Erfahrungsschatz prädestinierte ihn schließlich für einen Auftrag, den man nicht alle Tage bekommt: die Gestaltung des Berliner Hotels Bleibtreu vom Keller bis zum Dach, eine Arbeit, die Weinand auch über die Designszene hinaus bekannt machte. Ähnlich berühmten Vorgängern, wie **Richard Riemerschmid** an der letzten Jahrhundertwende oder Arne Jacobsen in den 50er Jahren, gelang ihm ein Gesamtkunstwerk, das dem Zeitgeist nicht nachläuft und deshalb auch die Chance hat, in die Designgeschichte einzugehen.

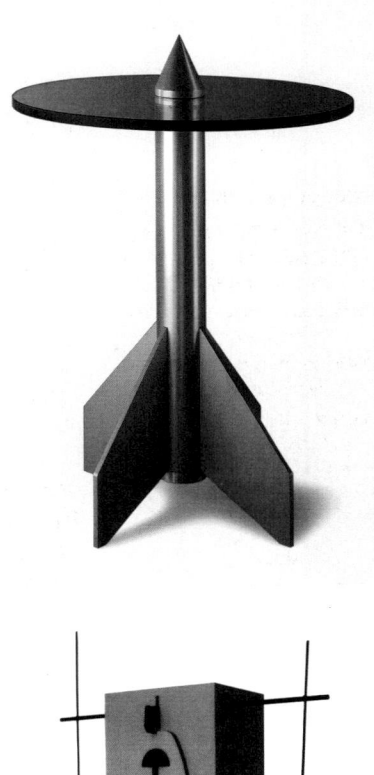

Stefan WEWERKA

Architekt, Künstler und Designer

Stühle ohne Sitzfläche, schiefe Stühle, Stühle, die in der Wand verschwinden, Stühle, die sich — weil nur aus einer Hälfte bestehend — erst im Spiegel wieder zu einem Ganzen zusammenfügen. Oder: Stuhlfragmente, bei denen sich ein Teil haltsuchend an ein anderes lehnt. Dies sind Werke aus dem Atelier des Objektkünstlers Stefan Wewerka, der die These vertritt: »Man muß schief sein, um geradeaus zu gehen.« Der Architekt und spätere Aktionskünstler, Designer, Schmuck- und Filmemacher aus Magdeburg begann seine Karriere Mitte der 50er Jahre mit dem Bau einer ungewöhnlichen Jugendherberge sowie mit Visionen zu einer »Erdarchitektur«. In den 70er Jahren, damals stand er der Fluxusbewegung nahe, kam der eigenwillige Mann plötzlich zu ersten industriell produzierten Möbeln. In dem Unternehmer Axel Bruchhäuser, Inhaber der Möbelfirma **Tecta**, fand er einen aufgeschlossenen Partner, für den Möbel etwas mit Kunst zu tun haben und jeder Entwurf ohnehin ein Experiment ist. Bruchhäuser war außerdem mit seinen Mitarbeitern in der Lage, auch ungewöhn-

liche Ideen zur Produktionsreife zu bringen. Seit Beginn der 80er Jahre – Wewerka hatte sich zu diesem Zeitpunkt schon zwei Jahrzehnte mit Möbelobjekten beschäftigt – schuf er für das westfälische Unternehmen eine hochkomplexe Kollektion, die Schränke, Tische und Stühle, aber auch Kommoden, Lampen und Sofas umfaßte. Er entwickelte dabei eine eigenständige, geometrisch-asymmetrische Formensprache. In ihr verbinden sich überraschende Proportionen und Bezüge zur funktionalistischen Moderne, sei es zu **Mies van der Rohe** wie beim *Einschwinger* (ein einziges etwa drei Meter langes zu einem Stuhl gebogenes Rohr) oder zu Gio Ponti beim Stuhl *B4* aus schwarzgebeizter Esche. Höhepunkte in Wewerkas Konzeptionalismus sind zweifellos die »Kleinwohneinheit« *Cella* sowie das mehrfach ausschwenkbare Koch-Ensemble *Küchenbaum*, ebenso skulpturale wie hochpraktische Konstruktionen, die den Schwenk Stefan Wewerkas vom Bürgerschreck hin zum Funktionsverdichter verdeutlichen. Es sind Environments mit hohem Gebrauchswert.

Produkte

1954 Kleinwohneinheit *Cella* (bis 1984)

1961 *Eckstuhl* und *Gummistuhl!*

1979 Tisch *M1* und *M2*, Dreibeinstuhl *B1*

1982 *Einschwinger,* Freischwinger *B5* und Lehnleuchte *L30*

1984 Küchensystem *Küchenbaum*

alle für **Tecta**

1987 Sessel *Kleines Bauwerk* für Axon

v.l.n.r.

Grüner Stuhl, 1968

Teller und Besteck für Alessi und Rosenthal, 1985

Stuhlskulptur *Anlehnung*, 1974

Freischwinger *B5* für Tecta, 1982

WIEGE

Studio für Möbel- und Produktdesign

Wilkhahn ist immer noch ein guter Kunde. Die Designabteilung des bekannten Büromöbelherstellers hatte sich Anfang der 90er Jahre zu einem selbständigen Designstudio gemausert, das unter ihrem weltläufigen Geschäftsführer Fritz Frenkler – einem Asien-Kenner und früheren Mitarbeiter von **Frogdesign** – zu einem international orientierten Projekt wurde. Justus Kolberg, der kreative Kopf, kam vom italienischen Möbelhersteller Tecno. Eine seiner Hauptaufgaben sieht das Team aus Niedersachsen darin, ihren Kunden einen schlingerfreien Kurs zwischen »den kurzen Zyklen der Modeströmungen« und der Notwendigkeit einer »eindeutigen Designhaltung« zu weisen. Großkunden wie **Bree**, **Siemens**, Sony, **Volkswagen** und **Vorwerk** haben dabei schon ihre Lotsendienste in Anspruch genommen. Von der ehemaligen Muttergesellschaft kommt nur mehr jeder vierte Auftrag. Man entwickelt aber weiterhin Lösungen fürs Büro, wie z. B. das Organisationssystem *Minamo*. »Die Wiege« fühlt sich inzwischen auch auf ganz anderem Terrain sicher: Für Hannovers Stadtbahn entwarf man Fahrkartenautomaten und module Bahnsteige. Für Sony entwickelte man ein *Eco-TV* mit eingebauter Langlebigkeit: Bauteile lassen sich jederzeit nachrüsten, und alle Materialien sind aus nachwachsenden Rohstoffen.

Wiege Entwicklungs AG,
Bad Münder

1985 gegründet aus der
Wilkhahn-Designabteilung

Produkte

1991 Bestuhlungssystem *Tubis*

1994 Polsterbank *Cana*
beide für Wilkhahn

1996 Mobiltelefon *Instant Handy*
für Springer und Jacobi

1997 Fernsehgerät *Eco* für Sony

1998 Büromöbelsystem *Minamo*
für Kokuyo; Ticketinfosäule
Tix für Verkehrsbetriebe
Hannover

Seite 353
l.o. Interaktiver
Ticket-Terminal *Tix*, 1998
r.o. Konferenzsystem *Confair*, 1994
u. Möbelsystem *Conrack*, 1995

Sitzbank *Tubis,* 1991

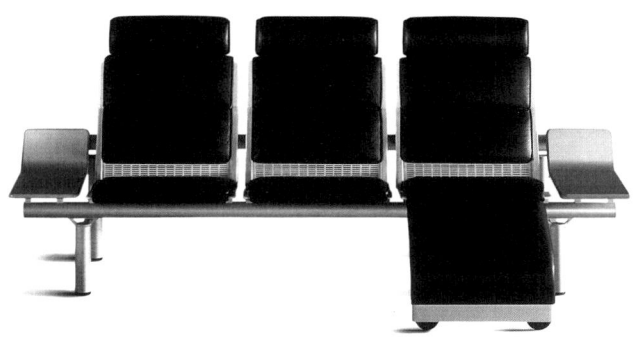

WILKHAHN

Büromöbelhersteller

Der *FS*-Stuhl ist wahrscheinlich der einzige Bürostuhl, dem eine eigene Monographie gewidmet wurde (Abb.S.46). Nicht ohne Grund: Als er Anfang der 80er Jahre vorgestellt wurde, war er eine Sensation und wurde seitdem über anderthalb Millionen Mal verkauft! Diese Kreuzung aus Dreh- und Schaukelstuhl, ausgestattet mit einer neuartigen Mechanik und einem flexiblen Schalensitz, weist keine ergonomische Schwachstelle auf, vermeidet aber trotzdem jenen apparathaften Eindruck, der manchem Konkurrenzmodell anhaftet. Der Wunderstuhl paßt sich der Körperhaltung seiner Benutzer an: die gute Nachricht für den Rücken des Büromenschen. Und *FS* – benannt nach den Initialen seiner Designer **Klaus Franck** und Werner Sauer und schließlich Basis einer 40 Varianten umfassenden Produktfamilie – ist kinderleicht zu bedienen. Dafür erfand man den kecken Slogan: »Sitzen ohne Führerschein.«

Wilkhahn, einst eine von über 100 Stuhlfabriken der Gegend, die ihr Holz aus den umliegenden Buchenwäldern gewannen, verwandelte sich in den 50er Jahren in eine designorientierte Firma – damals eine Frage des Überlebens. Der Retter hieß Fritz Hahne, ein ambitionierter Unternehmer, der, man hätte es sich fast gedacht, nicht nur seine Inspiration, sondern auch das neue Erscheinungsbild der Firma direkt von der **Hochschule für Gestaltung Ulm** bezog. Auch der *FS*-Schöpfer Franck war ein Ulm-Absolvent. Und Ulmer Gestalter wie **Hans Roericht** und **Herbert Ohl** widmeten sich dem Bürostuhl und machten auf diese Weise (ähnlich wie **FSB** und **Vorwerk**) eine bis dahin weitgehend mißachtete Gattung designfähig. Wilkhahn, ein Highend-Anbieter, der sich anspruchsvolle ökologische Vorgaben setzt, hat längst einen internationalen Aktionsradius. Das merkt jeder, der viel unterwegs ist: Mit dem Sitzbanksystem *Tubis* sind die Flughäfen in Hongkong, Mailand und München ausgestattet.

Wilkhahn Wilkening & Hahne GmbH & Co., Bad Münder

1907 als Stuhlfabrik gegründet

1946 Fritz Hahne und Adolf Wilkening übernehmen das Geschäft

1965 Erscheinungsbild durch **HfG Ulm**

1985 Designabteilung als Firma **Wiege** ausgegliedert

1988 neue Fertigungsgebäude von Frei Otto

Produkte

1957 Sessel *486* von **Herbert Hirche**

1965 Banksystem *120* von Friso Kramer

1976 Drehstuhl *190* von **Hans Roericht**

1980 Bürostuhl *FS* von **Klaus Franck** und Werner Sauer

1991 Stehsitz *Stitz* von Hans Roericht

1994 Bürostuhl *Modus* von K. Franck und W. Sauer

Seite 355

o. Sitzserie *O-Line* von H. Ohl, 1982

l.u. Stuhl *224* von George Leowald, 1955

r.u. Stehsitz *Stitz*, 1991

WK

Möbelhersteller und Interessenverband

Juristisch gesehen ist es ein Verein. Praktisch ist es der älteste Hersteller deutscher Designmöbel. Das Mitgliedsbuch besitzen rund 130 deutsche Einrichtungshäuser, die WK-Einrichtungen exklusiv vertreiben. Der Verband steht mit etwa 50 Möbelgestaltern (und ebenso vielen Herstellern) in Kontakt, darunter die Creme der deutschen Einrichtungsszene wie **Rolf Heide**, **Peter Maly** und **Burkhard Vogtherr**.

Die aufklärerische Idee der »Wohnkunst« (später »Wohnkultur«) entstand kurz vor dem 1. Weltkrieg. Produziert wurde – wie heute – in kleinen Fabriken und Werkstätten. In der Satzung hatte man sich ganz im Sinne des **Deutschen Werkbunds** der »Verbreitung des guten Geschmacks« verpflichtet. In der Nach-**Bauhaus**-Zeit nahm man z. B. flexible Anbaumöbel ins Programm (die zu einem »Aufbauheim« kombiniert werden konnten). Die vier heutigen Produktlinien – *WK Wohnen*, *Manufact*, *Designo* und die umfangreiche Textilkollektion – sind wie eh und je ein Hort der Funktionalität und der designgeschulten Sinne.

WK Gemeinschaft für Wohnkultur e. V., Leinfelden-Echterdingen

1912 als Deutsche Werkstätten für Wohnkunst gegründet

1913 Marke *WK Möbel* eingeführt

1957 WK-Erwin-Hoffmann-Stiftung gegründet

1960 auf der *Triennale* in Mailand ausgezeichnet

1979 *Bundespreis Gute Form*

1995 vier Produktlinien eingeführt: *WK Wohnen*, *Manufact*, *Designo* und Textilkollektion

Produkte

1927 *Aufbaumöbel*

1929 *Aufbauheim* von Paul Grießer

1985 Sessel *Akzent 675* von **Rolf Heide**

1987 Schrank-Anbausystem *Muro* von **Peter Maly**

1999 Möbelprogramm *Felice* von Volker Laprell und Volker Classen

System *WK 470* von Dieter J. Reinhold, 1963

Metallwarenhersteller

Mitte der 20er Jahre sicherte man sich die Exklusivrechte auf V2-A-Stahl, besser bekannt als Cromargan, ein zur Produktion von Haus- und Küchengeräten gut geeignetes Material Damit konnte das schwäbische Unternehmen als erster Hersteller strapazierfähige, rostfreie Edelstahlwaren zu günstigen Preisen anbieten. Nicht zuletzt weil es pflegeleicht und haltbar ist, hielten Töpfe, Schüsseln und Bestecke aus Cromargan Einzug in Deutschlands Küchenschränke.

Aber erst nach dem 2. Weltkrieg erlebte WMF mit seinem rostfreien Hausrat den erhofften Boom. Mit dieser Entwicklung ist der Name **Wilhelm Wagenfeld** eng verbunden. Der damals schon branchenbekannte Gestalter entwarf Produkte, in denen sich unbedingte Funktionalität mit dem flott-geschwungenen 50er-Jahre-Stil verbanden, wie z. B. bei seinen Salzstreuern oder seinen Eierbechern, die stapelbar und aus nur einem Stück gefertigt waren. Sein Besteck *Form 3600* hatte eine klare, kantige Form. Vor allem die ungewöhnlich kurze Messerklinge erregte

Württembergische
Metallwarenfabrik AG,
Geislingen

1853 gegründet als
Metallwarenfabrik
Straub & Schweitzer

1880 fusioniert zur
Württembergischen
Metallwarenfabrik (WMF)

1924 Lizenz für Cromargan

1927 Neue Handwerksabteilung

1985 Design-Workshop

1987 Übernahme der Firma
Alfi Zitzmann

1989 Beteiligung an Porzellanfabrik **Hutschenreuther**

Besteck *Form 3600*, 1953
Salz- und Pfefferstreuer
Max und Moritz, 1952
Butterdose, 1959
Eierbecher, 1953
alle von Wilhelm Wagenfeld

damals Aufsehen. Nachdem die Marke zwischenzeitlich im Main-stream zu versinken drohte, besann man sich bei WMF in den 80er Jahren wieder auf den Wert originaler Gestaltung, die nun in postmodernen Zeiten freilich nicht immer so untadelig funktional wie beim gestrengen Wagenfeld sein mußte. Namhafte internationale Designer wie Matteo Thun und **Dieter Sieger**, aber auch der Modeschöpfer Pierre Cardin und der dänische Produktgestalter Ole Pålsby – von dem allein sechs Bestecke stammen – haben zum Profil des renovierten WMF-Sortiments beigetragen. Es umfaßt außer Gläsern auch Leuchter, Kellen, Kochtöpfe, Isolierkannen und Geschenkartikel. Vertrieben wird es – da hat man von **Rosenthal** gelernt – in eigenen, zumeist in Innenstädten gelegenen Läden. Darüber hinaus ist WMF traditionell auch ein Zulieferer für professionelles Speisen und gehört heute zu den weltweit führenden Ausstattern gehobener Gastronomie und großer Hotelketten.

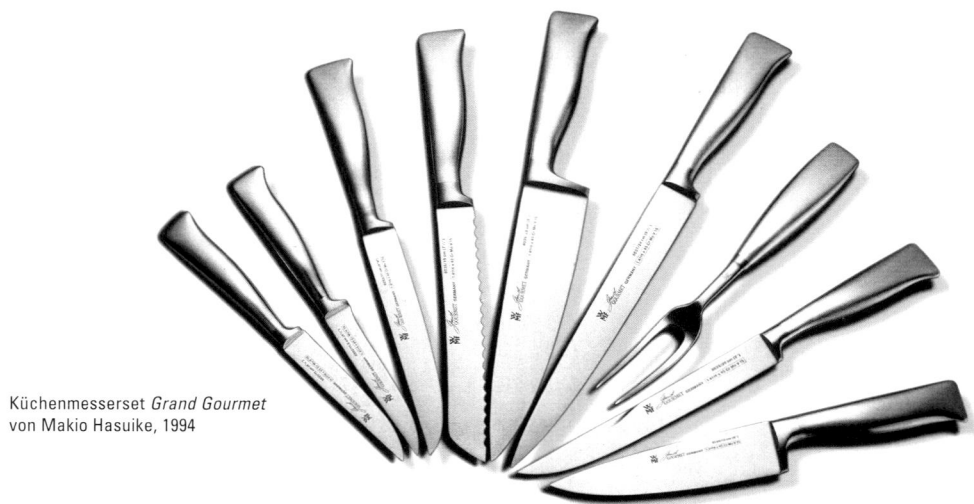

Küchenmesserset *Grand Gourmet*
von Makio Hasuike, 1994

Otto ZAPF

Möbeldesigner

»Striptease für den Hausgebrauch« titelte die Zeitschrift *Schöner Wohnen*. Vorgestellt wurde der Sessel *Comodus* mit abnehmbarem Bezug. Dessen Designer, der Physiker und Unternehmer Otto Zapf, hatte damals schon einen Namen für variable und ideenreiche Wohnkonzepte und eine Karriere, die ihresgleichen sucht. Am Anfang stand die Zusammenarbeit mit dem jungen **Dieter Rams**. Damals war Zapf, der selbst aus einer Tischlerfamilie stammt, der erste Möbeldesigner mit eigenen Ausstellungsräumen und später auch der erste mit einer Fabrik. Bekannt wurden seine »Wohnlandschaften« *Pillorama* und *Pollorama*, module und multifunktionale Polstersysteme. Anfang der 80er Jahre erlebte er den American Dream. Knoll International bestückte die Verwaltung einer Telefongesellschaft mit dem *Zapf Office System*: 7500 Arbeitsplätze, der bis dahin größte Einzelauftrag der Möbelgeschichte. Ein Produkt aus den 90er Jahren ist *Contur*, ein Sperrholzstuhl mit gespannter »Zunge« in der Rückenlehne – für stundenlanges entspanntes Sitzen.

1931 geboren in Roßbach, Böhmen

1951 Studium Mathematik und Physik in Frankfurt a. M.

1956 Möbelentwicklung mit Rolf Schmidt, **Dieter Rams** und Günther Kieser

1967 Aufbau einer eigenen Fabrik (1977 geschlossen);

1982 mit *Office System* 7500 Arbeitsplätze ausgestattet

Produkte

1968 Polstermöbel *Comodus*

1972 Sitzlandschaft *Pillorama* für Knoll; *Leuchtsäule*

1976 *Office System*

1980 Bürostuhl *Follow me 1* für Knoll (1987 *Follow me 2*)

1993 Stuhl *Contur*

1997 Tisch *Ultralight Desk* für Interprofil

Sitzlandschaft und Sessel
Pillorama für Knoll, 1972

Walter ZEISCHEGG

Produktdesigner und Künstler

Max Bill, Direktor an der **Hochschule für Gestaltung Ulm**, berief ihn als Dozenten. Walter Zeischegg übernahm das Fach Produktgestaltung, baute Werkstätten auf und lehrte Planungsmethoden. Neben **Otl Aicher** war er der einzige Ulmer Lehrer, der von der Planung bis zur Schließung der Schule dabei war. In der Person des Bildhauers Zeischegg verbanden sich abstrakt-skulpturales Denken und der neue wissenschaftliche Ansatz. Er beschäftigte sich mit geometrischen Strukturen, aber z. B. auch mit der Anwendung von Magneten, und er besaß eine Reihe von Patenten. Mit seinen Studenten arbeitete er an so unterschiedlichen Dingen wie Stromsteckern aus weichem PVC und einer integrierten Badezimmereinheit. Neben seiner Hochschultätigkeit gestaltete Zeischegg das Programm der Büroartikelfirma Helit. Für das westfälische Unternehmen entwarf der Systematiker u. a. Karteisysteme und auch sein bekanntestes Objekt: der stapelbare, wellenförmige Melamin-Aschenbecher entstand aus Studien, die er zur Geometrie der Sinuskurve erstellte.

1917 geboren in Wien

1936 studiert Bildhauerei an der Akademie der Bildenden Künste Wien

1951 Mitarbeit an der **HfG Ulm** (ab 1953 dort Professur für Produktgestaltung)

1968 Hausdesigner für Helit

1983 gestorben in Ulm

Produkte

1965 Gitterwand aus konkaven Elementen

1967 Aschenbecher für Helit; (mit Dieter Raffler)

Seite 361

Vitra Design Museum, Weil am Rhein, von Frank O. Gehry, 1989

l. Diskettenbehälter, 1981
r. Ablagen, 1981

Guide

Deutsche Designadressen

NORDDEUTSCHLAND

BREMEN

Design Zentrum Bremen; Am Wall 206 (Wilhelm-Wagenfeld-Haus); im Gebäude, in dem regelmäßig Ausstellungen stattfinden, ist auch die Wagenfeld-Stiftung untergebracht, die in einem Raum Objekte des Meisters zeigt.

CELLE, Niedersachsen

Altstädter Schule; 77er-Straße; Otto Haeslers »Glaskasten«. Der Architekt stattete die Fachwerkstadt mit frühen funktionalistischen Siedlungen aus (z.B. Italienischer Garten 1924).

HAMBURG

Jil Sander; Am Neuen Wall 3; kühle Kultmode in der kongenialen Einrichtung des Architekten Michael Gabell

Museum für Kunst und Gewerbe; Steintorplatz; Museum von europäischem Rang, das sich seit seiner Gründung der Verbesserung des Kunsthandwerks widmet und in dem vielbeachtete Ausstellungen zum Thema Design gezeigt wurden.

Sautter & Lackmann; Admiralitätsstraße 71–72; Fachbuchhandlung für Architektur, Kunst und Design.

Stilwerk; Große Elbstr. 68; Designkaufhaus im großen Stil, in dem auch Ausstellungen stattfinden, in einer der oberen Etagen sitzt die Redaktion der Ztschr. *Design Report*; Filialen in Berlin (Uhland-, Ecke Kantstr.) und Düsseldorf (Berliner Allee 47).

Walkenhorst; Jungfernstieg 41–42; hier stammen nicht nur die Flakons, sondern auch der Laden selbst aus der Hand von Peter Schmidt (mit Veit Mahlmann).

HANNOVER, Niedersachsen

Bushaltestellen; neun Autoren-Haltestellen von internationalen und deutschen Designern, wie Andreas Brandolini (Leinaustraße) und Wolfgang Laubersheimer (Nieschlagstraße).

Industrie Forum Design (IF); Messegelände; die erste bundesdeutsche, 1953 gegründete Institution dieser Art vergibt Designpreise und konzipiert Ausstellungen jeweils parallel zu den Messen *Industrie* und *Cebit*.

WORPSWEDE, Niedersachsen

Haus im Schluh; Im Schluh 35; die Sammlung des Malers und Möbeldesigners Heinrich Vogeler, der in Deutschlands bekanntestem Künstlerdorf u.a. auch den Bahnhof ausstattete, in seinem ehemaligen Haus.

WOLFSBURG, Niedersachsen

VW Automuseum; Dieselstr. 35; die Erfolgsgeschichte des Käfers und der verwandten Automobilarten; wenn man schon mal da ist, sollte man auch auf das alte, monumentale Werk aus den 30er und die Retortenstadt aus den 50er Jahren einen Blick werfen.

OSTDEUTSCHLAND

BERLIN

Alexanderplatz; als Alfred Döblin den Platz in seinem gleichnamigen Roman in die Weltliteratur eingehen ließ, waren das von Peter Behrens entworfene Alexanderhaus und das Berolinahaus (beide 1930) gerade im Bau; ebenfalls von Behrens ist die Turbinenhalle von 1908 (Huttenstraße12-19).

Bauhaus-Archiv; Klingelhöferstraße 14; die größte Sammlung und das Ausstellungshaus der berühmtesten Designschule, die nur zwölf Jahre brauchte, um zur Legende zu werden; das Gebäude basiert auf Plänen von Walter Gropius.

Berlin Museum; Lindenstraße 14; neben Großstadtmalerei, Spielzeug und Mode wird auch Wohnkultur dokumentiert, u.a. durch ein komplettes Zimmer von Henry van de Velde.

Bröhan-Museum; Schloßstraße 1a; renommiertes Museum für Angewandte Kunst, das auf einer Privatsammlung basiert; Schwerpunkte sind Jugendstil und Art déco. Im Charlottenburger Schloß gleich gegenüber kann man u.a. königliche Einrichtungen im feinsten Biedermeier bewundern.

Bücherbogen; Savignyplatz 593; erste Fachbuchhandlung am Platze unter einer S-Bahnbrücke.

Design Transfer Galerie; Grolmannstraße 16; hier zeigen Designstudenten der Hochschule der Künste ihre Projekte und diplomierten Arbeiten.

Flughafen Tempelhof; der ehemalige Zentralflughafen wurde 1939 zu einem Monumentalbau erweitert: NS-Gigantomanie auf einer gekrümmten Linie von 380 Metern Länge.

Hackesche Höfe; Rosenthaler Str. 40-41; edle Variante der typischen Berliner Innen- und Hinterhöfe im Jugendstil (1906); wurde in den 90er Jahren revitalisiert und ist eine wichtige Adresse für die Kulturszene.

Imaginäre Manufaktur; Oranienstraße 26 (Blindenanstalt); eine traditionelle Behindertenwerkstatt hat heute Designideen im Angebot.

Internationales Designzentrum (IDZ); Rother Str. 16; bereits 1969 wurde diese Institution ins Leben gerufen und hat seitdem manche wichtige Ausstellung erlebt.

Kongreßhalle; die »schwangere Auster« ist in Beton gegossener 50er-Jahre-Optimismus (heute Haus der Kulturen) und entstand mit dem Hansa-Viertel im Tiergarten, das 1957 zur Interbau die westliche Bau- und Lebensart demonstrieren sollte; im Ostsektor wurde auf der Frankfurter Allee (damals Stalin-, später Karl-Marx-Allee) zeitgleich das Alternativmodell im sowjetischen »Zuckerbäckerstil« errichtet.

Kunstgewerbemuseum; Schloß Köpenick (Schloßinsel); Kunsthandwerk der DDR und Produktdesign des 20. Jahrhunderts.

Deutsches Museum für Technik; Trebbiner Str. 61; das jüngste Museum der Stadt (1983 eröffnet) gehört flächenmäßig zu den größten und bietet eine Unzahl historischer Originalobjekte. Schwerpunkte sind der Straßen- und Schienenverkehr.

Neue Nationalgalerie; Potsdamer Str. 50; das Gebäude von Ludwig Mies van der Rohe (1968, ursprünglich für eine Ölfirma in Venezuela) gilt als später Höhepunkt seiner Architektur; gezeigt wird Kunst des 20. Jahrhunderts.

Reichstag; der neue Bundestag in der Schale des alten Reichstags bekam von Norman Foster ein High-Tech-Interieur, in dem auch manche deutsche Designlegende herumsteht.

Sammlung Industrielle Gestaltung; Knaakstr. 97 (Kulturbrauerei); Industriekultur vor 1945 sowie Aktuelles, besonders aus Deutschlands »neuen Ländern«; entstand aus dem 1950 von Mart Stam gegründeten Institut für Industrielle Gestaltung.

Schönhauser; Neue Schönhauser Allee 18; Design-Fetische der 60er, 70er und 80er Jahre, darunter auch DDR-Perversitäten.

U-Bahnhöfe; sehenswert ist der 1913 von Alfred Grenader entworfene, zwischenzeitlich zerstörte und wiederaufgebaute Bahnhof Wittenbergplatz (Linie 2); mit dem Leitsystem von Metadesign findet man kinderleicht hin.

Galerie Weinand; Oranienplatz 5; der umtriebige Designer Herbert Jakob Weinand stellt vier Ausstellungen pro Jahr auf die Beine; seine Einrichtung für das Hotel Bleibtreu (Bleibtreustr. 31) erzeugte Rauschen im Blätterwald.

Werkbundarchiv; Stresemannstraße 110 (Martin-Gropius-Bau); der Ziegelquader im besten Neo-Renaissance-Stil (1881), der schon so viele große Ausstellungsprojekte gesehen hat, beherbergt die Sammlung des Deutschen Werkbunds sowie Dokumente zu Entwicklungen und Brüchen in der Alltagskultur.

DESSAU, Sachsen-Anhalt

Bauhaus; Gropiusallee 38; eines der bedeutendsten Architekturdenkmale des 20. Jahrhunderts war lange verwahrlost; heute wird hier wieder studiert, und es finden Ausstellungen statt. Von der Originalausstattung blieb kaum etwas übrig, aber die kreative Aura hängt noch in der Luft.

Siedlung Törten; die über 300 Häuser im Stil nackter Sachlichkeit (1928 von Walter Gropius und anderen) wurden von ihren Bewohnern zwischenzeitlich mehr oder weniger liebevoll verschönt.

Designzentrum Sachsen-Anhalt; Franzstraße 164 (Leipziger Torhaus); u. a. werden auch Wechselausstellungen gezeigt.

DRESDEN, Sachsen

Designzentrum Sachsen; Grüne Straße 16; alle zwei Jahre wird der *Sächsische Staatspreis für Design* vergeben.

Porzellansammlung; Sophienstraße (Zwinger); »weißes Gold« aus Meißen und mehr; dank August dem Starken weltweit die größte und bedeutendste Sammlung ihrer Art.

POTSDAM, Brandenburg

Designinitiative Brandenburg-Berlin; Pappelallee 6–9 (Fachhochschule Potsdam)

WEIMAR, Thüringen

Bauhaus-Museum; Am Theaterplatz; repräsentative Arbeiten der Bauhausmeister und ihrer fleißigen Schüler aus der Zeit von 1919 bis 1925.

Design Zentrum Thüringen; Rathenauplatz 6; vergibt im Zwei-Jahres-Rhythmus den Thüringer Preis für Produktdesign.

SÜDDEUTSCHLAND

FRIEDRICHSHAFEN, Baden-Württemberg

Zeppelin-Museum; Adenauerplatz 1; Luftschiffe im Original-Zigarren-Design, ihre große Vergangenheit und ihre Perspektiven als Transportmittel der Zukunft.

GIENGEN, Baden-Württemberg

Margarete Steiff Museum; Alleenstraße 2; eine Hommage an den *Teddybären*, Urahn aller Kuscheltiere.

LUDWIGSHAFEN, Rheinland-Pfalz

Designzentrum Ludwigshafen; Ludwigsplatz 2-3 (IHK) und Karl-Krämer-Str. 2-4 (Kulturdepot); 1995 entstanden, veranstaltet jährliche Designertage.

MÜNCHEN, Bayern

Design Zentrum München; Richard-Strauss-Str. 82

Deutsches Museum; Museumsinsel; eines der größten Technikmuseen und eine plastische Enzyklopädie unserer industrialisierten Umwelt. Vieles, bis hin zum Düsenjet, ist im Original vorhanden.

Flughafen München; Erding; einer der ersten neuen, strikt durchgestylten Flughäfen (1992 eröffnet), mit Lichtinszenierung von Ingo Maurer; eine weitere befindet sich in der Münchner U-Bahn-Station Westfriedhof (U1).

Die Einrichtung; Briennerstr. 12; Geschäfte für fast jeden Geschmack auf insgesamt 3500 qm Ladenfläche.

Kammerspiele; Maximilianstr. 34/35; einziges deutsches Jugendstil-Theater (1901), ausgestattet von Richard Riemerschmid.

Die Neue Sammlung; Prinzregentenstr. 3; quantitativ schlägt die Sammlung beim Produktdesign angeblich sogar das MOMA; mit weit über 40.000 Objekten in den Abteilungen Industriedesign, Grafik und Kunsthandwerk ist sie sicher eines der führenden Museen für angewandte Kunst (siehe Nürnberg).

Obermaier Bäder; Maximilianstr. 10, im Luitpoldblock; das Fachgeschäft fürs Sanitäre ist seit mehr als einem Jahrhundert in Familienbesitz.

Siemens-Museum; Prannerstr. 10; ein Elektrogigant stellt sich dar.

NÜRNBERG, Bayern

Design Forum Nürnberg; Luitpoldstr. 3; Ausstellungen zum Schwerpunkt Produktdesign in Bayern.

Neues Museum für Kunst und Design; Luitpoldstr. 5; das einzige Museum, das beide Metiers unter einem Dach zeigt und das größte für Design des 20. Jahrhunderts auf dem Kontinent; die wohlgestalteten Gebrauchsobjekte stammen aus der Neuen Sammlung (siehe München).

Spielzeugmuseum; Karlstr. 13–15; historischer Kinderkram im Zentrum der deutschen Spielwarenindustrie.

PFORZHEIM, Baden-Württemberg

Schmuckmuseum; Jahnstr. 42; 4000 Jahre Schmuckgeschichte.

SCHILTACH, Baden-Württemberg

Hansgrohe Museum Wasser-Bad-Design; Auestr. 10; Baden ist ein Ritual und das Bad eine Kunst: eine Kulturgeschichte von 1850 bis heute.

SELB-PLÖSSBERG, Bayern

Deutsches Porzellanmuseum; Bahnhofstr. 3; das repräsentativste Museum für eine der Stärken des deutschen Designs.

SINSHEIM, Baden-Württemberg

Auto- und Technikmuseum; Obere Au 2; Schaustücke des motorisierten Fortkommens, vom Rolls-Royce bis zur Ju 52.

STARNBERG, Bayern

Freiraum; Bahnhofsplatz 1; Showroom mit jungem Design aus ganz Europa.

STUTTGART, Baden-Württemberg

Behr Möbel; Friedrichstr. 13; Traditionshaus für Funktionelles und Gediegenes mit eigener Kollektion.

Design-Center Stuttgart; Willi-Bleicher-Str. 19 (Haus der Wirtschaft); die 1961 gegründete Institution gehört zu den frühen bundesdeutschen Designzentren und zeigt auch Ausstellungen.

Mercedes-Benz-Museum; Mercedesstraße 137; Modelle und Mythen der ältesten Autofirma der Welt.

Porsche-Museum; Porschestraße 42; zur Genese einer Sportwagenikone und einer Dynastie.

Weißenhofsiedlung; Am Weißenhof; die berühmte, am Killesberg gelegene Mustersiedlung des Neuen Bauens ist bewohnt; historische Hintergründe liefern die Architekturgalerie (Am Weißenhof 30) oder die Freunde der Weißenhofsiedlung (Am Weißenhof 20).

ULM, Baden-Württemberg

Archiv der Hochschule für Gestaltung Ulm; Basteistraße 46; Dokumente der zweitberühmtesten Designschule, deren kurze Geschichte dauerhafte Folgen hatte.

WEIL / RHEIN, Baden-Württemberg

Vitra Design Museum; Charles-Eames-Str. 1; das bedeutende auf dem Firmengelände gelegene Museum zeigt Wechselausstellungen in einer Architektur von Frank O. Gehry; im nicht weniger exzentrischen Feuerwehrhaus von Zaha M. Hadid ist die Geschichte des Stuhldesigns in einer ständigen Ausstellung zu besichtigen.

WESTDEUTSCHLAND

BEVERUNGEN, Nordrhein-Westfalen

Stuhlmuseum; An der Weserbrücke (Burg Beverungen); die Stuhlsammlung der Firma Tecta beeindruckt besonders durch eine Typengeschichte des Freischwingers, den man hier Kragstuhl nennt; das Jean-Prouvé-Archiv rekonstruiert das Werk des französischen Funktionalisten.

BONN, Nordrhein-Westfalen

Bundeshaus; Görrestr. 15; die im Stil des Neuen Bauens errichtete Pädagogische Hochschule von 1933, eine Art rheinisches Bauhaus, das 1949 durch den Werkbündler Hans Schwippert zum Parlament ausgebaut wurde (als das es bis 1999 diente) und 1992 von Günter Behnisch einen gläsernen Plenarbereich bekam, ist ein Dokument jüngster deutscher Baugeschichte und zudem reichlich mit Design bestückt; ein Denkmal bundesdeutscher Moderne ist auch das Abgeordneten-Hochhaus von Egon Eiermann von 1969 (Heussallee).

Haus der Geschichte; Adenauerallee 250; wer das auf der Museumsmeile gelegene Haus besucht, begibt sich auf einen Spaziergang durch die Alltagsgeschichte der beiden deutschen Nachkriegsrepubliken.

DARMSTADT, Hessen

Design Zentrum Hessen; Eugen-Bracht-Weg 6

Künstlerkolonie Mathildenhöhe; Alexandraweg/Bauhausweg; Jugendstilhäuser mit Ateliers, ein Ausstellungsgebäude sowie der berühmte, 48 Meter hohe Turm geben Einblick in eine Zeit ästhetischen Aufbruchs.

Institut für Neue Technische Form; Eugen-Bracht-Weg 6; Sammlung zur Entwicklung des Braun-Designs.

DORTMUND, Nordrhein-Westfalen

Museum für Kunst und Kulturgeschichte der Stadt; Hansastr. 3; die breitgefächerte Sammlung des Museums umfaßt auch Kunstgewerbe und Möbel, u.a. einen luxuriösen Damensalon, den Joseph Maria Olbrich 1907 für eine Dortmunder Villa entwarf.

DÜSSELDORF, Nordrhein-Westfalen

Deutsches Kunststoff-Museum; Ehrenhof 2; Plastik als Gebrauchsgegenstand, Designobjekt und Kunstwerk.

Kunstmuseum; Ehrenhof 5; das Museum versammelt 4000 Jahre Geschichte von Kunst und Kunstgewerbe, sowohl abend- wie morgenländische; hier fanden viel beachtete Ausstellungen zu Designthemen statt.

Made in...; Heinrich-Heine-Allee 19; seit 1973 in Düsseldorf, gehört zu dem Einrichtungshaus Schröer in Krefeld, erste Adresse für Designtendenzen, außerdem professionelle Einrichtung von Banken und Hotels.

Tecta; Kreuzstr. 20; Einrichtungshaus, das neben dem eigenen Sortiment auch andere noble Designmarken im Programm hat, von Alessi bis Zanotta.

ESSEN, Nordrhein-Westfalen

Design Zentrum Nordrhein-Westfalen; Hindenburgstraße 25-27; die erste Designagentur, die ein Bundesland einrichtete, zog inzwischen in die geräumige Zeche Zollverein, wo eine ständige Ausstellung mit Exponaten zur internationalen Designgeschichte gezeigt wird; darüber hinaus vielfältige Aktivitäten zur Förderung des westdeutschen Designprofils.

Deutsches Plakat-Museum; Rathenaustraße 2 (Theaterpassage); mit einem Fundus von rund 80.000 Exponaten wird in der ehemaligen Synagoge Ankündigungs- und Grafikgeschichte präsentiert.

FRANKFURT / MAIN, Hessen

Art to use; Eschersheimer Landstraße 5-7; frisches Möbeldesign; die Raumkonzeption stammt von Volker Albus.

AEG-Museum; Theodor-Stern-Kai 1; Firmengeschichte mit einer Sammlung von Arbeiten des Architekten und Designpioniers Peter Behrens.

Museum für Kunsthandwerk; Schaumainkai 17; das älteste, 1877 gegründete deutsche Kunstgewerbemuseum ist seit 1985 in einem Neubau von Richard Meier untergebracht und setzt einen Akzent in der »Museumsmeile« (einer Frankfurter Erfindung); seine umfängliche Sammlung zum europäischen Kunsthandwerk reicht vom Mittelalter bis in die Moderne.

Rat für Formgebung; Ludwig-Erhard-Anlage 1; der Rat für Formgebung ist die einzige Institution, die deutsches Design auf Bundesebene vertritt und vermittelt. Zu den wichtigen Events, die in seinem auf dem Gelände der Messe Frankfurt gelegenen »Rat-Haus« stattfinden, gehören Kongresse, Symposien und Ausstellungen, wie die *Type Directors Show*, die parallel zur Frankfurter Buchmesse im Oktober gezeigt wird. Bekannt geworden ist der Rat auch durch die Verleihung des *Bundespreises Produktdesign* (bis 1992 *Bundespreis Gute Form*), eine der begehrtesten deutschen Design-Auszeichnungen, die alle zwei Jahre in verschiedenen Kategorien vergeben und in einer Ausstellung dokumentiert wird. Der Rat verfügt über eine außerordentlich gut sortierte Bibliothek und ein Bildarchiv (mit Schwerpunkt auf den 50er und 60er Jahren).

FRANKENBERG, Hessen

Museum Thonet; Michael-Thonet-Str. 1; Firmen- und Produktgeschichte; präsentiert wird die beachtliche Modellvielfalt der innovativen Möbelmarke, die zum Inbegriff für Bugholz, Stahlrohr und die Möbelmoderne insgesamt wurde.

KASSEL, Hessen

Deutsches Tapetenmuseum; Brüder-Grimm-Platz 5; die Entwicklung der Wandbedeckung, ob figurativ oder abstrakt, spiegelt auch die Geschichte der grafischen Techniken.

KÖLN, Nordrhein-Westfalen

Buchhandlung Walther König; Ehrenstr. 4; gilt als bestsortierte Fachbuchhandlung für Kunst und alles, was damit zusammenhängt, also z.B. auch Design (Postkarten-Filiale in der Breitestraße).

Funkhaus; Wallrafplatz; altes WDR-Gebäude mit komplettem 50er-Jahre-Interieur (man beachte den Paternoster).

Museum für Angewandte Kunst; An der Rechtschule 5; die parallel zur Möbelmesse stattfindenden Ausstellungen zum europäischen Gegenwartsdesign gaben dem Haus Profil, das neben Industriedesign auch altes und neues Kunsthandwerk zeigt.

Pesch; Kaiser-Wilhelm-Ring 22; alle wichtigen Designer, alle wichtigen Marken, der Inbegriff für Einrichtung in Deutschland.

Pop Dom; Vogteistr. 18; kleine, feine Ausstellung zum Design der 60er und 70er Jahre, das auch verliehen und verkauft wird.

OBERHAUSEN, Nordrhein-Westfalen

Gasometer; Am Grafenbusch; das Innere dieses gewaltigen Industriedenkmals wird für Ausstellungen genutzt, die viel Beachtung fanden.

OFFENBACH, Hessen

Klingspor-Museum; Palais Büsing, Herrnstr. 80; der Nachlaß des Typografen Karl Klingspor (1868–1950) bildete den Grundstock des Museums, dessen Schwerpunkt die Schriftkunst des 20. Jahrhunderts ist.

METTLACH, Saarland

Keramikmuseum Villeroy & Boch; Schloß Ziegelberg; ein Konzern, der Keramik in jeder Form produziert, hat auch eine Designtradition.

RHEINBACH, Nordrhein-Westfalen

Glasmuseum; Himmeroder Wall; Ausstellung mit Designorientierung, die auch als Lehrsammlung für die Studenten der Rheinbacher Glasschule dient.

SOLINGEN, Nordrhein-Westfalen

Deutsches Klingenmuseum; Klosterhof 4; Formgeschichte der Schneidewerkzeuge in der deutschen Messer- und Scherenstadt; Designhöhepunkte sind die Bestecke der Firma Pott.

Seite 367

Mercedes *230 SL* (»Pagode«)
nach Entwürfen von Béla Barényi, 1963

Index

Designer, Firmen, Begriffe

Ausstellungen, Informations- und Werbematerialien, die das Erscheinungsbild der Schule wesentlich prägten (1925 Schriftzug an der Fassade). Typografische Entwürfe (1925 Schrift *Universal*). Ab 1928 Leiter einer Werbeagentur in Berlin. 1938 Emigration in die USA. Seitdem verschiedene Tätigkeitsfelder, wie Grafik (Titelbilder für *Harper's Bazaar*), Malerei, Bildhauerei, Corporate Design (1966 für Arco) und Landschaftsgestaltung. 1946–56 künstl. Berater der Container Corporation of America. Gestaltete das Konferenzzentrum in Aspen, Colorado. 74, 118, 170, 324

BEGA; 123, 240

BEHR; gegr. 1912; Möbelhersteller; produziert seit 1921 Möbelanbausysteme. 1950 Erfindung der Dreischichtspanplatte. 1956 erstes zerlegbares Anbauprogramm. Zusammenarbeit mit Designern wie Jürgen Lange und Peter Maly (1999 Einrichtungsprogramm *Alas*).

BEHRENS, Peter; 9, 53, 57, 74, 96, **124**, 166, 204, 250, 324, 342

BELLEFAST; 1981–86; Gruppe des Neuen Deutschen Designs mit Klaus Block, Andreas Brandolini und Joachim B. Stanitzek.

BERLINER ZIMMER; 1986–91; Agentur in Berlin, die sich der Vermarktung des Neuen Deutschen Designs widmete.

BERNHARD, Lucian; 1883–1972; bedeutender Grafiker und Typograf; gewann 1905 einen Plakatwettbewerb der Streichholzfirma Priester; starke Motivwirkungen durch abstrahierte Formen, Farbkontraste und ungewöhnlichen Umgang mit Schrift. Entwarf verschiedene Alphabete (1911 *Bernhard Antiqua*, 1930 *Negro*). 1910 Mitbegründer der Zeitschrift *Das Plakat*. 1920 erster Professor für Plakatgestaltung an der Akademie der Künste, Berlin. 1923 Auswanderung in die USA. Studio Contempora mit Erich Mendelsohn, Bruno Paul und Paul Poiret.

BIEDERMEIER; bügerlicher dt. Stil zu Anfang des 19. Jahrhunderts, der sich – im Gegensatz zum höfischen Prunk – durch Schlichtheit auszeichnete. Möbel dieser Epoche sind begehrte Antiquitäten. Der Begriff wird häufig synonym mit kleinbürgerlicher Provinzialität verwendet. 71

BIEL, Hans; 1907; österreichischer Innenarchitekt; arbeitete 1929–31 in Frankfurt. Entwarf Spielzeug und Möbel. 1934 nach Großbritannien ausgewandert. 1939 als »alien« acht Monate interniert. Nach dem 2. Weltkrieg war er Architekt zahlr. Hotels. 170

BILL, Max; 69, 70, 99, 118, **126**, 179, 218, 222, 325, 360

BIRKENSTOCK; 128

BLAUPUNKT; Radiohersteller, gegr. 1923, Europas führender Autoradiohersteller; gehört zu Bosch.

BMW; 75, 85, **129**, 268

BÖHM, Maximilian; 1963; Betriebswirt und Schreiner; Gründer und Koordinator von Freiraum.

BOLLHAGEN, Hedwig; 135

BONSIEPE, Gui; 1934; Publizist und Produktdesigner; Verfechter nutzerbezogener Funktionalität. War Lehrer für Produktgestaltung und Visuelle Kommunikation an der Hochschule für Gestaltung Ulm. Arbeitet als Dozent in Köln.

BORNGRÄBER, Christian; 1945–1992; freier Design- und Architekturkritiker; wichtige Texte zum Neuen Deutschen Design in Berlin (1987 *Berliner Design-Handbuch*; 1992 *Design-Bilanz*).

BOSCH; 136, 160, 194, 312

BRANDES, Uta; 1949; führende dt. Designpublizistin; zahlr. Veröffentlichungen, u. a. Monographien über die Preisträger des *Lucky Strike Designer Award*; leitete das Forum der Kunst- und Ausstellungshalle der Bundesrepublik Deutschland; 1991 Aufbau des Schweizer Design Centers; seit 1995 Professur an der Fachhochschule Köln.

BRANDOLINI, Andreas; 86, 89, **138**, 226, 348

BRANDT, Marianne; 106, 120, **140**, 344

BRAUN-FELDWEG, Wilhelm; 144

BRAUN; 10, 51, 71, 76, 89, 136, **146**, 160, 186, 190, 194, 209, 219, 232, 273, 282, 292, 345

BREE; 152, 182, 352

BREUER, Marcel; 10, 51, 54, 59, 62, 81, 121, **154**, 170, 206, 252, 314, 320

BROCK, Bazon; 1936; Künstler und Kunsttheoretiker; bekannt für seine wortgewandten Kritiken und Ausstellungskonzepte zu Themen der Ästhetik und Alltagskultur. Stellte 1998 das dt. Design auf der Konferenz in Aspen, Colorado, vor.

BUGHOLZSTUHL; die Methode, Möbel aus gebogenen Holzteilen herzustellen, wurde von Michael Thonet entwickelt. Das Holz wird dabei unter Wasserdampf erhitzt und zwi-

DEUTSCHE WERKSTÄTTEN; siehe Dresdner Werkstätten für Handwerkskunst und Vereinigte Werkstätten für Kunst im Handwerk. 56

DEUTSCHER WERKBUND; 166

DOCUMENTA; gegr. 1955; wichtige Ausstellung internationaler zeitgenössischer Kunst, die alle vier oder fünf Jahre in Kassel stattfindet. Auf der *Documenta 8* 1987 präsentierten sich erstmals Designer (Auswahl: Michael Erlhoff). 71, 84, 138, 262

DORNBRACHT; gegr. 1952; Badarmaturenhersteller; Marktführer für Luxusarmaturen; in den 80er Jahren Zusammenarbeit mit Sieger Design (1985 *Domani*, 1995 *Meta*); in den 90er Jahren Badezimmer von Philippe Starck (1994 *Edition 1*, 1998 *Edition 2*) und Michael Graves (1999 *Dreamscape*) in Zusammenarbeit mit Hansgrohe und Hoesch.

DRESDNER WERKSTÄTTEN FÜR HANDWERKSKUNST; gegr. 1898 von Karl Schmidt; der »schöngesinnte Unternehmer« faßte Handwerker, Künstler und Architekten zusammen, die Möbel und Hausrat in damals ungewöhnlich schlichter Ästhetik entwarfen; herausragende Entwerfer sind Richard Riemerschmid (1906 *Maschinenmöbel*) und Bruno Paul (1908 *Typenmöbel*). Über eine Fusion mit den Werkstätten für Wohnungseinrichtung und den Vereinigten Werkstätten (beide München) entsteht ein Großbetrieb, der ab 1907 unter dem Namen Deutsche Werkstätten eine eigene Fabrik, die Gartenstadt Hellerau (von Richard Riemerschmid und Heinrich Tessenow) und Verkaufsstellen in ganz Deutschland unterhält; 1913 Umwandlung in eine Aktiengesellschaft. 53, 56, 70, 279

DURAVIT; gegr. 1817, Hersteller von Badkeramik. In den 80er Jahren Zusammenarbeit mit Sieger Design. Ab 1994 Kooperationen mit Dornbracht, Hansgrohe und Hoesch. 212

EICHER, Fritz; 1911–1991; Kunsthistoriker, Regisseur und Produktdesigner. Verschiedene Aktivitäten in Theater, Kabarett und Film. Arbeitete ab 1954 für die Werbeabteilung der Firma Braun; gestaltete mit Artur Braun das *Radio SK 1/2*; wurde 1956 bei Braun Gestaltungsbeauftragter; 1967–73 Vorstandsmitglied. Verantwortlich für den 1967 gestifteten *Braun Preis* für technisches Design. 146

EIERMANN, Egon; 168, 194

EMIGRATION; 156, **170,** 325

ERCO; 51, 76, 84, 100, **172,** 190, 194, 240, 328

ERGONOMIE; Wissenschaft von der Anpassung der Gegenstände an den Menschen, insbesondere hinsichtlich der Proportionen und Maße (Anthropometrie), um eine maximale Benutzbarkeit zu erreichen; der Begriff wurde während des 2. Weltkriegs geprägt, als es um die Optimierung von Waffen ging. In Deutschland, mit seiner Tradition des Funktionalismus und des Ingenieurdesigns, rückten ergonomische Aspekte in den 60er und 70er Jahren in den Vordergrund; dies insbesondere in solchen Objektbereichen, in denen der Körper mit den Gebrauchsgegenständen in Interaktion tritt (z. B. Bürostühle, aber auch Automobile) sowie bei technischen Geräten. 136, 158, 312

ERLHOFF, Michael; 1946; Kunsthistoriker und Designtheoretiker; Mitglied in zahlr. Jurys und Gremien (Präsident der Raymond Loewy Stiftung). Konzipierte 1987 die Designsektion auf der *Documenta 8*. 1987–91 Leiter des Rats für Formgebung; gründete 1991 den Fachbereich Design an der Fachhochschule Köln. Verfasser zahlr. Fachpublikationen und Ausstellungen (2000: *4:3* in Bonn).

ESSLINGER, Hartmut; 1944; Produktdesigner und Unternehmer; als Gründer, Inhaber und führender Kopf von Frogdesign der erfolgreichste zeitgenössische dt. Produktdesigner. Gewann 1969 den *Bundespreis Gute Form*. Prägte das Motto »form follows emotion« als erweitertes Konzept des Funktionalismus. Mahnt das Designbewußtsein der dt. Wirtschaft in den Medien an. Nach Arbeiten für Wega (1976 Stereoanlage *Concept 51K*) und Hansgrohe gelang ihm der internationale Durchbruch durch die für Apple entworfenen Computer. 85, 186, 210, 334

FABIAN, Wolfgang; 1943; Produktdesigner; arbeitet seit den 80er Jahren für Lamy (1982 *White pen*, 1994 *Spirit*). 232

FEITH, Michael; 1949; Architekt; 1983 Mitbegründer von Möbel Perdu; heute Bürogemeinschaft für Architektur und Medien in Berlin.

FESTO; 176

FISCHER, Hardy; 1949; Architekt; Ausstattungen für Restaurants, TV-Shows, Bühnen und Ausstellungen; Mitbegründer von Kunstflug. 228

FISCHER, Uwe; 1958; Grafiker und Produktdesigner; gründete 1985 mit Achim Heine Ginbande; 1992 Designbüro in Frankfurt a. M.; 1993 Professur in Nürnberg. 89, 196

FLECKHAUS, Willy; 178

FORMFÜRSORGE; 182

FORMGEBUNG; Begriff, der synonym zum englischen Design verwendet wird (von dem er zunehmend verdrängt wird) und für Neue Sachlichkeit in der Produktgestaltung stand; einerseits Betonung des Prozeßcharakters, andererseits Verkürzung auf die Erscheinung. Der Begriff wurde bereits am Bauhaus verwendet, in Anlehnung an das holländische »vormgeving« (De Stijl) und in Abgrenzung zum Kunsthandwerk; gab dem Rat für Formgebung seinen programmatischen Namen. 92, 118, 150, 210, 223, 266, 303

FRANK, Josef; 1885–1967; österreichischer Möbel- und Produktdesigner; gründete 1925 in Wien die Firma Haus und Garten; vertrat einen Funktionalismus mit historischem Bezug (1925 Stuhl *300*). Erregte 1927 mit seinem Beitrag zur Weißenhofsiedlung den Zorn der Puristen. 1934 Auswanderung nach Schweden. Prägte wesentlich den international erfolgreichen Stil des »Swedish Modern«. 167

FRANCK, Klaus; 1932; Architekt, Grafiker, Möbeldesigner und Buchautor. Studierte und lehrte an der Hochschule für Gestaltung Ulm. Ab 1971 Leiter der Designabteilung bei Wilkhahn (1980 Bürostuhl *FS* mit Werner Sauer). 45, 54

FRANKFURTER KÜCHE; erste Einbauküche für den Massenwohnungsbau. 1926 von der österreichischen Architektin Grete Schütte-Lihotzky in Frankfurt a. M. entwickelt. Wurde zum Vorbild der modernen Funktionsküche (z. B. nach dem 2. Weltkrieg als »Schwedische Küche«). Hier wurde erstmals die Wohnung als Maschine begriffen, die häusliche Tätigkeiten systematisch rationalisiert (Zeitersparnis durch kurze Wege) und die Möbel als variable Module auffaßt. 10, 63, 76, 158

FREIRAUM; 184

FREISCHWINGER; (auch Kragstuhl); Sitzmöbel ohne Hinterbeine, d. h. mit frei in den Raum hineinragender Sitzfläche, die dadurch mehr oder weniger schwingt. Als ihr Erfinder gilt der Holländer Mart Stam, der einen Prototyp aus Gasrohren baute. Die Erfindung wurde schnell übernommen, u. a. von Ludwig Mies van der Rohe und Marcel Breuer (was zu Streit über Urheberrechte führte). Später ist das Prinzip auch in anderen Materialien verwirklicht worden, wie Sperrholz und Plastik. Die Firma Tecta unterhält ein Museum, in dem die Geschichte dieser modernen Stuhlform aufgezeigt wird. 81, 156, 250, 314, 320, 330

FROGDESIGN; 92, **186**, 264, 352

FSB; 74, 84, 100, **190**, 194, 328, 342, 354

FUNKTIONALISMUS; 6, 56, 58, 64, 66, 102, 118, 127, 138, 188, **194**, 196, 200, 206, 218, 226, 228, 252, 273, 314, 318, 344

GAGGENAU WERKE; 1655 als Eisenwerk gegr.; Hersteller von Kücheneinbaugeräten; heute Siemens-Tochter; einer der führenden Anbieter von High-end-Produkten; Zusammenarbeit mit Designern wie Jacob Jensen und Phoenix.

GEIGER, Friedrich; 1943; Lehre in einer Porzellanfabrik; 1960 Studium an der Porzellanfachschule in Selb. 1963 Autodesigner bei Ford in Köln. 1968 Wechsel zu Mercedes-Benz; seit 1978 dort Abteilungsleiter PKW-Design; 1999 Senior Vice President Design. 244

GELSENKIRCHENER BAROCK; Ausdruck für einen Einrichtungsstil, der an den Historismus anknüpft (schwere »altdeutsche« Schränke, voluminöse Polstermöbel) und zum verächtlich gemeinten Synonym für protzig-kitschige Gemütlichkeit wurde. Gelsenkirchen, eine Industriestadt im Ruhrgebiet, steht zufällig für diesen kleinbürgerlichen Stil (1991 Ausstellung *Gelsenkirchener Barock* in Gelsenkirchen), der seit den 20er Jahren von der Reformbewegung der Neuen Sachlichkeit bekämpft wurde, aber bis in die 90er Jahre die Möbelkataloge dominierte. 71

GESAMTKUNSTWERK; Ausdruck für das Bestreben, alle Einzelteile eines Ganzen einem Gestaltungsprinzip zu unterwerfen und so einen einheitlichen, übergreifenden Raum zu schaffen; ursprünglich im Barock entstanden und erstmals mit Richard Wagners Musikdramen verbunden. Im Design wurde dieser Ansatz von der englischen Arts & Crafts-Bewegung bewußt verfolgt und um 1900 (Jugendstil) von Avantgardekünstlern und Architekten umgesetzt (vgl. Hellerau). Der Absolutheitsanspruch des Funktionalismus, wie er am Bauhaus vertreten wurde – das selbst als Gesamtkunstwerk betrachtet werden kann –, betraf ebenfalls alle Lebensaspekte. Nach 1945 griff die Hochschule für Gestaltung Ulm diese interdisziplinäre Methode wieder auf (vernünftige Gestaltung »vom Löffel bis zur Stadt«). Eine weitere Variante ist das Environment der Pop-art (1969 Gestaltung des *Spiegel*-Verlagshauses in Hamburg durch Verner Panton) sowie das Konzept der »Wohnlandschaft« (1972 Polstersystem *Pillorama* von Otto Zapf). 53, 124, 348

GINBANDE; 89, **196**, 276, 326

GOERTZ, Albrecht Graf; 1914; Abbruch der Schulausbildung kurz vor dem Abitur; ging 1936 in die USA; Aushilfstätigkeiten, u. a. Karosseriearbeiten an PKWs; 1940 Soldat in der US Army; arbeitete ab 1947 für Raymond Loewy, später auch für Norman Bel Geddes. 1952 Designstudio in New York (gestaltete Hausgeräte und andere Gebrauchsgegenstände). Ab 1954 Arbeiten für BMW (1956 Sportwagen *507* und *503*). 1956–69 entwarf er Automodelle für Datsun, heute Nissan (Sportwagen *240 Z*). Später war er für Porsche (1970 Modell *914*), Puma, Agfa und Fuji tätig; 1989 Rückkehr nach Deutschland. 130

GRAU, Tobias; 198

GRCIC, Konstantin; 11, 86, 108, 117, 194, **199**, 257, 295

GRETSCH, Hermann; 1895–1950; Architekt und Produktdesigner; wurde in den 30er Jahren vor allem durch seine Porzellanentwürfe bekannt (1931 Geschirr *1382* für Arzberg); 1935 Vorsitzender des Bundes Deutscher Entwerfer, Nachfolgeorganisation des von den Nazis aufgelösten Deutschen Werkbundes; 1936 Goldmedaille auf der *Triennale*, Mailand; 1937 Goldmedaille auf der Weltausstellung Paris. Künstler. Berater der Firmen Kahla und Schönwald. Zahlr. Entwürfe für Arzberg (1936 Geschirr *1350*; 1938 Geschirr *1840*; 1940 Geschirr *1495*) sowie Bestecke für Pott. 90, 106, 270

GROLMAN, Tassilo von; 202

GROPIUS, Walter; 10, 51, 59, 60, 62, 70, 118, 125, 127, 154, 167, 170, **204**, 218, 252, 282, 314

GRUNDIG; 208

GUGELOT, Hans; 1920–1965 Indonesien; niederld. Staatsbürger; Architekt und Produktdesigner; 1954–65 Dozent für Produktgestaltung an der Hochschule für Gestaltung Ulm; 1960–61 im Rektoratskollegium. Arbeitete 1954–65 an einer klaren Formsprache für die Firma Braun (1956 Radio-Plattenspieler-Kombination *Phonosuper SK4* mit Dieter Rams, 1962 Elektrorasierer *Sixtant*). Gugelot entwickelte die Grundgedanken zur rationellen Systembauweise, z. B. für Regalsysteme (1953 *M 125* für Bofinger) und Stereoanlagen. Gründete 1960 ein Designstudio (1963 Diaprojektor *Carousel* mit Rundmagazin für Kodak). 1959–62 Berater der Hamburger Verkehrsbetriebe. 148, 219, 273

GUTE FORM; Ausdruck, über den der Funktionalismus popularisiert und die Rationalität der Gestaltung zum moralischen Gebot wurde; entspricht dem amerikanischen »Good De-sign«, dem englischen »Contemporary Style« und dem schwedischen »Nyttokonst«; geht auf eine Ausstellung von Max Bill zurück (1949; 1957 als Buch erschienen). Was in den 50er Jahren fortschrittlich-verändernd wirkte (skandinavischer Stil), wurde in den 60er Jahren zum herrschenden Dogma (1935 gleichnamige Ausstellung in London, auf der vorbildlich gestaltete Produkte aus der Bundesrepublik gezeigt wurden). Kriterien für »gute Form« waren: hoher Gebrauchswert und hohe Lebensdauer, zeitlose Gültigkeit und Dekorlosigkeit, Sicherheit sowie gute Verarbeitung. 1969 lobte der Rat für Formgebung den *Bundespreis Gute Form* aus (heute *Bundespreis Produktdesign*). 69, 75, 85, 126, 195, 238, 296, 312, 334

HAESLER, Otto; 1880–1962; Architekt; in den 20er Jahren einer der Hauptvertreter des Neuen Bauens (1927 Altstädter Schule in Celle); entwickelte Zeilensiedlungen mit funktionalen Wohnungsgrundrissen sowie dafür geeignete Möbel (1924 *Celler Volksmöbel* mit Kurt Schwitters). 1950–52 Direktor der Hochschule für Baukunst in Weimar. 63, 72

HANSGROHE; 188, **210**, 264

HARIBO; 213

HAUG, Andreas; 1946; Produktdesigner; Designstudium in Stuttgart; Mitarbeiter bei Esslinger-Design (später Frogdesign); dort später Vice President Design. Partner bei Phoenix. 264

HEIDE, Rolf; 78, **214**, 356

HEINE, Achim; 1955; Mathematiker, Grafiker und Produktdesigner; gründete 1985 mit Uwe Fischer die Gruppe Ginbande; seit 1989 mit Michael Lenz und Peter Zizka das Büro für Visuelle Kommunikation Heine/Lenz/Zizka; seit 1993 Professur in Berlin. 89, 196

HELLERAU Gartenstadt-Projekt der Dresdner Werkstätten; das Ziel, den Alltag der Menschen durch den Umgang mit Kunst zu verschönern, entsprach auch den Ideen des Deutschen Werkbundes. Nach diesem Prinzip schufen die Architekt Heinrich Tessenow und der Künstler Richard Riemerschmid ein Gesamtkunstwerk (Werkstätten, Wohnkolonie, Gymnastikschule und Festhalle, Baubeginn 1909), in dem 1914 bereits 2000 Menschen wohnten: ein Projekt im Geist der »Lebensreform«; die Gymnastikschule gilt als Keimzelle des expressionistischen Tanzes. 279

HEWI; 78, 216

HILDEBRAND, Margret; 1917–1998; nach 1945 bekannteste dt. Textildesignerin, Tapetenentwürfe für Rasch (1950 *Nachsommer*) und Rosenthal.

HIRCHE, Herbert; 1910; Architekt, Möbel- und Produktdesigner; studierte 1930–33 am Bauhaus; arbeitete für Ludwig Mies van der Rohe und Lilly Reich, ab 1940 für Egon Eiermann, später für die Berliner Baubehörde unter Hans Scharoun. 1960 Professor an der staatlichen Akademie der bildenden Künste in Stuttgart (1969–71 Rektor). Entwarf Möbel für Behr, Deutsche Werkstätten, Wilde & Spieth, Wilkhahn, WK und Walter Knoll. Gründete 1970 das Hircheteam. 146

HISTORISMUS; das Kopieren historischer Stile in der Architektur, der bildenden und der angewandten Kunst;seit dem französischen Empirestil (1804–14) systematisch auf die Innenarchitektur übertragen. Mit dem Fortschritt der Industrieproduktion wurde die billige Herstellung historischer Formen und Verzierungen möglich; die bürgerlichen Wohnungen verwandelten sich in theatralische Scheinwelten (vgl. Salonmalerei), ein allgemeines Phänomen in den Industrieländern (in Deutschland »wilhelminisch« genannt). Die erste Gegenreaktion kam aus England (Arts & Crafts), die auch Deutschland beeinflußte (Kunsthandwerk), wo sich schließlich eine starke Reformbewegung formierte: Jugendstil und »Lebensreform« beendeten die Vorherrschaft des Historismus, die Neue Sachlichkeit um das Bauhaus entwarf das Gegenmodell. Dies führte zur Ablehnung aller Stilzitate, bis der aufgeklärte Historismus der Postmoderne sie wieder gesellschaftsfähig machte. 52, 53, 57, **88**, 125

HOCHSCHULE FÜR GESTALTUNG ULM; 69, 99, 123, 145, 146, 160, 174, 179, 192, 194, **218**, 222, 258, 272, 328, 354, 360

HOESCH; gegr. 1871 in Düren, Hersteller von Sanitärartikeln; 1972 Erfindung der Acrylbadewanne. Entwürfe von Dieter Sieger; Zusammenarbeit mit Duravit. 212

HOFFMANN, Josef; 1870–1956; österreichischer Architekt und Möbelgestalter (1908 Sessel *Sitzmaschine*, 1910 Sessel *Kubus*). Einer der Hauptvertreter der Wiener Moderne um 1900 (1905 Sanatorium Purkersdorf), der sich stark von Charles Rennie Mackintosh und dessen geometrischem Stil beeinflussen ließ und damit die Neue Sachlichkeit vorwegnahm. Architekturstudium und Tätigkeit bei Otto Wagner; 1903 Mitbegründer der Wiener Werkstätte. Gehörte zu den ersten Mitgliedern im Deutschen Werkbund; gründete 1912 den Österreichischen Werkbund. 54, 166, 318

HOFMEISTER, Wilhelm; 1922–1978; Ingenieur; arbeitete ab 1943 in den Eisenacher Motorenwerken; Leiter für Karosserieentwicklung bei BMW (bis 1977); kreierte in den 60er Jahren das neue, sachliche Design (1962 Limousine BMW *1500*). Nach ihm ist der für BMW charakteristische Gegenknick in der C-Säule benannt. 130

HULLMANN, Harald; 1946; Produktdesigner mit den Schwerpunkten Medizintechnik, Fahrzeugbau, Kunststoff; Mitbegründer von Kunstflug. 228

HÜSKES, Charly; 1944; Produktdesigner; Mitbegründer von Kunstflug (verließ die Gruppe 1990).

HUTSCHENREUTHER; gegr. 1814 Porzellanhersteller; Gebrauchsporzellan von hoher Qualität seit Ende des 19. Jahrhunderts; 1917 Kunstabteilung; heute international agierender Großkonzern, zu dem u. a. Arzberg gehört. Entwürfe von Pierre Cardin und Karl Lagerfeld; schloß 1999 nach Verlusten sein Hauptwerk in Selb. 108, 182

INTERLÜBKE; gegr. 1937 Möbelhersteller; eine der größten dt. Möbelmarken; Entwicklung von Einbauschränken seit den 50er Jahren; Entwürfe von Designern wie Peter Maly und Wolfgang Metzger (1992 *Top Office*).

JAB ANSTOETZ; gegr. 1946; Textilhersteller; 1982 Übernahme der Firma Stroheim und Romann; weltweit größter Stoffverlag. 236

JENAER GLAS; **220**, 345

JOOP; 84, **221**

JUGENDSTIL; Reformbewegung gegen den Historismus; in Deutschland nach der Zeitschrift *Jugend* benannt (seit 1896), ein Name, der neben dem französ. Art nouveau auch international verwendet wurde. Die Bewegung wollte die Einheit von Kunst und Leben wieder herstellen (Gesamtkunstwerk), was zur Aufwertung handwerklicher Techniken führte. Stilistische Merkmale sind bewegte, florale Linien sowie symbolische Motive aus Natur und Mythenwelt. Das Ornament wird als konstruktives Prinzip interpretiert. Schlüsselwerke in Deutschland sind die Künstlerkolonie Mathildenhöhe in Darmstadt (1901), Henry van de Veldes Musiksaal im Museum Folkwang in Essen (1902) und der Musiksalon von Richard Riemerschmid (1903). Ein Zentrum für Jugendstilmöbel waren die Vereinigten Werkstätten. 54, 56, 96, 124, 278, 282, 342

JUNGHANS; 51, 219, **222**

KAHLA; **223**

KALDEWEI; gegr. 1918; Badewannenhersteller; 1953 Beginn der Großserienproduktion von Einbaubadewannen; Design u. a. von Frogdesign, Phoenix; Entwurf ergonomischer Wannenformen, z. B. mit Stützflächen für die Arme.

KARNAGEL, Wolf; 1940; Produktdesigner; arbeitet für führende dt. Porzellan- und Besteckhersteller, darunter Rosenthal, Hutschenreuther und Wilkens.

KERSTING, Walter Maria; 1892–1970; Ingenieur, Architekt und Grafiker; 1912–14 an der Technischen Hochschule in Hannover; entwarf Möbel, Leuchten und schließlich das als *Volksempfänger* bekannt gewordene Radiogerät aus Kunststoff (1928; ab 1933 produziert für Hagenuk), das den Nationalsozialisten zur Propaganda diente und im Volksmund auch »Goebbels-Schnauze« genannt wurde; 1933–44 Professur an der Kunstakademie Düsseldorf. Arbeitete nach 1945 u. a. für Telefunken.

KOCH, Rudolf; 1876–1934; Typograf; früher Vertreter der Schriftreform; 1906 künstler. Berater der Schriftgießerei Klingspor. Entwarf u. a. die Alphabete *Deutsche Schrift* (1906), *Neuland* (1922) und *Holla* (1932). 324

KOMENDA, Erwin; 1904; Jauern, Österreich, arbeitete ab 1920 in einer Wiener Karosseriefabrik; 1927 Steyr-Werke, 1930 Mercedes-Benz, 1931 Konstruktionsbüro von Porsche. Verantwortlich für die Gestaltung des *Volkswagens*. Später Abteilungsleiter Karosseriebau bei Porsche (1950 Sportwagen *356*). 267, 336

KONSTRUKTIVISMUS; abstrakte Richtung in der Kunst des frühen 20. Jahrhunderts, besonders in Rußland (unter dem Eindruck von Kubismus und Futurismus). Mit geometrischen Stilelementen sollten objektive, von persönlichen Emotionen befreite Objekte geschaffen werden als Ausdruck einer von Naturwissenschaft und Technik beherrschten Welt. Starker Einfluß auf den Funktionalismus, der Parallelentwicklung in Mitteleuropa. Einige der Hauptvertreter, wie El Lissitzky, übersiedelten nach Deutschland. Am Bauhaus war László Moholy-Nagy ein Vertreter des Konstruktivismus.

KPM; gegr. 1751 als Königliche Porzellanmanufaktur Berlin. Gehört zu den reinen Manufakturen (Handarbeit), die seit dem friderizianischen Rokoko zu jeder Stilepoche Porzellane entwickelte. Im 20. Jahrhundert arbeiteten Gestalter wie Trude Petri (1932 Service *Urbino*) und Siegmund Schütz für das Unternehmen. 1993 wurde der italienische Designer Enzo Mari Art Director (1996 Service *Berlin*). 298

KRAGSTUHL; siehe Freischwinger

KRAMER, Ferdinand; 59, 62, 171, **224**, 325

KUFUS, Axel; 86, 194, **226**, 257

KUNSTFLUG; 82, **228**

KUNSTHANDWERK; in der zweiten Hälfte des 19. Jahrhunderts als Versuch entstanden, handwerkliche Techniken und Tugenden wiederzubeleben; Idee und Wortzusammensetzung haben engl. Ursprung (Arts & Crafts); erlebte im deutschsprachigen Raum seinen ersten Höhepunkt im Jugendstil und gewann Bedeutung durch Gründung von Museen und Werkstätten (z.B. Wiener Werkstätte, Dresdner Werkstätten). Typisch war die Nähe zur sich parallel herausbildenden Kunst-Avantgarde, die sich von bürgerlichen Normen löste (z. B. Wiener Sezession, Künstlerkolonie Worpswede), sowie zur »Lebensreform«-Bewegung. In Deutschland entwickelte man eine einfache Formensprache (Typenmöbel), die den Funktionalismus ankündigte, ohne die Frage der Standardisierung zu lösen. Später diente das Kunsthandwerk als Gegenmodell zum industriellen Produktdesign und war besonders seit den 60er Jahren ein Refugium zur Selbstverwirklichung; dabei haftete ihm häufig zugleich der Ruch des Läppischen wie des Luxus an. Eine Renaissance erlebten kunsthandwerklich gefertigte Einzelstücke im Neuen Deutschen Design der 80er Jahre (vgl. Ausstellung *Der Hang zum Kunstgewerbe* von Möbel Perdu). 9, 88, 240

KÜNSTLERKOLONIE WORPSWEDE; gegr. 1889; eine Gruppe von Künstlern um Fritz Mackensen und Otto Modersohn (zu denen später u. a. auch Paula Modersohn-Becker und Heinrich Vogeler stießen), die die akademischen Normen ablehnten, die Nähe zur Natur suchten und sich – neben der Kunst – mit der Herstellung von Gebrauchsgütern wie Stoffen und Möbeln (v. a. Vogeler seit 1908) beschäftigten. Nach dem 1. Weltkrieg gehörte auch Wilhelm Wagenfeld zu den Worpsweder Künstlern. 53, 59

LAGAAY, Harm; 1946; Den Haag, Studium der Automobiltechnik; arbeitete ab 1970 für Porsche; ging 1977 zu Ford in Köln, 1985 zu BMW und 1989 als Chefdesigner zu Porsche. 268

Berlin. Bekannt wurde sein Entwurf der Kolben-Kaffeema-schine *Sintrax* (1925 für Jenaer Glas). 1933 Entlassung durch die Nationalsozialisten als »entarteter Künstler«; zieht 1950 nach Köln; zahlr. Ausstellungen. 120, 224

MAURER, Ingo; 78, 85, 172, **238**

MAWA; gegr. 1977 in Berlin; Hersteller von Möbeln, Büroar-tikeln, Uhren und Leuchten (1987 Schreibtischleuchte *Sirius* von Bernhard Meyer). 1989 Übernahme der Uhrenmarke Georg Christensen.

MENDELSOHN, Erich; 1887–1953; Architekt, Künstler und Publizist. Studium in Berlin und München. Einer der Pioniere der Moderne. Reisen nach Holland, Palästina und in die USA. Mitbegründer der Architektenvereinigung Ring; zahlr. Gebäude in Berlin (Einstein-Turm). Emigrierte 1933 nach England (Büro mit Serge Chermayeff), 1943 in die USA (Büro mit E. J. Kahn). 63, 170

MERCEDES BENZ; 129, **244**, 346

METADESIGN; siehe Erik Spiekermann; 92, 306, 325

METZGER, Wolfgang C. R.; 1951; Typograf, Musiker und Mö-beldesigner; Designstudium in Schwäbisch Gmünd. Grün-dete 1983 Designstudio in Eislingen; arbeitet für internatio-nale Kunden (Tischsystem *S 1600* für Thonet). 320

MEYER, Adolf; 1881–1929; Tischler und Architekt; arbeitete 1907/08 im Büro von Peter Behrens; 1910–25 Büroleiter bei Walter Gropius, an dessen Entwürfen er maßgeblich betei-ligt war, aber in dessen Schatten er blieb (1911 Fagus-Werk). 1919 außerordentlicher Meister am Bauhaus; 1923 Planung und Ausführung des Musterhauses. 1926–29 Baurat unter Ernst May in Frankfurt a. M. 63, 165, 167, 204

MEYER, Hannes; 1889–1954; Schweizer Architekt; 1919 Büro in Basel (1927 Völkerbundgebäude in Genf); 1927–28 Form-meister für Architektur am Bauhaus, 1928–30 Direktor, der die soziale Komponente hervorhob (Volksbedarf) und wegen seiner linken Gesinnung gehen mußte. Emigration nach Mos-kau, danach verschiedene Aufenthalte in der Schweiz und Mexiko. 122, 195

MEYER VOGGENREITER; 1954; Kommunikations- und Möbel-designer; Studium der Philosophie und Kunstgeschichte; Mitbegründer der Gruppe Pentagon und des Projekts Casino Container (1992). Lieferte Konzeptionelles für das Neue Deutsche Design; neben Medienprojekten und Messeprä-sentationen auch Möbelentwürfe (1986 Tisch *Mai 68*, 1998 Möbelserie *Monk*). 262

MICHEL, Robert; 1897–1983; Pilot, Künstler und Grafiker; 1917 Absturz als Versuchsflieger; 1919 Atelier in Weimar und Kontakt zum Bauhaus. 1921 Freundschaft mit Kurt Schwit-ters. Werbung und Typografie im Stil der Neuen Sachlich-keit. 1933 Ausschluß aus der Reichskulturkammer; lebte da-nach von der Fischzucht; künstlerische Arbeiten seit 1950.

MIES VAN DER ROHE, Ludwig; 9, 66, 122, 125, 167, 170, **250**, 320, 351

MÖBEL PERDU; 1983–95; Gruppe für Möbeldesign; gegr. von Michel Feith, Claudia Schneider-Esleben und Rouli Lecatsa; Galerie – benannt nach einer gleichnamigen Designausstel-lung 1982 in Hamburg –, die mit Ausstellungen von Installa-tionen, Videokunst und Unikaten zu einem der Zentren des Neuen Deutschen Designs wurde. Die eigene Kollektion be-stach durch gekonnte Stilzitate und Materialexperimente (1984 Leuchte *Tyranno* von Michel Feith, 1989 *Schminktisch* von Claudia Schneider-Esleben). 81, 82

MOHOLY-NAGY, László; 1895–1946; Künstler, Grafiker und Publizist; eine der Schlüsselfiguren am Bauhaus, der eine moderne Formensprache mit konstruktivistischen Elemen-ten entwickelte. 1923–28 Vorkursleiter und Formmeister am Bauhaus (Metallwerkstatt); Hrsg. der *Bauhausbücher*; Ate-lier für Werbegrafik in Berlin; 1933 Emigration nach Amster-dam, London (1935) und USA; gründet 1937 in Chicago das New Bauhaus. 64, 118, 127, 140, 165, 170, 324, 344

MOLL DESIGN; 254

MOLL, Reiner; 1947; 1971 Diplom in Industriedesign an der Fachhochschule Schwäbisch Gmünd und dort Gründung von Moll Design. 254

MONO; Besteckhersteller; gegr. 1895 als Seibel Metallwa-ren; 1959 Einführung der Marke Mono mit einer Serie des Produktdesigners Peter Raacke (Besteck *Mono-a*). Später auch Griffe, Kerzenhalter und Stövchen sowie die erfolgrei-che Glas-Stahl-Kanne von Tassilo von Grolman (1982 Tee-kanne *Mono Tea 1*). 202

MONTBLANC; gegr. 1908, als Simplo Fillern Company; Schreib-gerätehersteller; 1910 Füllhalter *Montblanc*; 1924 *Meister-stück* (ständige Sammlung des MOMA).

MOORMANN, Nils Holger; 86, 194, 200, **256**

MOSER, Koloman; 1868–1918; Maler und Grafiker; Leitfigur der Moderne um 1900; Mitbegründer der Wiener Werkstätte und der Wiener Sezession; 1900 Professor an der Wiener Kunstgewerbeschule; entwarf auch Teppiche (heute Vorwerk-*Classic*) und Möbel (1904 Metall-Blumenständer).

MÜLLER, Gerd Alfred; 1932–1991; Zahntechniker, Tischler, Architekt und Produktdesigner; einer der ersten Designer der Firma Braun und einer der ersten angestellten Designer überhaupt (1957 Küchenmaschine *KM 32*, 1962 Elektrorasierer *SM 3 Sixtant* mit Hans Gugelot). 1960 Studio in Eschborn. Arbeitete später u. a. für Lamy (1966 Füllhalter *2000*, 1974 Druckbleistift *Twin*, 1984 Kugelschreiber *Yunic*). 41, 232

MÜLLER, Reinhard; 1957; Ausbildung zum technischen Zeichner und Kunststudium in Köln; Mitbegründer der Gruppe Pentagon. 262

MUTHESIUS, Eckart; 1904–1989; Innenarchitekt und Möbeldesigner; Charles R. Mackintosh entwarf sein Taufbesteck. Studium in Berlin und London; arbeitete im Büro seines Vaters Hermann Muthesius. Bekannt durch den Palast Manik Bagh für den Maharadscha von Indore (1932), ein Art-déco-Gesamtkunstwerk, das er mit Möbeln von Eileen Gray und Le Corbusier sowie mit eigenen Entwürfen ausstattete (1931 Hocker *Banu*, 1932 Schirmständer *Usha*, beide Classicon). 1939 Rückkehr nach Deutschland.

MUTHESIUS, Hermann; 1861–1927; Architekt und Publizist; Schlüsselfigur bei der Etablierung einer sachlichen Formgebung in Deutschland; studierte 1896–1903 als Attaché der dt. Botschaft in London englische Architektur und angewandte Kunst (1905 erschien *Das englische Haus*); enge Freundschaft mit Charles R. Mackintosh. Reformierte ab 1904 preuß. Kunstgewerbeschulen. Mitbegründer des Deutschen Werkbundes; unterstützte standardisierte Serienproduktion (1914 Disput mit Henry van de Velde). 52, 53, 57, 124, 166

NEUE TYPOGRAFIE; siehe Typografie

NEUES BAUEN; Ausdruck für den Stil der Neuen Sachlichkeit in der Architektur (Funktionalismus); vgl. auch die Zeitschrift *Das Neue Frankfurt*. Modern orientierte Architekten organisierten sich in der Vereinigung Ring. Es ging u. a. um neue Technologien (Stahlskelett, Betonplatten), Zeile statt Block, Flachdach, Verzicht auf Dekor, Gemeinschaftseinrichtungen, maximale Lichtausbeute, rationalisierte Grundrisse und Ausstattung mit *Typenmöbeln*. Realisiert wurden die Projekte häufig durch kommunale Bauprogramme, z. B. in Berlin, Celle, Frankfurt a. M., Karlsruhe, Kassel und Stuttgart.

NEUES DEUTSCHES DESIGN; Gegenströmung zum Funktionalismus, die in Deutschland Anfang der 80er Jahre einsetzte. Es entstanden Gruppen wie Formfürsorge, Ginbande, Kunstflug, Möbel Perdu und Pentagon, die v. a. Möbel entwickelten und dabei ungewöhnliche Formen und Materialien verwendeten, wie z. B. Stein, Stahl, Gummi, Plüsch, Plexiglas und Ytong. Obwohl sich nur wenige der häufig ironischen Entwürfe gut verkaufen ließen und zumeist kunsthandwerkliche Kleinserien produziert wurden, funktionierte der Aha-Effekt. Führende Vertreter der Rebellion, wie Volker Albus, Andreas Brandolini und Wolfgang Laubersheimer, bekleiden inzwischen Professorenstellen. 9, 82, 86, 89, 138, 197, 226, 228, 310, 348

NEUMEISTER, Alexander; 74, **258**

OBRIST, Hermann; 1862–1927; Schweizer Künstler und Möbeldesigner; Mitglied der Wiener Werkstätte und Mitbegründer der Vereinigten Werkstätten. 1892 Atelier in Florenz; ab 1894 zentrale Figur des Münchner Jugendstils. 53

OHL, Herbert; 1926; Künstler, Architekt und Möbeldesigner; Neo-Funktionalist. Studium in Karlsruhe und Mailand. 1956–68 Dozent an der Hochschule für Gestaltung Ulm. Ab 1974 Kommission für den *Bundespreis Produktdesign* beim Rat für Formgebung. Arbeitete u. a. für Fiat, Interlübke und Wilkhahn (1982 Stuhlserie *O-Linie*). 219, 354

OLBRICH, Josef Maria; 1867–1908; Architekt, Grafiker und Möbeldesigner; einer der einflußreichsten Vertreter des Jugendstils; 1897 Mitgründer der Wiener Sezession und des Deutschen Werkbundes; 1899–1907 Architekt der Künstlerkolonie auf der Mathildenhöhe in Darmstadt. Wurde von der engl. Zeitschrift *The Studio* gefördert, die ihn den »Fürsten unter den modernen Innenarchitekten« nannte. 53, 166

PAUL, Bruno; 1874–1968; Architekt, Grafiker und Möbeldesigner; einer der Vorväter der Moderne; arbeitete für die Wiener Werkstätte und (mit Richard Riemerschmid) für die Vereinigten Werkstätten. Zu seinen Schülern zählten Ludwig Mies van der Rohe und Kem Weber. Tendenz zu nützlichsachlichen Objekten aus erlesenen Materialien (1908 *Typenmöbel* für die Deutschen Werkstätten); Illustrator der Zeitschriften *Jugend* und *Simplicissimus*. Mitbegründer des Deutschen Werkbundes. 1924–33 Direktor der Kunstgewerbeschule Berlin. 53, 166, 250

PELIKAN; gegr. 1838 in Hannover, Mal- und Schreibgerätehersteller ; 1878 Pelikan-Logo von Günther Wagner; bekannt für klassische Füllfederhalterformen. In den 20er Jahren

Deutschen Werkstätten; unterstützten die Gründung des Deutschen Werkbundes. Entwürfe von internat. renommierten Künstlern wie Hermann Obrist, Bernd Pankok, Bruno Paul, August Endell, Richard Riemerschmid und Peter Behrens; anfangs dem Jugendstil zugewandt, folgte man den wechselnden Stilen; in den 80er Jahren avantgard. Arbeiten des Neuen Deutschen Designs; nach Einstellung der Produktion Teile des Sortiments bei ClassiCon. 53

VILLEROY & BOCH; Keramikhersteller; gegr. 1748; eines der größten Unternehmen der Branche mit Werken in Deutschland, Frankreich, Luxemburg und den Niederlanden; hergestellt wird Keramik für verschiedenste Anwendungen; punktuelle Zusammenarbeit mit namhaften Designern wie Hermann Gretsch (1934 Geschirr *3480*), Luigi Colani (1973 Badezimmerausstattung *Colani*) und Frogdesign (1993 Badezimmerausstattung *Tiora*). Seit 1988 »Editionen«. 254

VITRA; 82, 89, 316, **326**

VITSOE; Möbelhersteller; gegr. 1959; Kollektionen für Wohnung und Büro; Entwürfe von Dieter Rams; 1995 aufgelöst; Übernahme des Sortiments durch SDR. 273

VOGT, Oliver; 1966; Produktdesigner und Journalist; Partner bei Vogt & Weizenegger. 332

VOGT & WEIZENEGGER; 90, 117, **332**

VOGTHERR, Burkhard; **334**, 356

VOLKSWAGEN; 10, 108, 110, 195, 267, 306, **336**, 352

VON CUBE, Andreas; 1958; Mitbegründer von Formfürsorge.

VORDEMBERGE-GILDEWART, Friedrich; 1899–1962; Maler, Typograf und Publizist; 1925 Mitglied der Avantgardegruppen De Stijl und Sturm; arbeitete mit Kurt Schwitters; 1938 Emigration nach Amsterdam, 1954–62 Dozent für Visuelle Kommunikation an der Hochschule für Gestaltung Ulm.

VORWERK; 214, **342**, 352, 354

WAGENFELD, Wilhelm; 59, 60, 84, 90, 108, 117, 121, 140, 144, 146, 202, 220, 270, 332, **344**, 357

WAGNER, Otto; 1841–1918; österreichischer Architekt, Möbeldesigner und Stadtplaner mit internationaler Bedeutung; Vater der österreichischen Moderne und Lehrer einer ganzen Architektengeneration. Seine Entwürfe entstanden in Zusammenhang mit großen Bauaufträgen wie dem Wiener Ring, der Stadtbahn oder dem Postsparkassenamt (1904 Stuhl bei Thonet). 318

WARKUSS, Hartmut; 1940; Automobildesigner; begann 1964 in der Stilistikabteilung von Mercedes-Benz, ging 1966 zu Ford in Köln und 1968 zu Audi (1972 Audi *80*), ab 1976 dort Chefdesigner; führte eine neue, wegweisende Linie ein (1983 Audi *100*). Seit 1993 Leiter von Volkswagen-Design; Entwicklung der Studie *Concept 1* (1998 als *New Beetle* produziert).

WEIDEMANN, Kurt; 306, 325, **346**

WEINAND, Herbert Jakob; 82, **348**

WEISSENHOFSIEDLUNG; im Rahmen der Werkbund-Ausstellung *Die Wohnung* 1927 bei Stuttgart errichtet; unter der Leitung von Ludwig Mies van der Rohe entstanden Häuser von 17 internationalen Architekten, darunter Peter Behrens, Le Corbusier, Josef Frank, Walter Gropius, Jacobus J. P. Oud, Hans Sharoun, Mart Stam, Mies van der Rohe selbst und Bruno Taut. Diese Manifestation des neuen funktionalistischen Stils (von Gegnern als »Beduinensiedlung« verunglimpft) umfaßte Gebäude und Einrichtung (erste Freischwinger von Mies van der Rohe und Stam). 62

WEIZENEGGER, Hermann; 1963; Einzelhandelskaufmann und Produktdesigner; Partner im Studio Vogt & Weizenegger. 332

WEWERKA, Stefan; 76, 316, **350**

WIEGE; **352**

WIENER WERKSTÄTTE; 1903–1939; gegr. von Josef Hoffmann, dem Maler Koloman Moser und dem Bankier Fritz Wörndörfer. Frühes Zentrum der Moderne, das das dt. Design nachhaltig beeinflußte. Möbel und Accessoires in geometrischer Formensprache. Beschäftigte 1905 bereits 100 Mitarbeiter; ab 1913 regelmäßige Modell- und Modenschauen in verschiedenen Städten. 53

WILKHAHN; 352, **354**

WK; 66, 212, **356**

WMF; 182, 194, 344, **357**

ZAPF, Otto; 78, **359**

ZEISCHEGG, Walter; 219, **360**

ZÜCHNER, Stefan; 1961; Mitbegründer von Formfürsorge.

ZUMTOBEL-STAFF; siehe Staff.

Danksagung

Wir bedanken uns bei Paola Antonelli (Museum of Modern Art), Helge Aszmoneit, Lutz Dietzold und Andrej Kupetz (Rat für Formgebung), Uta Abendroth (Schöner Wohnen), Werner Aisslinger, Oliver Axer, Thomas Donga und Heike Tekampe (edit!), Prof. Achim Heine, Hartmut Knauer (Erco), Prof. Lore Kramer, Aubrey Lawrence, Matthias Fuchs (FSB); Konstantin Grcic, Sabine Hartmann (Bauhaus Archiv, Berlin), Silvia Simon, Jörg Christöphler und Thomas Hauffe (DuMont Buchverlag), Hannelore Ch. Michel (Bosch-Archiv), Claudia Neumann (Kommunikation), Anke Patt (Audi AG), Wolfgang Schilling und Angela Schwartke (Deutsches Porzellanmuseum), Markus Schuler, Stefan Schuster (Mercedes-Benz), Henning Storek (Hansgrohe), Silke Tröger (Rosenthal).

Sehr geholfen haben außerdem: Alessi, Arzberg, Braun, Erco, Manufactum, Mercedes-Benz; Rosenthal, Tecta, Tecnolumen, Thonet, Vitra, Vitra Design Museum, Volkswagen, Woka.

Und ein herzliches Dankeschön an alle Firmen und Institutionen, die das Projekt unterstützt haben.

Mitarbeit an diesem Buch: Donatella Cacciola, Tim Elsner, Hildegard Hake, Susanne Kaps, Janina Kossmann, Anita Mayer, Jutta Nerkewitz, Astrid van der Auwera und Oliver Wolff.

Cover-Abbildungen:

vorn: Porsche *356 A 1600 S Speedster*, 1958
hinten: Haribo *Goldbär*, 1963

Impressum

Die Deutsche Bibliothek –
CIP-Einheitsaufnahme

Marion Godau, Bernd Polster:
Design Lexikon Deutschland –
Köln : DuMont, 2000
ISBN 3-7701-4429-5

© 2000 Howard Buch Produktion,
Bonn. Alle Rechte vorbehalten.
Zuerst erschienen im
DuMont Buchverlag, Köln 2000

Exklusivrechte für den
deutschsprachigen Raum:
DuMont Buchverlag, Köln

Idee, Konzeption und Produktion
Howard Buch Produktion, Bonn
Projektleitung: Bernd Polster
Gestaltung: Olaf Meyer

Recherche: Oliver Wolff
Redaktionelle Leitung:
Donatella Cacciola
Lektorat: edit! Tekampe und
Donga, Köln
Druck: Graphicom, Vicenza
Lithographie: EPS, Bonn
Printed in Italy. 3-7701-4429-5

Abdruck der Abbildungen, falls nicht gesondert aufgeführt, mit freundlicher Genehmigung der Designer und Firmen.

Falls nicht anders nachgewiesen, liegt das Copyright für die Abbildungen bei den Designern und Unternehmen. Nicht in allen Fällen war es möglich, die Rechteinhaber der Abbildungen ausfindig zu machen. Berechtigte Ansprüche werden selbstverständlich im Rahmen der üblichen Vereinbarungen abgegolten.

AEG Photoarchiv, Frankfurt/Main: 48; 50; 55 (r.o; l.u.)96 (l.u., r.u.); 98; 124; **Bauhaus Archiv, Berlin**:2; 58; 61 (r.o.); 118 (l.u, r.u.); 121; 141; **Jan Bitter; Berlin**: 333 (l.o.); **BMW AG**: 131 (r.o.); **BMW Historisches Archiv**; 131 (l. o.; u.); **Bosch-Archiv, Stuttgart**: 137;**British Design Council**: 157 (l.u.; r.u.); (170, r.u.); **Thomas Dix**: 361; **Erco**; 24; 173; 174; 175; **Jaques Fournol (Archiv Michael Koetzle, Köln)**: 179 (r.u.); **Galerie Theis, Stuttgart**: 135; **Hans Hansen**: 227 (l.o., l.u.); 326 (r.o.); 328; 329; 331 (r. o., u.); **Hegel und Meyer**: 35; 152; 153; **Henkel & Oberer**: 178; **Steffen Jänicke**;104; **Idris Kolodziej**: 17; 83; (r.u.); 226; **Karl Lagerfeld**: 231; **Tom Linglau, Köln**: 351 (l.u.); **Sandra Lücking**: 333 (r.o.); **Lufthansa Fotoarchiv**; 101 (l.o.); **Willi Moegle**; 13; **Die Neue Sammlung, München**: 278; 279; **NSU-Archiv, Neckarsulm**; 110; **Mario Pignata-Monti**: 201 (l.o.); **Rat für Formgebung**; 27; 49, 55 (r.o., r.u.), 58, 68, 73 (o., r.u.), 77 (r.o., l.o.), 79 (l.o., r.u., l.u.); 97 (l.o; r.o.); 127; 147 (l.o., r.o.); 149; 151 (l.); 187 (l.); 194; 195 (l.u.); 218; 219; 283 (l.o.; l.u.; r.u.); **Markus Richter, Stuttgart**; 36; 87 (l.u.); 91 (o.r.); 116-117; 333 (l.u., r.u.); **Rosenthal Bilderdienst**: 283 (r.o.); 285 (o.r.); **Jil Sander (David Sims)**: 291; **Rudi Schmutz**; 18; **Spectrum Fotostudio**: 255 (l.o.); **Studio Masera**: 126; **Thonet-Archiv**; 55 (r.o.); 65 (l.o.); **Wilhelm Wagenfeld Stiftung**: 344; **Uwe Walter**: 310; 311; **Miro Zagnoli**: 326 (l.o.); 331 (l.o.)

Privatbesitz Oliver Axer, Berlin: 61 (r.u.); 65 (u.)